主　编 ● 邵雅利
副主编 ● 姜金花

# 大学生
# 创业心理学

厦门大学出版社 XIAMEN UNIVERSITY PRESS
国家一级出版社
全国百佳图书出版单位

**图书在版编目（CIP）数据**

大学生创业心理学 / 邵雅利主编 ；姜金花副主编
. -- 厦门 ：厦门大学出版社，2023.5(2024.7 重印)
ISBN 978-7-5615-8977-9

Ⅰ. ①大… Ⅱ. ①邵… ②姜… Ⅲ. ①大学生—创业
—应用心理学 Ⅳ. ①G647.38

中国版本图书馆CIP数据核字(2023)第076481号

策划编辑　潘　瑛
责任编辑　潘　瑛
美术编辑　张雨秋
技术编辑　朱　楷

出版发行　厦门大学出版社
社　　址　厦门市软件园二期望海路 39 号
邮政编码　361008
总　　机　0592-2181111　0592-2181406(传真)
营销中心　0592-2184458　0592-2181365
网　　址　http://www.xmupress.com
邮　　箱　xmup@xmupress.com
印　　刷　厦门市青友数字印刷科技有限公司

开本　787 mm×1 092 mm　1/16
印张　14
插页　1
字数　324 千字
版次　2023 年 5 月第 1 版
印次　2024 年 7 月第 2 次印刷
定价　68.00 元

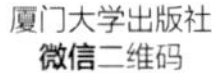
厦门大学出版社
**微信**二维码

厦门大学出版社
**微博**二维码

# 前 言

在国家倡导“大众创业、万众创新”的时代背景下，越来越多的大学生在大学期间就开始尝试创业，希望毕业后可以在社会上大展拳脚。然而，大学生创业成功率偏低是一个不争的事实。一方面，创业心理准备不足、能力基础薄弱是大学生创业成功率不高的重要原因之一。另一方面，创业本就艰难，通过心理拓展教程学会在艰难中“微笑前行”，不仅有助于大学生创业成功，更有助于他们整个人生历程中的心理健康和积极心态的养成。鉴于此，我校从事多年创业教育的专家和有着多年实际创业经验的导师团队，在十几年来的一线教学与创业实践经验的基础上，编写了本教材。

本书将心理学知识、技能与创业的具体过程相结合，着眼于大学生创业前或创业初期的心理突破、中期的心理起伏、后期的内心成长，结合大量鲜活、翔实、生动的案例，阐述了创业者各个阶段的心理历程与特点，集理论阐述、案例分享、趣味故事、创新思维于一体，为广大大学生开启创业之门、打造创业平台、夯实创业之路、实现创业之梦提供必要的心理支持与实践支撑。本书将教材内容、教师用书、学生读本、慕课多媒体信息等“四合一”成册，适用对象主要为在校大学生，也可作为一般读者了解创业心理和进行创业心理拓展的自助读物。

作为当今大学生创新创业指导课程的教材，与同类教材相比，本教材具有四个鲜明特点和创新。

一是充分应用教育教学规律。教材在内容上选择了能反映心理学、创业学、管理学等学科的最新发展成果和教改教研成果。教材内容结构完整，教学单元的设计和知识点结构清晰、导航简明，以期达到“学起来方便有用，教起来得心应手”的效果。

二是体现信息技术应用与教学的融合。以主要编写者主讲的“创业心理学”福建省级精品在线开放课程作为数字资源的支撑，采用线上线下结合的方式，将数字资源的标题放置在相关知识点附近的边栏中，实现了以知识点为单元的纸质教材内容与数字资源的紧密联系，与教材内容同步的移动端App为学生随时随地学习这些资源提供了方便，达到了将信息技术融入教学各个环节的效果。本教材遵循重基础、强练习、拓视野的原则，提供丰富的配套电子教案、微视频，涵盖概念解析、典型案例分析、归纳总结、自测题、心理故事等数字资源。

三是注重学生行动能力的培养。从有助于解决创业中的实际问题角度选取心理学知识，选择有针对性的案例，融入编写者创业的实际经验，将创业阶段的问题、困难与人生的长远发展结合考量。针对创业过程中的常见问题，从心理学角度，既给出当下的应急预案，也考虑到大学生人生未来发展的机会和空间，陪伴大学生顺利走过创业的低谷期，引导学生将创业定位成人生的计划和目标，扫除学生尝试创业的心理障碍，增强学生开展有准备创业的行动能力。

四是科学结合心理学原理与创业案例。选出创业中普遍存在的问题和困难，将心理学的思维方式和最新研究成果贯穿其中。让学生学会运用心理学工具和方法来分析创业中的人和事。每一章节都选取创业中的常规任务和要求，以提出问题、分析问题和解决问题的方式展开学习，有助于学生带着问题学习，给学生留下深刻印象，也利于学生将理论与实际相结合。

本书由邵雅利担任主编，姜金花担任副主编。邵雅利确定全书结构、体例，并统稿，邵雅利、姜金花共同审稿。各章编者分工如下：第一章、第二章、第七章、第八章均为邵雅利，第三章为李晓，第四章为张翠莲、姜金花，第五章、第六章为姜金花。

本书在编写过程中参考了国内外的相关资料，借鉴和引用了大量国内外学者的研究成果，但受篇幅所限，参考资料与研究文献或许未能一一列全，如有遗漏，敬请见谅。在此向这些文献的作者以及对本书出版给予帮助的人们表示衷心的感谢。在编写的过程中，尽管我们力图作一些积极的探索，但由于自身水平所限，本书不妥及错误之处在所难免，恳请广大专家、学者以及使用本书的师生和读者们不吝指正，使本书日臻完善。

**邵雅利**

**2022年11月12日于福州**

# 目 录

# 第一章　创业心理学概述

## 案例导入

### 这是一个创业新时代

推进大众创业、万众创新，是发展的动力之源，也是富民之道、公平之计、强国之策。2022 年 5 月，国家税务总局更新发布《“大众创业　万众创新”税费优惠政策指引》《小微企业、个体工商户税费优惠政策指引》《软件企业和集成电路企业税费优惠政策指引》《支持乡村振兴税费优惠政策指引》4 项税费优惠政策指引。截至 2022 年 12 月，我国针对创新创业的主要环节和关键领域陆续推出 120 项税费优惠政策措施，覆盖企业整个生命周期。

在创业起步阶段，如果有政策的扶持和优惠，那么大学生便能更快地走过创业初期，这对于其创业时运用技术、开发产品、拓展市场等无疑能起到一定的促进作用，也更有利于初创企业尽早步入良性轨道。所以，一定的政策扶持是必需的。尤其是高科技企业、创新型企业，更需要在初创期得到政策扶持。

在企业初创期，除了普惠式税收优惠，大学生还能享受特殊的税费优惠。同时，国家还对扶持企业成长的科技企业孵化器、大学科技园等创业就业平台、创投企业、金融机构、企业和个人等给予税收优惠和金融支持。国家实施的一系列小微企业普惠性减税措施，对想要创业的大学生都是利好消息。例如：小规模纳税人免税标准提高，增值税起征点从每月 10 万元提高到 15 万元；对小微企业和个体工商户年应纳税所得额不到 100 万元的部分在现行优惠政策基础上，再减半征收所得税；100%扣除延续执行企业研发费用加计扣除 75%政策，将制造业企业加计扣除比例提高到 100%。

资料来源：https://www.sohu.com/na/458696916_120758822。

## 请你思考

1.创业新时代和你有什么关系？

2.创业和心理学有什么关系？

单元目标

1.了解大学生创业在新时代背景下的意义。
2.正确认识和对待创业。
3.掌握创业心理的基本内容。

# 第一节　走进创业新时代

对于21世纪的中国来说，没有任何时候比今天更重视创业，更需要创新了。自2015年李克强总理在政府工作报告中提出“大众创业、万众创新”以来，创新创业大潮兴起，波澜壮阔。中国人民大学发布的《中国大学生创业报告2020》大样本调查显示：我国高达49.86%的在校大学生有较强烈的社会创业意愿，相较于往年数据，大学生的创业意愿持续攀升，2020年在校大学生表现出创业意愿的比重为历年新高。大学生的创业意愿除受到其家庭因素的影响外，政府和社会对创业的支持、高校的创业理论教育和实践活动均对在校大学生的创业意愿、创业动机及创业企业绩效具有显著的积极影响。

## 一、创业的概念

创业作为一种系统的社会活动，涉及经济学、管理学、教育学、心理学、社会学等许多学科的内容。《新华字典》里对“创业”的定义是：开创事业。不同领域学者分别从不同的视角阐述了“创业”的概念。

国际上不同学者对创业进行了论述。霍华德·H.斯蒂文森(Howard H.Stevenson)认为，创业是创业者或创业团队追踪和捕获创业机会的过程，可以从发现机会，战略导向，致力于机会、资源配置过程，资源控制的概念，管理的概念和回报政策等六个方面的企业经营活动来解释。美国著名的创业学专家杰弗里·蒂蒙斯(Jeffrey A.Timmons)提出：“创业的界定已经超越了传统的单纯创建企业的概念范畴，它包括各种形式、各个阶段的公司和组织。创业不仅能为企业主，也能为所有创业参与者和利益相关者创造和提高价值。”罗伯特·赫里斯(Robert D.Hisrich)和迈克尔·彼得斯(Michael P. Peters)则指出：“创业就是创造新东西的过程，同时承担风险和得到回报，即创业就是通过奉献必要的时间和努力，承担相应的经济负担、心理压力和社会风险，并获得最终的货币报酬、个人满足和创造出有价值的新东西的过程。”

国内学者对“创业”概念界定比较有代表性的是复旦大学郁义鸿、首都经贸大学宋克勤以及雷霖、江永亨等学者。郁义鸿等认为，创业是一个发现和捕获机会，并由此创造新颖产品或服务以及实现其潜在价值的过程。宋克勤从管理的角度提出，创业是创业者发现和识别商业机会，组织各种资源提供产品和服务，最终创造价值的过程。雷霖、江永亨从经济学的视角指出，创业是指通过利用各种资源包括人力和资本来创造价值，以产品或服务的形式贡献给消费者，同时自身获取利润并取得发展的过程。

综上所述，虽然国内外专家学者对“创业”概念的表述有所不同，但是对创业本质的理解还是有着一致的看法。创业最广义的定义是指：创业就是创造一份职业或事业。从这个意义上讲，只要通过自己的努力，独立自主地开创一份事业，都可称之为创业。但如果有的人在现有的工作岗位上兢兢业业，做出新意，做出价值，同样也是在创业。从狭义上讲，创业是创业者对自己拥有的资源或通过努力能够拥有的资源进行优化整理，从而创造更大经济或社会价值的过程。同时，个人虽然没有创建企业，但为了获取利润而承担风险，利用现有的知识技能、能力和资源从事商业经营的组织活动，也可称之为准创业。

总之，要比较清晰地界定创业的概念，应该指明其外延与内涵。在外延上，创业概念应能包括各种类型的创业活动，同时又不至于泛化成一般的经营管理活动。在内涵上，创业概念应该能反映创业的本质特征。基于此，创业的概念可以归纳为：创业是在不确定的环境中，不拘泥于当前资源条件的限制，追求机会，将不同的资源组合，以利用和开发机会并创造价值的过程。创业是一个过程，是一个从无到有、从 0 到 1 的过程。科学和合理地理解创业，要把握以下四个要点。

首先，创业是创业者对自己拥有的资源或通过努力对能够拥有的资源进行优化整合，从选择一个创业项目开始，通过对创业项目的认识、理解和把握，从而创造出更大经济或社会价值的过程。

微视频：1.1 什么是创业

其次，创业是一种劳动方式，是创业者一种自主性行为，是创业者对生活方式的一种选择。

再次，创业管理不同于企业管理。创业管理研究的是创业行为，是一个企业从无到有的创办过程；企业管理的研究是以企业存在为前提的，研究的是企业如何才能发展得更好的问题。

最后，创业活动是在高度不确定的环境条件下进行的，具有高风险、高收益的特点。

学识与激情兼备的大学生群体在我国创新创业的热潮中充当的角色尤为特殊。党中央、国务院对此高度重视，各级地方政府也陆续出台一系列旨在鼓励和支持大学生自主创业的政策和法规，人力资源和社会保障部、教育部等各部委及高校积极落实，为大学生创业提供教育指导、资金贷款、制度规范等各方面的支持。当前大学生创业流程不断简化，创业门槛也大为降低。例如，除法律另有规定外，当前注册公司已取消注册资金限制，推出认缴制。教育部出台规定，要求高校建立弹性学制，允许在校大学生休学创业，等等。此外，我国已全面进入互联网时代，从某种程度上说，互联网解决了创业者寻找信息难的问题，也让创业的融资渠道变得更多、更容易。如今，相较于从前，如果大学生拥有一个比较好的创业思路，形成了一个切实可行的创业项目，而且还组建了一个能合作共赢的团队，那么很可能就会有不少风投通过网络主动联系并进行投资。

## 创业分享

### 张一鸣的创业史

今日头条创始人张一鸣曾参与创建酷讯、九九房等多家互联网公司，历任酷讯技术委员会主席、九九房创始人兼 CEO。2012 年 3 月，张一鸣创建了北京字节跳动科技有限公司。2013 年，他先后入选《福布斯》"中国 30 位 30 岁以下的创业者"和《财富》"中国 40 位 40 岁以下的商业精英"名单，是目前国内互联网行业最受关注的青年领袖之一。

自 2003 年开始，经历了寒冬的互联网行业开始复苏。搜狐、新浪、网易三大门户网站利润额持续增长，在纳斯达克股市上的表现优异；阿里巴巴投资 1 亿元推出了个人交易网站——淘宝网，并创建了独立的第三方支付平台——支付宝；以即时聊天起家的腾讯和以搜索为主要业务的百度也相继挂牌上市。

张一鸣嗅到了互联网行业大发展的气息，2005 年大学一毕业，他就组成 3 人团队，开发了一款面向企业的 IAM 协同办公系统软件。但由于当时协同办公系统软件在中国还没有发展起来，产品的市场定位错误，因而这次创业失败了。

这次创业失败的经历让张一鸣意识到，想要在互联网行业创业成功，必须找到一个正确的方向。

中国互联网信息中心的统计数据显示，截至 2012 年年末，我国网民数量达到 5.64 亿，其中用手机上网的网民数量高达 4.2 亿。面对移动互联网如此迅猛的发展趋势，张一鸣再一次敏锐地观察到移动互联网时代面临的问题：信息爆炸式增长的同时，内容分发却很低效，"帮用户筛选其感兴趣且有价值的信息，这一过程的机会和意义都变得非常大"。为此，他辞去了九九房 CEO 的职务，开始了自己的第五次创业。他创业成立的这家公司有个很有趣的名字——字节跳动(ByteDance)，顾名思义，公司产品和数据相关。公司开发出了名为"今日头条"的手机应用软件，成为国内增长最快的新闻客户端之一。

今日头条从上线到拥有 1000 万用户只用了 90 天。2012 年 7 月"今日头条"获得 SIG 海纳亚洲等机构数百万美元的 A 轮投资；2013 年 9 月获得 DST 等机构数千万美元的 B 轮投资；2014 年 6 月 3 日获得 1 亿美元的 C 轮融资，由红杉资本领投，新浪微博跟投，此轮融资估值 5 亿美元。据 QuestMobile 公布的 TOP 榜单显示，截至 2022 年 6 月，头条 App 用户已超过 7 亿，月活用户 3.44 亿，60%的中国智能手机都安装了今日头条，每日人均启动超过 9 次，人均使用时长 76 分钟，日均阅读 20 亿。

张一鸣可谓万中无一的顶尖高手，他高瞻远瞩，敏锐洞察到产业的发展趋势，并抓住机遇，取得了非凡的成就。

(有改动)

资料来源：滴水杂谈，https://baijiahao.baidu.com/s?id=1622646208159094814.

## 二、创业的基本要素

根据《中国青年报》2015 年 5 月 15 日引用的数据：中国大学生创业成功率仅为2.4%，其中创业失败周期大多在 3～5 年，也就是初步发展期。由此可知，如何在开启事业、初步站稳脚跟之后，走出初创校园，继续拓展市场，面对市场考验，是很多在校生创业团队面临的生死攸关的问题。大学生在创业过程中要注意的五个基本要素分别是产品创新、创业动机、用人成本、企业注册和依法治司等。

### （一）产品创新

产品创新是指创造某种新产品或对某一老产品的性能、特点、应用、材料等方面进行突破或创新。即：产品与同类其他产品相比有什么优势？怎样的优化以满足特定人群的特殊需求？创新作为一种基本的企业行为，其具体的表现形式是多种多样的，涉及企业活动的方方面面。例如，当摄影拍照技术从胶卷时代大踏步进入数字时代之际，柯达舍不得放弃传统胶片领域的绝对地位，因而面对新技术的出现和应用反应迟钝。其实，柯达并非不具备数字影像方面的技术和能力。相反，柯达早在 1976 年就开发出了数字相机技术，并将数字影像技术用于航天领域，其在 1991 年就有了 130 万像素的数字相机。但是，倚重传统影像业务的柯达高层不仅没有重视数字技术，反而把关注的重点不恰当地放在了防止胶卷销量受到不利影响上，这导致该公司未能大力发展数字业务。结果就是舍不得“自杀”，只能“他杀”。2002 年，柯达的产品数字化率只有 25%左右，而竞争对手富士已达到了 60%。随着胶卷的失宠，以及后来智能手机的出现，柯达最终走向了末路。

当今产业技术迭代加快，各种技术路线和产业链之间在基础研究、标准制定、市场应用等各个层面激烈竞争，企业要想基业长青，就需要把握产业技术竞争演变的态势，在技术驱动扮演重要角色的战略性新兴产业领域尤为如此。柯达数码转型的最大障碍或失败是因为它的胶卷太成功了，甚至成为很难改变的东西。柯达在需要转型的时候未能有效把握市场发展趋势，却固执地做起了重复投资。一个不创新、不发展的企业，不能在正确的时间做正确的决策，又如何能跟上时代的脚步呢？

一个行业帝国的摇摇欲坠、一个创新领先者的尴尬破产，给正在积极走创新驱动、转型发展之路的中国提供了一个个鲜活的样本。中国有句老话：三十年河东，三十年河西。柯达的落败说明，舍不得扔掉的成就很可能成为企业前行路上最大的包袱。当别人都在创新改变的时候，自己却坚持不改，就可能被时代淘汰。不进则退，慢了同样也是退。世界开放和发展的步伐都在提速，这其中也不乏一些企业高速成长，快速消亡。即使是一个企业帝国，管理者一个错误的决策或者一个迟钝的跟进，都有可能令企业瞬间贬值。唯有不断创新才能持续发展和壮大。

习近平强调：“伟大事业都始于梦想，基于创新，成于实干。”伟大的事业都会有一个微小的创新起点，就像“脸书”（Facebook）始于哈佛校园的一个学生社交网络、“饿了么”起源于上海交大的一个针对校园外送订餐网络的创业事件一样，大学生创业可尝试深度挖掘新需求或新功能。产品的创新性是创业的首要前提，所有的技术、模式、应用、组合和管理都是围绕产品而展开的。如果没有产品的创新，后面的要素都将成为空谈。大学生创业的产品，一定要来源于实际生活，并且能实实在在地解决实际问题。因此，一个自己熟练的领域或自己感兴趣的方向，通常能为大学生的创业带来一个良好开端。

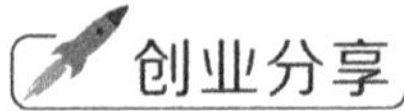
创业分享

**戴志康的创业故事**

1981 年，戴志康出生于黑龙江省大庆市一个知识分子家庭，很小就开始接触电脑。在计算机性能不断升级的过程中，他的编程技术也日益提高。戴志康从小学刚毕业的 1995 年开始初步尝试编程软件，其后在初高中时期几乎包揽了各类计算机大赛的奖项。2000 年，戴志康考上哈尔滨工程大学，2001 年便在校外创业。他找到一间月租 300 元的房子，一天差不多 15 个小时都坐在电脑前面，最终他创造的“Discuz!”成为中国最成功的建站开源模板。到毕业时，戴志康淘到了自己的第一桶金：50 万元。怀揣着自己赚来的第一桶金，戴志康来到北京，创办了康盛创想科技有限公司。2010 年，“Discuz!”以 6000 万美元的价格被腾讯收购。

资料来源：https://new.qq.com/rain/a/20210623A04YEP00。

### （二）创业动机

微视频：1.2 你的创业动机是什么

对于想创业的大学生而言，有个在创业伊始就必须要想清楚的问题：你的创业动机是什么？

创业不是儿戏，有成功也有失败，有欢笑也有泪水，但无论如何都要想清楚自己在创业时的初衷，那正是大学生创建的企业来到这个世界上最重要的理由。例如：华为的任正非当时创业，是由于职业生涯遭遇重大危机，生活上又发生变故，拖家带口，唯有创业才可能有出路，于是走上创业之路。而“饿了么”张旭豪的创业则主要是发现商机，想要推动新的商业模式。

在现实生活中，动机因素常常用来解释人们行为的原因。心理学认为，动机是一个概括性的术语，是对所有引起、支配和维持生理和心理活动的过程的概括。所有的生物都会趋向于某些刺激而远离某些刺激，这是由它们的喜好和厌恶而决定的。有些动机看起来很简单，比如人饿了，就要吃东西；人渴了，就要喝水。有些动机则相对复杂，比如恋爱动机。

创业动机是指引起和维持个体从事创业活动，并使活动朝向某些目标的内部动力。它是鼓励和引导个体为实现创业成功而行动的内在动力，具有较强的选择性、倾向性和主观能动性。简单来说，创业动机就是创业的原因和目的，即为什么要创业。大学生因知识、技能、生活的环境等不同,创业动机也会有差异。对创业者而言,创业意味着拥有自己的事业,成功了可以自由支配时间,能够从事业中赚钱。可感知的结果是创业者激励的要素,期望的报酬将激励创业者把自己的时间和精力投入机会的识别和开发中去。因此,创业的动机既包括外在的积累财富、解决就业等因素,也包括内在的因素,如实现自我价值、挑战自我、实现理想等。大学生创业常见的动机主要有以下四个方面:

一是为提高生活质量而创业。对于不少大学生创业者来说,创业受其谋利动机驱动,他们将全部的资产和心血都投入其中,希望为自己和家人带来稳定和富裕的生活。曾有企业家说:“很多人创业的目的不同,而他创业的目的就是让自己的生活有所改变。”

二是为更好地学以致用而创业。相对而言,当代大学生在校内受过较好的训练,具备了足够的理论知识,尤其是置身于互联网时代催生的创业浪潮,他们更是希望将自己的满腹才华变为现实。他们希望发挥个人专业知识与经验,并将拥有的专长、技术转化成为一家新企业,通过创业来实现自己的人生目标。

三是受环境影响而创业。创业成功的家人或朋友会对大学生产生较大的影响。当前国家对大学生创新创业的支持力度大,营造了良好的创新创业创造发展环境,也成为激励大学生产生创业动机的重要因素。近年来,国家高度关注大学生创业问题,出台了一系列政策来鼓励大学生创业,在这样热情高涨的创业环境中,大学生创业带有服务国家、服务社会的责任感。例如影片《中国合伙人》中成东青的原型新东方俞敏洪在创业时,就说服了自己的两个好伙伴徐小平和王强加盟一起创业。ofo 共享单车的创业者都是北大的学生,他们选择了一起创业。

四是将兴趣爱好作为终生的事业。有些大学生创业是希望从中探索自己的兴趣,并作为自己一生的事业。

但是,有学者调查发现,有些大学生创业者是因为没有实现就业愿望,或者工作岗位不理想,而被动选择创业的。这种被动创业比较危险,因为这样的大学生可能是被逼无奈,抱着试试看的态度,或者赌一把的态度,这是创业者的大忌。例如,有的大学生毕业后,一直找不到自己理想的工作,说“我绝望了,因为我找不到合适的工作,所以想自己干”。但事实上,工作不好找,创业的失败率可能更高。绝望的人不一定能创业成功,因为他大概率没有创业的资源和毅力。还有大学生工作不久就说:“我厌倦了一直要努力工作,压力很大,所以想辞职出来创业。”事实上,创业比找工作更累,压力也更大。

### (三)用人成本

用人成本是指企业在一定时期内,在生产、经营和提供劳务活动中,因使用劳动者而支付的所有直接费用与间接费用的总和。企业的用人成本常常被认为是工资或是工资福利等的支出,其实不尽然。事实上,用人成本不等于工资总额。一般而言,用人成本包括工资总额、社会保险费用、福利费用、教育经费、住房补贴费用以及其他人工成本。用人成本也不等于使用成本。从用人资源的分类来看,用人成本可分为获得成本、使用成本、开发成本、离职成本等,可见使用成本只是用人成本的一部分而已。

简单来说,用人成本的管控不是要减少用人成本的绝对值,因为绝对值必然随社会的进步而逐步提高。对用人成本的管控是要降低用人成本在总体成本中的比重,增强产品或服务的竞争力;要降低用人成本在销售收入中的比重,增强员工成本的支付能力;要降低用人成本在公司增加值中的比重,即降低劳动分配率,提升用人资源的开发能力。

### (四)企业注册

大学生根据自己的筹资能力、产品创新能力以及管理能力等综合分析选择了新企业的法律组织形式,并为新企业设计了名称和选择了经营场所后,接下来就是企业注册的事项了。当前全国已实现了0元可注册企业。一家企业从无到有、从有到可以正常开展业务,主要包含三个步骤。

1.获取营业执照

办理工商登记注册的程序因地而异,但总的来说,要准备的材料主要包含以下六种。

(1)设想的公司名称(3～5个)。公司名称由四部分组成:行政区划+字号+行业特点+组织形式。例如,福州市鼓楼区+太平洋+科技+有限公司,太平洋为字号,为减少重名,大学生可使用三个以上的汉字作为字号;科技是行业特点,应与申请经营范围中的主营行业相对应;有限公司是组织形式。

(2)公司章程。提交打印件一份,请全体股东亲笔签字;有法人股东的,要加盖该法人单位公章。

(3)股东、发起人的主体资格证明或自然人身份证明。当前福建已关联电子证照,可免提交。

(4)认缴注册资本总额,股东出资比例。2014年3月1日起,非特殊行业不再需要验资,即不需要将注册资本存入银行。企业在国家登记机关登记注册的资本额叫注册资本,也叫法定资本。注册资金是国家授予企业法人经营管理的财产或者企业法人自有财产的数额体现。注册资本与注册资金的概念有很大差异。注册资金所反映的是企业经营管理权;注册资金是企业实有资产的总和,注册资本是出资人实缴的出资额的总和。注册资金随实有资金的增减而增减。

(5)租房合同、注册地址产权证复印件。对于注册地址的性质,各地规定略有不同。

(6)经营范围。

另外,据当前的最新规定,大学生创业注册时还可选择以下模式进行注册。

一是无偿入驻创业孵化基地。以福建为例,在有条件的高校建设一批大学生创业园,对经考核符合条件的认定为福建省或设区市大学生创业校内孵化基地。创业孵化基地为创业大学生提供一至两年的免费创业场地,同时提供资金申请、企业登记注册、法律、工商、税务、财务、人事代理、管理咨询、项目推荐、项目融资等"一站式"服务。对于初创企业,注册资金可以为零,并且注册资金可以为认缴制,认缴金额和年限完全由创业者决定。未入驻大学生创业孵化基地但符合条件的大学生自主创业时,设区市就业资金将按同样标准给予企业房租补贴。

二是企业家导师签带徒授业协议。聘任有社会责任感的优秀企业家和专业人士为大学生创业导师，成立大学生创业导师团。企业家通过“传、帮、带”的方式，使大学生了解创业经验，学习管理方法，掌握专业技术，提高创业成功率。企业家通过自愿选择，与1名大学生或1个大学生创业团队签订不超过1年的导师带徒授业协议，给予企业家补贴；每指导1名大学生注册开业且稳定经营1年以上，给予企业家绩效奖励。

三是无息贷款与贴息贷款“双保证”。对从事创业活动的在校生和毕业生，经资信评估后，由设区市青年创业就业基金会提供6万～8万元1年期小额无抵押、无利息贷款；对高校毕业生自主创业申请小额担保贷款，最高可借贷30万元；已经成功创业且带动就业5人以上、经营稳定的创业者可获得贷款再扶持，贷款总额度最高50万元。对其额度在国家规定贴息额度范围内的部分，由中央财政按照贴息利率予以贴息；对其额度在国家规定贴息最高额度以上且不高于20万元的部分，由设区市财政按照贴息利率的50%予以贴息。

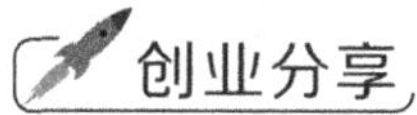


### 中华人民共和国公司法(2018修正)

根据2018年10月26日第十三届全国人民代表大会常务委员会第六次会议《关于修改〈中华人民共和国公司法〉的决定》第四次修正，其中第二章内容如下：

第二章　有限责任公司的设立和组织机构

第一节　设立

第二十三条　设立有限责任公司，应当具备下列条件：

(一)股东符合法定人数；

(二)有符合公司章程规定的全体股东认缴的出资额；

(三)股东共同制定公司章程；

(四)有公司名称，建立符合有限责任公司要求的组织机构；

(五)有公司住所。

第二十四条　有限责任公司由五十个以下股东出资设立。

第二十五条　有限责任公司章程应当载明下列事项：

(一)公司名称和住所；

(二)公司经营范围；

(三)公司注册资本；

(四)股东的姓名或者名称；

(五)股东的出资方式、出资额和出资时间；

(六)公司的机构及其产生办法、职权、议事规则；

(七)公司法定代表人；

(八)股东会会议认为需要规定的其他事项。

股东应当在公司章程上签名、盖章。

第二十六条　有限责任公司的注册资本为在公司登记机关登记的全体股东认缴的出资额。

法律、行政法规以及国务院决定对有限责任公司注册资本实缴、注册资本最低限额另有规定的，从其规定。

第二十七条　股东可以用货币出资，也可以用实物、知识产权、土地使用权等可以用货币估价并可以依法转让的非货币财产作价出资；但是，法律、行政法规规定不得作为出资的财产除外。

对作为出资的非货币财产应当评估作价，核实财产，不得高估或者低估作价。法律、行政法规对评估作价有规定的，从其规定。

第二十八条　股东应当按期足额缴纳公司章程中规定的各自所认缴的出资额。股东以货币出资的，应当将货币出资足额存入有限责任公司在银行开设的账户；以非货币财产出资的，应当依法办理其财产权的转移手续。

股东不按照前款规定缴纳出资的，除应当向公司足额缴纳外，还应当向已按期足额缴纳出资的股东承担违约责任。

第二十九条　股东认足公司章程规定的出资后，由全体股东指定的代表或者共同委托的代理人向公司登记机关报送公司登记申请书、公司章程等文件，申请设立登记。

第三十条　有限责任公司成立后，发现作为设立公司出资的非货币财产的实际价额显著低于公司章程所定价额的，应当由交付该出资的股东补足其差额；公司设立时的其他股东承担连带责任。

第三十一条　有限责任公司成立后，应当向股东签发出资证明书。

出资证明书应当载明下列事项：

（一）公司名称；

（二）公司成立日期；

（三）公司注册资本；

（四）股东的姓名或者名称、缴纳的出资额和出资日期；

（五）出资证明书的编号和核发日期。

出资证明书由公司盖章。

第三十二条　有限责任公司应当置备股东名册，记载下列事项：

（一）股东的姓名或者名称及住所；

（二）股东的出资额；

（三）出资证明书编号。

记载于股东名册的股东，可以依股东名册主张行使股东权利。

公司应当将股东的姓名或者名称向公司登记机关登记；登记事项发生变更的，应当办理变更登记。未经登记或者变更登记的，不得对抗第三人。

第三十三条　股东有权查阅、复制公司章程、股东会会议记录、董事会会议决议、监事会会议决议和财务会计报告。

股东可以要求查阅公司会计账簿。股东要求查阅公司会计账簿的，应当向公司提出书面请求,说明目的。公司有合理根据认为股东查阅会计账簿有不正当目的,可能损害公司合法利益的,可以拒绝提供查阅,并应当自股东提出书面请求之日起十五日内书面答复股东并说明理由。公司拒绝提供查阅的,股东可以请求人民法院要求公司提供查阅。

第三十四条 股东按照实缴的出资比例分取红利;公司新增资本时,股东有权优先按照实缴的出资比例认缴出资。但是,全体股东约定不按照出资比例分取红利或者不按照出资比例优先认缴出资的除外。

第三十五条 公司成立后,股东不得抽逃出资。

资料来源:北大法宝,https://www.pkulaw.com/chl/aec0c211a78989e9bdfb.html。

2.银行开户

开立银行基本结算户的主要流程有以下四个步骤。

第一步:预开账户。大学生在领取新设立的公司营业执照之后,可同时办理预开账户业务。所需材料主要有:营业执照、法定代表人/单位负责人有效身份证件、经办人有效身份证件。

第二步:生成账号。预开账户完成,系统会生成银行账号。

第三步:资料核实。银行将派人员核实企业经营地址与经营真实性。

第四步:资料完善。大学生可前往预约的银行网点完善基本结算账户相关手续。所需材料主要有:营业执照、公司章程(非公司可免)、法定代表人(负责人)身份证、经办人身份证、预留银行印鉴(公章、财务章、法人私章)等。

3.纳税申报

公司开始正式运营以后要购买发票,签订企业、银行、税务三方协议,准备报税。当前不少地方政府可免费为新开办的公司发放一套 4 枚印章和税务 ukey(电子钥匙),平均为每个企业节省印章和税控盘费用合计约 1000 元,节省了大学生创业之初的资金成本。

随着我国营商环境改革的不断深化,大学生在注册公司时,只要所提交材料齐全,符合法定形式,工作人员可即时核准,约 2 小时即可完成营业执照办理、公章刻制、发票申领等流程,同时实现了社保、医保、公积金等信息的即时共享,从而减少创业者办理手续时的等待时间和跑腿次数。

### (五)依法治司

依法治司就是大学生要严格按照国家法律法规来治理公司,保证公司的一切生产经营活动不违反国家法律法规制度。行之有效的规章制度是依法治司的基础。依法治司要求公司依法决策,依法经营管理,依法维护正当合法权益。依法治司是大力整顿和规范市场经济秩序的一项基础性工作,是促进公司依法经营、依法维护自身权益的重要举措,是公司加强科学管理、推进科技进步、提高经济效益、争创一流企业、实现制度创新和管理创新的重要前提。依法治司是公司生存和发展的必然方向,是现代企业进入市场的保护伞,是市场经济的客观要求。从大学生创业者到公司管理者,再到职工等所有人都应当重视运用法律手段处理公司在改革、改制等生产经营管理过程中的涉法事务。市场经济是法

治经济，走依法治司之路是时代发展的必然选择，要想在日趋激烈的市场竞争中获胜，就必须坚持走依法治司之路。

## 三、大学生的创业之路

大学生是一个特殊的创业群体，主要包括高职高专、本科以及硕博士研究生等三个层次。创业的大学生是指在校一边读书一边创业的大学生、休学创业的大学生、毕业即创业的大学生，也包括毕业后先就业 2 年左右再创业的大学生。大学生创业具有年龄、专业等优势，但也存在缺乏经验、实践不足等劣势。

### （一）大学生创业的优势

总体而言，大学生和社会其他群体相比，通常有着更扎实的基础知识和专业技能。他们犹如八九点钟的太阳，朝气蓬勃，充满活力，也有着“初生牛犊不怕虎”的拼搏精神，敢于冒险和尝试，开拓精神十足，创新意识也较强；这些都是创业者应该具备的素质。大学生创业的优势包括自身优势以及外在的政策优势。

1.具有较高的知识文化水平，部分专业技术优势较强

由于接受过高等教育，大学生的知识文化水平一般都达到了较高层次。部分技术性较强专业的大学生具有明显技术优势，其创业方向可能更偏向高科技或高技术含量的领域。掌握技术对于创办高科技企业的优势是不言而喻的。“用智力换资本”是大学生创业的捷径之一，一些风险投资家往往也是看中大学生所掌握的先进技术，而愿意投资其创业项目。

2.自主学习能力强，接受新事物快

创业需要管理、金融、会计、人际关系等方面的知识，而这些知识不可能在大学里全部学到。尤其是对一些在大学只学技术专业、毕业后靠技术创业的大学生而言，他们需要靠自学来掌握这些知识，此时自学能力的高低就会对创业是否顺利产生较大的影响。大学生的自主学习能力一般都比较强，加上对事物较强的领悟力以及接受新事物的开放态度，因而比一般的创业者更具优势。

3.熟悉计算机操作，获取信息的能力较强

由于信息技术的高速发展，当今世界俨然已成为一个信息社会，谁掌握了有用的信息，谁就能掌握话语权。对于一个创业者而言，如果没有获取相关信息的能力，其创业的道路将变得异常坎坷。而对于可以熟练操作计算机的大学生而言，通过网络及软件获取相关信息往往更容易。

4.年纪轻，精力旺盛，创业热情高

大学生往往对未来充满希望，自信心较足，对认准的事情具有较高的激情。他们思维比较活跃，同时具备“敢想敢干”的精神，这些都是创业所需要的素质。

5.家庭负担相对较小，创业失败的机会成本较低

除了一部分贫困的大学生，大部分的大学生毕业时父母基本还在工作，加上没有成

家,其家庭负担相对较小,甚至家庭经济情况较好的学生在其创业时很可能获得来自家庭的支持。同时,大学毕业生由于年纪基本上较小,即使创业几年后以失败告终,也可以重新再创业或者找工作就业,相对那些过了而立之年、拖家带口的创业者而言,即使失败了也相对容易重新开始。

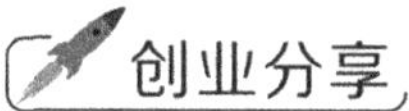

## 创业分享

### 浙江大学生创业可贷款10万到50万元,若失败10万元内政府全代偿

2022年2月17日,在国家发展改革委举行的专题新闻发布会上,浙江省人力资源和社会保障厅副厅长陈中提到:“大学生想创业,可贷款10万到50万,如果创业失败,贷款10万以下的由政府代偿,贷款10万以上的部分,由政府代偿80%。”现公开答复如下。

一、关于政策开始实施的时间和背景

2015年,为了贯彻落实《国务院办公厅关于发展众创空间推进大众创新创业的指导意见》(国办发〔2015〕9号)和《国务院关于进一步做好新形势下就业创业工作的意见》(国发〔2015〕23号)等两个文件,浙江省政府出台了《关于支持大众创业促进就业的意见》(浙政发〔2015〕21号)。

政策规定,有创业要求、具备一定创业条件但缺乏创业资金的在校大学生、城乡劳动者创办个体工商户(含经认定的网络创业),可申请不超过30万元的贷款;合伙经营或创办企业的,可适当提高贷款额度。2018年,浙江省政府又出台了《关于做好当前和今后一个时期促进就业工作的实施意见》(浙政发〔2018〕50号),将贷款最高额度提高到50万元。

2015年出台该政策的主要目的是通过建立创业担保基金代偿这一容错机制,减轻包括大学生在内的重点群体创业的负担和顾虑,营造鼓励创业、宽容失败的氛围,解决好包括大学生在内的重点群体“想创业没有钱”“想提升创业能力没人帮”“创业失败没人管”等问题。

二、关于可以申请创业担保贷款的对象

政策规定,所有在浙初次创业人员都可以申请创业担保贷款。其中,在校大学生或毕业5年以内的高校毕业生(含大专)、登记失业半年以上人员、就业困难人员、退役军人、持证残疾人等5类人员可申请由政府设立的创业担保基金提供担保的贷款。

三、关于大学生申请创业担保贷款的程序

政策规定,申请创业担保贷款须经两道程序审核把关:一是由人力社保部门组织专家对创业项目审核,通过后为大学生出具由创业担保基金担保的贷款资格认定证明;二是大学生凭资格认定证明及有关材料,向经办银行提出贷款申请,经办银行再对大学生创业项目情况、信用状况、偿债能力等进行调查。审核通过后,政府设立的创业担保基金为大学生提供担保,经办银行向大学生发放贷款。大学生按期还清贷款本息后,凭经办银行出具的还款证明材料,向人力社保部门申请贴息。

四、关于创业失败代偿机制的实施

因创业失败还不起贷款,由政府设立的创业担保基金提供担保的贷款被认定为不良

的，贷款10万元以下的，由创业担保基金全额代偿；贷款10万元以上50万元以下的由创业担保基金代偿80%。同时，在实施办法中还明确了追偿和核销机制，代偿后原则上要予以追偿，但对实在没有能力予以偿还的，按规定程序经审批后从创业担保基金中核销。

资料来源：https://m.thepaper.cn/baijiahao_16758538。

### (二)大学生创业的劣势

微视频：1.3 创业会遇到低谷期吗

与其他创业群体相比，大学生创业者的劣势也是显而易见的。

1.社会经验不足，人际关系网络匮乏

由于一直在学校学习，大部分大学生并没有真正踏入过社会，对于一些社会规则还不太了解。虽然大学生掌握了一定的理论知识，但终究缺乏必要的实践能力和经营管理经验。同时，大学生的人际关系网络里除了家人、亲戚就是同学，而这些关系对其创业的帮助比较有限。

2.创业理想化，没有做好迎接困难的心理准备

由于大学生还未完全脱离父母的保护，其经历过的困难较少，即使有也主要是一些小困难，这容易导致他们盲目乐观，对困难和失败的心理准备有所不足，加上在电视、报刊、书籍中看到的都是创业成功的例子，心态自然都是理想主义的，认为创业比较容易。因此，一旦在创业中遭遇挫折和失败，许多大学生就会感到十分迷茫，甚至意志消沉，便轻易放弃了创业。

3.缺少市场眼光，选择的创业项目华而不实

缺乏市场眼光及商业管理经验，是影响大学生成功创业的重要因素。不少大学生很乐于向投资人畅谈自己的产品如何新奇、技术如何领先与独特，却很少涉及这些技术或产品究竟会有多大的市场空间。一个好的创业项目可以没有华丽的技术和创意，但必须有广阔的市场需求及合适的赢利空间。然而，大学生的创业项目却往往缺乏对商业前景的考量。

4.创业资金来源较少，融资渠道不畅

创业资金来源渠道较少也是大学生创业的主要障碍之一。除极少数申请到政府或高校创业基金的学生外，父母和亲友的资助几乎成了大学生创业的主要资金来源。由于风险较高，一般的金融机构和风险投资人都不太愿意把巨额的资金投给大学生创业者，这导致其融资借贷困难重重。因而，有创业意愿但家庭经济条件不好的大学生就更不容易实现创业梦想。

5.社会对大学生创业者的信任度较低

由于一部分大学生自认为具备了一定的专业知识和能力，感觉高人一等，往往给人以眼高手低、好高骛远、喜欢纸上谈兵等负面的印象，致使很多投资者对大学生产生了这样的偏见。加上在整个社会文化和商业交往中，很多人往往认为大学生年纪太小，社会阅历太浅，办事不牢靠，不值得信任，这也给大学生创业造成了不少障碍。

总之，大学生作为一个特殊的创业群体，有其自身独有的特点，但无论是优势还是劣势，都不是影响大学生创业者走向成功的关键，只有像火焰一样的创业热情和面对挫折永

不服输的勇气，才是引领大学生创业者不断前进的导航明灯。市场不会同情弱者，也不会给任何大学生"补考"的机会，大学生创业者只有依靠这股热情和勇气才能够融入创业大潮，成就自己的创业梦想。在经历了最初的创业冲动和付出之后，越来越多的大学生将走向成熟和冷静，对创业和成功也会有更深的理解。

## 第二节　心理学概述

提到心理学，许多大学生已经从不同渠道接触过，例如心理测试、心理咨询等。那么，到底什么才是真正的心理学呢?

微视频:1.4 什么是心理学

### 一、心理学定义

"心理学"一词来源于希腊文，意思是关于"灵魂"的科学。灵魂在希腊文中也有气体或呼吸的意思，因为当时人们认为生命依赖于呼吸，呼吸停止，生命就完结了。随着科学的发展，心理学的对象由灵魂改为心灵。直到19世纪上半叶，德国哲学家、教育学家赫尔巴特(Johann Friedrich Herbart)才首次提出心理学是一门科学。

要定义心理学，不妨先看一看心理学不是什么。比较科学心理学和虚假心理学之间的差异，有助于我们深刻地了解心理学到底是什么。

1.心理学不是算命，也不是看相

很多没有学过心理学的人一碰到学心理学的人，第一反应是马上问:"那你猜猜我在想什么?"学心理学的人只好回答:"我不知道你在想什么，但我知道大多数没有学过心理学的人碰到学心理学的人的第一个问题，总是这个问题。"人们总是以为心理学家应该能透视眼前的人，和算命先生差不多，认为"研究心理"就是揣摩别人的所思所想。但是，心理学研究的不是个体，不是个案，不是某个人的心理，而是大众的心理，是心理现象和行为中存在的普遍规律，即它们如何产生、发展，受哪些因素影响以及相互间有什么联系。就像没有一个经济学家敢说"这只股票明天一定会涨"是一样的道理，因为这样的说法违反科学精神。但是经济学家可以说出股市的基本规律是什么，因为科学是研究规律的。所以说，心理学不是算命或看相，不能预测某个人的前途，不能预测某个人的婚姻，不能预测某个人的工作。算命属于封建迷信，而心理学则属于科学。

2.心理学不等于心理咨询

生活中经常有人会对心理咨询师说:"我有点心理问题，你帮我开导开导。"心理咨询作为一个新兴行业日渐火热，各种不同类型的心理咨询中心、心理门诊、心理热线不断涌现。2001年4月，劳动部正式推出《心理咨询师国家职业标准(试行)》，并将心理咨询师正式列入《中国职业大典》。2002年7月，心理咨询师国家职业资格项目正式启动，由此提高了心理学的社会影响力，很多人听到的第一个与心理学有关的名词就是心理咨询，并把它当作心理学的代名词。心理咨询的宗旨是助人解决心理困扰，帮助人们更好地生活。现在有心理困扰的人越来越多，对心理咨询的需求也越来越大。从事这项工作的人必须拥有专业知识背景，还要有足够的实操技能培训和良好的职业道德规范。这是一个专业性很强、责任重大的职业。学心理学专业的人可以从事心理咨询，但是科学的心理学不仅包含心理咨询，还包含研究人类心理活动的方方面面。例如，教育心理学研究如何让孩子们学得更好，成长得更健康；体育心理学研究如何让体育运动员表现出自己最佳的竞技水平；还有管理心理学、消费心理学、生理心理学等，这些都是心理学的研究范畴。

3.心理学不等于研究心理变态的人

很多人对心理学存在着这样的看法：心理学只研究变态的人，甚至说学心理学的人很容易变态。那么，为什么会有这样的偏见呢？这可能与某些媒体的误导有一定关系。媒体往往为了抓住人们的猎奇心理，在表现与心理学有关的题材时，会选择和炒作心理变态，所以从电视、电影、报纸和杂志上接触心理学的人，往往有这样的偏见。不少所谓心理电影便是例证，如《沉默的羔羊》《发条橙》《催眠大师》等，就描绘了一些严重心理变态的表现。因此，人们在认知里便把心理学家和精神病学家混淆了。精神病学家是医生，他们的工作对象主要是心理失常的人，包含心理变态的人。但是，大多数心理学研究都是针对正常人的，而且心理学的研究现在越来越重视研究人的快乐、幸福、潜能等积极心理。

那么，科学的心理学究竟是什么？

心理学的英文是“psychology”，由古希腊文字“psyche”和“logos”组成，前者是“心灵或灵魂”的意思，后者是“解说或阐述之”。总体而言，心理学是研究人心理现象的科学，具体来说，是研究人的行为和心理活动规律的科学。

人们在生活实践中与周围事物相互作用，必然有这样或那样的主观活动和行为表现，这就是人的心理现象，简称心理。具体地说，外界客观事物或体内的变化作用于人的机体或感官，经过神经系统（nervous system）和大脑（brain）的信息加工，就产生了对事物的感觉和知觉、记忆和表象，进而进行分析和思考。另外，人们在同外界事物打交道时，总会对它们产生某种态度，形成某种情绪。人们还要通过行动去处理和变革周围的事物，这就表现为意志活动。心理活动是人们在生活实践中由客观事物引起、在头脑中产生的主观活动。任何心理活动都是一种不断变化的动态过程，可称之为心理过程。

人们在认识和改造客观世界的过程中，各自都具有不同于他人的特点，各人的心理过程都表现出或多或少的差异。这种差异既与个人的先天素质有关，又与他们的生活经验和学习有关，这就是所谓的人格或个性。

心理过程和人格都是心理学研究的重要对象。心理学还研究个体的和社会的、正常的和异常的行为表现。在高度发展的人类社会中，人的心理获得了充分发展，使其得以攀登上动物进化阶梯的顶峰。心理学是以人的心理活动为研究对象，阐述心理活动和心理过程中最基本规律的科学，包括感觉、知觉、记忆、想象、创新、创造、情绪、情感等心理过程，也包含需要、动机、气质、性格等个性的心理现象。

## 二、心理学的发展简史

心理学作为一门科学，只有很短的历史，但却有一个漫长的过去。尽管心理学家对心理学的渊源有各种看法，但基本上达成了这样的共识，即古希腊人最早系统地考虑到重要的心理学问题。在冯特创立他的实验室之前，心理学就像是一个流浪的孩子，一会儿敲开生理学的门，一会儿又敲开伦理学的门，有时还会敲开认识论的门。从 13 世纪末到 19 世纪中叶，人的心理特性一直是哲学家研究的对象，心理学是哲学(philosophy)的一部分。到了 19 世纪中叶，由于生产力的进一步发展，自然科学取得了长足进步，科学的威信在人们的头脑中逐步生根。此时，作为心理学孪生科学的生理学也接近成熟，心理学开始摆脱哲学的一般讨论而转向对具体问题的研究。这种时代背景为心理学成为一门独立的科学奠定了基础。1879 年，德国心理学家冯特在莱比锡建立了世界上第一个心理学实验室，心理学从此宣告脱离哲学而成为独立的科学。至此，心理学才找到真正属于自己的"家"，并逐渐走上了科学化的发展道路。至今，作为一门独立的学科，心理学只有一百多年的历史。从这个角度来说，心理学又像一个年轻人，刚刚开始成熟起来。

### 心理科普

**心理江湖之一代宗师冯特**

在心理学历史上有这样一位伟人：1879 年，他在德国莱比锡建立了世界上第一个心理学实验室，开始对心理现象进行系统的实验研究。从此，心理学从哲学中脱离出来，成为一门独立的学科。这位伟人就是开宗立派的一代宗师——冯特。有趣的是，当你凝视深渊时，深渊也在凝视着你，当你种了一棵树，你也会变成……一个靶子。冯特本人就是一个靶子，之后许多心理学家靠批判冯特的理论成名成腕，构建了自己的理论体系。今天，我们就来简单介绍一下冯特。

**冯特童年**

科学心理学的创始人威廉·冯特出身名门望族，父母家族中有历史学家、神学家、经济学家、地理学家等，另外一些不是医生就是官员。有人说，当时的德国没有哪家比老冯家牛。然而，冯特却有一个悲惨的童年：哥哥在外求学不在家，妈妈还生了两个孩子，不过都在婴儿期夭折了。冯特童年只有一个伙伴，还是个智障者。

**吃尿**

吃盐多少会不会对尿液成分产生影响？一个年轻人对此很感兴趣，但出于找不到受试者，便亲自出马，自己吃盐自己尿，自己尿完自己写，实验研究发表了，年轻人也产生了对学术研究的兴趣。这个人就是威廉·冯特——科学心理学的创立者。

**心理实验室**

1857 年，冯特到海德堡大学任生理学系教师，开设了一门实验生理学课程，从此开始

图 1.1　心理学家冯特像

了他的大学教师生涯。1876 年，莱比锡大学给冯特分了间房子，用来放实验器材，房子原先是学生食堂，后来成了冯特的仓库。冯特上生理心理学课，需要做一些实验，但每次把器材搬到教室太麻烦，就在仓库做。冯特是有心人，仪器越买越多，又占据了临近的一些房子。1879 年，他开始做心理学实验，科学心理学就这样诞生了。

**名正言顺**

冯特的实验室虽然在 1879 年之前就已经运行了好几年，并号称在这一年建立了科学心理学，但其实直到 1883 年也未获得官方认可，在莱比锡大学官方目录中并没有冯特引以为豪的这个心理学实验室。后来，冯特生气了，威胁校领导，再不承认就要走人，跳槽去别的高校，校方最终屈服了，认可了其实验室。

**指导学生**

冯特于 1879 年建立了第一个心理学实验室，1889 年成为莱比锡大学的校长。冯特对学生很严格，从来都是直接给学生指定研究课题。在冯特面前，学生们永远只能站着，当他指导学生的时候，学生需排成一行站好，然后由冯特按学生顺序指定研究课题，做得好不好也是冯特说了算。

**中国学生**

冯特建立心理学之后，各国有志于此的学生都来拜访学习。有一个中国人也很感兴趣，跟冯特学了一段时间的实验心理学，后来这个中国人回国参加了革命，当了教育家，但没有从事心理学工作。不过，他在当校长的时候，追随世界潮流，支持建立了中国第一个心理学实验室。这个中国人就是蔡元培。

**学霸**

冯特是个工作狂，在没有电脑的年代，他累计写作 5 万多页，这是什么概念呢？华生算过，如果一天读 60 页，通读一遍要两年半。当年的冯特，上午写书、读论文、编杂志，下

图 1.2　冯特师生图

午去实验室，然后边散步边备课，下午 4 点又开始给学生上课，啥也不耽误。不过冯特虽然写的书多，但可传世的少。詹姆斯评价冯特：当一本书的观点被痛批时，他在写另外一本毫不相关的书。米勒说得更损：冯特就是那种爱迪生说的 1% 的灵感加 99% 汗水的类型。冯特也不是吃素的，詹姆斯的著作《心理学原理》面世后，冯特评价说：这很文学，也很优美，可它不是心理学啊！

**写写写**

冯特的生活与哲学家康德类似，他一直过着严谨而有规律的生活，直到去世，一直住在莱比锡，几乎从不外出旅行，除了欣赏音乐会以外，也不热衷于公众活动，除了指导学生做实验基本就是写写写，直到 85 岁高龄才退休。他于 1920 年 8 月 31 日去世，享年 88 岁。临死那年，他还出版了一部长达十卷的巨著：《民族心理学》。

（有改动）

资料来源：迟毓凯.心理学史那点事儿（一）[J].大众心理学，2013(8)：31-33.

在我国，现代意义上的心理学开始于清代末年改革教育制度、创办新式学校之时。当时的师范学校首先开设了心理学课程，用的教材大多从日本和西方翻译而来。1907 年，王国维重译了丹麦心理学家哈格尔德·霍夫丁（Harald Hoffding）所著的英文版《心理学概论》。1918 年，陈大齐出版《心理学大纲》，这是中国最早以心理学命名的书籍，奠定了中国心理科学发展的基础。1922 年，中国第一部心理学杂志《心理》正式发行。

1917 年，在蔡元培校长的倡导下，北京大学建立了中国第一个心理学实验室。1920 年，南京高等师范学校建立了中国第一个心理学系，是中国现代心理学发展的重要里程碑。最终，构造心理学、行为主义心理学、格式塔心理学、精神分析等引入中国，我国从此也开始了自己的心理学研究。

新中国成立后,1951 年,中国科学院心理研究所成立,前身为"中央研究院"心理研究所;随后,各师范院校逐步设立了心理学专业和教研室。此后,中国的心理学逐渐壮大,并获得了长足的发展。截至目前,全国共有超过 200 所大学设立了心理学专业,其中师范类大学占比较高。

## 第三节 创业与心理学

20 世纪中叶以后,心理学家开始关注创业与心理学的关系。早期的研究者以创业特质论为基础,通过比较创业者和非创业者的人格、态度与人口统计学特征,来区分创业者与非创业者的特质差别。著名的心理学家麦克兰德(David McClelland)认为:心理学家可以通过分析创业者的人格特征来研究和预测创业行为发生的概率。但是,前期研究成果得出的结论对创业行为的解释力和预测力都比较弱。20 世纪 70 年代,创业心理的一些研究成果走进美国高校商学院的教科书中,创业心理成为研究创业的"第二势力"。此时,研究者将"战略思考"的模式引入创业领域,形成创业研究的"战略取向"以研究个人作出战略决策的过程。美国哈佛商学院亚伯拉罕·扎莱兹尼克(Abraham Zaleznik)和哈里·莱文森(Harry Levinson)开展了一系列研究,主要从管理理论入手,以心理分析方法探讨领导角色、决策过程等问题。进入 21 世纪,特别是随着信息化技术的发展,高新技术产业的创业成为主流。在这样的社会大背景下,认知研究和社会认知理论日益成熟,谢恩(Shane)、克鲁格(Krueger)、米歇尔(Mitchell)等研究者通过借助认知研究和社会认知理论,分析了人格特质、能力、认知、行为和环境条件等影响创业的因素,以解释和预测创业行为。创业与心理学有着非常密切的关系。

### 一、创业与心理学的关系

微视频:1.5 创业和心理学有什么关系

从当前趋势看,创业是多学科参与研究的状态,不同的学科和分析方法在研究创业的不同问题上有着各自的优势。例如经济学可能侧重于研究环境对创业的影响、创业本身的微观结果和对宏观经济的作用等方面,管理学则在研究创业的组织、流程和策略方面具有一定优势,心理学则能解释为什么一些人会选择创业并获得成功。

#### (一)创业者的心理影响创业

大学生创业是一项特殊的社会活动。创业活动受社会经济、政治和文化环境的影响,也受到企业资金、设备、技术、制度等因素的制约,但无疑更会受大学生创业者个人行为的影响。因为创业活动的主体是创业者,创业者是创业活动的最直接推动者,创业活动的任何一步都离不开创业者。

首先，良好的心理素质是大学生创业者取得成功的催化剂。大学生在走向成功创业的道路上，需要具备独立思考、判断、选择、行动的心理品质，才能够开拓创新，不因循守旧，步他人后尘。无数大学生创业的实践也表明，创业者的心理对创业活动的影响力是巨大的，甚至与创业的成与败有直接关系。当今经济形势条件下，风险与机遇并存，大学生创业者只有具备良好的心理素质，才能把握机遇，降低风险，做出正确的决策，从而取得成功。

其次，良好的心理素质是大学生创业者迎接困难的强心剂。创业是一个复杂的社会活动，在这个过程中，大学生可能面临许多问题，如资金的困难、知识水平的局限，还有许多意想不到的困难。面对这些困难，大学生需要强大的心理素质以及积极的心理暗示。有些大学生由于心理素质较差，在遇到困境的时候容易消极颓废，一蹶不振，无法最终取得创业成功；而有的大学生则具备了良好的心理素质，即使遇到困境仍然可以保持冷静与理智，具备了这样的心理素质再进行创业，就有可能取得一个良好的结果。

### （二）创业活动影响创业者的心理

心理学研究表明，人的主观意识会影响其实践活动，反之，实践活动也会影响人的主观意识。同样，创业活动也会对大学生创业者的心理产生影响。随着创业活动的不断深入，大学生创业者的经验必然会越来越丰富，对创业活动规律的认识会越来越深刻，分析问题和解决问题的能力、人际交往能力、环境适应能力以及经营管理能力等各种心理素质也会不断提高。艰辛的创业之路会让很多大学生的自信心、意志品质、心理承受力等得到磨练且不断提高。当然，也必然会有一小部分大学生经受不起磨炼和考验，反而会变得意志越来越消沉，自卑脆弱，甚至可能出现一些严重的心理问题。

## 二、创业心理学的研究对象

每门学科都有其自身特定的研究对象，以区别于其他学科并反映本学科独立存在的意义。作为一门独立的交叉学科，创业心理学也是如此。

创业心理学是研究创业过程中人的心理活动及其行为规律的科学。它是用科学方法改进创业效益和效率的一门综合性应用学科。简单说，就是运用心理学的一般规律去解决创业过程中人的心理问题，并使之在创业领域具体化。它主要研究一定创业时期中的心理和行为规律，从而提高创业者预测、引导、协调自身心理和行为的能力，以更为有效地实现预期目标。例如：决策是创业过程中的一个重要问题。所谓决策，从心理学角度来看，实际上就是人的思维过程和意志过程。创业者在做出某项决策之前，首先要对自身的各方面情况进行去粗取精、去伪存真的加工处理；然后，在此基础上制订出几种可供选择的决策方案，并在这些方案中选出最佳方案，从而做出正确的决策。而这个过程实质上是思维的过程，也就是人的高级认识的过程。同时，创业者在做出正确而又及时的决策时，还需要具备当机立断的意志品质。否则，若创业者优柔寡断，议而不决，决而不行，缺乏坚

强的意志品质，也不能及时做出正确决策。

由此可见，心理学是创业心理学的基础，创业心理学是心理学规律在创业过程中的具体应用。二者是一般与特殊、主干与分支的关系。

## 三、大学生创业心理学的主要内容

微视频：1.6 听创业大咖聊创业故事

当前，引导大学生科学创新、理性创业，使大学生对创业活动具有正确的认知和态度，全面提升其综合素质，最终促进其创业活动的开展以及健康发展，是大学生创业心理学研究的关键所在，主要包含两部分内容。

### （一）创业者的心理素质和人格特点

由于每个人的先天因素不同，生活条件不同，所受的教育和影响不同，所从事的实践活动不同，因此，心理过程在每个人身上产生时总是带有个人的特征，因而每个人的气质、性格、能力不同。例如：人的观察力、注意力、记忆力、想象力、思考力不同，有的能力高，有的能力低；人的情感体验的深浅度、表现的强弱、克服困难的决心和毅力的大小不同。所有这些都构成了人格的不同特点。主要的内容包含以下五个方面。

1.动机

动机是个体行为的内在推动力，创业行为同创业者的动机有着密切关系。正确、清晰、强烈的创业动机，将促使大学生创业者更加积极地行动，有利于创业成功；相反，不明确或者错误的创业动机，则不利于大学生创业成功。

2.自我意识

自我意识即一个人对自己的体验、认识和评价。成熟的自我认识，有利于个体确立明确的人生目标，树立远大理想，增强自信心。自我意识较成熟的大学生创业者，对于自己为什么要选择创业之路、创业是否符合自己的实际和特点往往有着较理性的认识，对自己的创业之路充满信心。而自我意识不太成熟的大学生往往对这些问题没有较深刻清晰的认识，选择创业之路具有一定随意性，对自己的信心也并不十分充足，这种状况无疑会对其创业活动产生不利影响。

3.人格特质

研究表明，大部分创业者在性格方面都具有一些共同的特征，如乐观开朗、具有积极主动、创新意识和开拓精神等。这些人格特质同创业活动是相适应的；相反，被动、保守等人格特质无疑是不太适应创业活动的。

4.思维方式和智力水平

创业活动是一种需要高等智力参与的活动。在整个创业活动中，创业者都需要不断地分析问题、解决问题。大学生创业者能否发现商业机会，能否构思出新奇而有效的商业计划，能否正确分析创业过程中出现的种种问题并想出解决问题的办法……都会直接影响创业实践。因此，大学生创业者的思维方式和智力水平对创业能否成功都具有重要影响。

5.意志力和心理承受力

意志力,即个体有意识地确立目标,调节和支配行为实现目标的心理能力。心理承受力,即个体承受压力、挫折的能力。创业过程充满风险,会遭遇许多困难、危机,甚至挫折、失败。这就要求创业者要有强大的意志力和心理承受力。调动大学生创业的积极性是创业心理学中的一个重要问题,而要调动大学生创业的积极性,不能仅简单地分析创业成功之后所带来的各种收益,而是要运用心理学的一般规律,具体分析一定时期内大学生不同的心理特征和创业能力,分析产生积极行为的一般心理过程,研究究竟哪些因素最能在创业者心理上起到激励作用,以及如何保持和加强创业者的积极行为等。

### (二)创业过程中的心理活动

创业活动是一项复杂的社会活动,既包含各种人际关系的处理,也包含创业中各种压力与管理问题的处理,主要的内容包含以下三个方面。

1.人际交往

在创业的整个过程中,创业者要和政府监管部门、供应商、顾客、同行等各种各样的人打交道。大学生创业者能否处理好这些人际关系,对创业能否成功有重要影响。

2.压力管理

创业是一项充满艰辛的活动,整个创业过程会涉及许多复杂的事情,也会遇到各种各样的困难,这些事情和困难会给创业者的内心造成很大压力。因此,能不能有效应对这些事情,管理好压力,也是影响创业能否成功的重要因素。

3.团队建设

大部分创业活动不是创业者自己的单打独斗,而是一个团队共同进行。创建团队、维护团队的团结、增强团队的战斗力,是创业者必须进行的创业管理活动。而要完成好这一任务,大学生创业者必须了解组织与团队的心理规律,具备较成熟的团队管理和领导能力。

总之,创业时期的各种心理活动以及准创业者的心理活动需要正确的引导和培养,如果不能及时有效地处理,很可能会对创业成功产生较大影响。所以,创业心理学就是把心理学的一般规律运用于实际创业中,以解决创业中具体问题的一门应用型学科。

## 创业心理训练营

**创业弄潮儿为什么能?**

"我要我的生命得到解放,我想要怒放的生命,就像飞翔在辽阔天空……"一曲《怒放的生命》唱出了很多创业者的心声。创业路上百转千回,个中滋味甘苦自知一路走来,"永不言败，愈挫愈勇”的坚定信念给这个“呼唤开拓创新”的时代留下了深深的印记。他们敢想、敢干、敢拼，不论输赢，只求奋力一搏。今天，让我们走近这些创业者，听听他们的“创业经”，或许下一个改变时代的主角就是你！

◇ 这是一个属于创业者的时代，面对机遇，要像猎豹一样快速出击。

——谢雯雯，29 岁

从最初创业时的 3D 打印、机器人，到现在的主打产品——三维人体扫描仪，成果颇丰。谢雯雯认为，政府对科技创业的支持力度非常大，放低了创办企业的门槛，不仅为大学生创业提供补贴，还会进行相应的培训。有好的技术、创意，现在也不愁融不到资。创业不仅仅是个人的选择，也是时代大势所趋，未来的创业环境会越来越好。

◇ 面对逆境，要能熬得住，在“熬”中反思，在“熬”中收获快乐！

——杜衡，40 岁

杜衡的公司 2015 年 7 月 31 日成立后，第一款主打产品是采用国际先进的金融大数据算法和模型为金融机构提供专业的资产证券化产品设计服务，这款产品很快受到京东金融、华泰证券等的青睐。杜衡坦言，回国创业近三年时间，虽然困难重重，过程难“熬”，但却收获了更多的认可、成就感和快乐。从餐厅服务员、洗车工到创业公司的 CEO，他认为，自己恰是在这起起伏伏的经历中不断完善着人生观与价值观，更加全面真实地认识自己，学会了正确地看待挫折与困难，学会了在“熬”的时候反思，并从中收获快乐。

◇ 不盲目跟风，忠于初心，忠于梦想！

——乔卫齐，31 岁

乔卫齐毕业于知名高校核技术专业，却放弃一线城市的工作，选择回到家乡东北农村做一名“农民”从借助电商平台卖农产品，到流转土地搞合作种植，再到创新模式发展农田“私人定制”。2013 年，乔卫齐在电商平台注册一家店铺，开启了自己的创业之路。一年间，自家生产的 1 万多斤大豆、杂粮等产品销售一空。随着事业的稳步发展，这个爱琢磨的东北小伙儿开始研究新的发展项目，开始尝试菜园“私人定制”模式。乔卫齐说，作为一名青年创业者，他心中有着创业梦，也有着乡村振兴梦。乡村振兴离不开我们青年人，我们在这个时代里应主动承担社会责任，做有利于祖国的事，做有利于未来的事，而不应只将目光放在眼前。

◇ 创新是创业的源泉，得能琢磨。

——孟思源，23 岁

哈尔滨工程大学四年级学生孟思源就读于机械设计制造及自动化专业，创办两家 3D 打印公司，获得 3 项国家专利，卖出了近 400 台自主制作的 3D 打印机。一个偶然的机会，孟思源发现，3D 打印可以像魔术师一样变出各种花样。然而，高端 3D 打印设备价格昂贵，普通 3D 打印机的精度又满足不了制作要求。孟思源一不做二不休，和几个同学一拍即合，决定自己做一台 3D 打印机。这些来自机械、自动化、计算机、经管等不同专业的同学聚在一起，既“知识共享”，又“头脑风暴”。8 个月后，他们完成了第一台 3D 打印机。孟思源说，创新和创业是不断探险的过程，要结合专业特长深入挖掘、用心思考，一旦发觉创新点后，就要立刻行动。

资料来源：新华社，http://www.xinhuanet.com/local/2018-05/07/c_129865189.htm。

请结合以上案例进行分析：

1.你如何理解创业？

2.案例中的创业者有着怎样的创业心理活动？

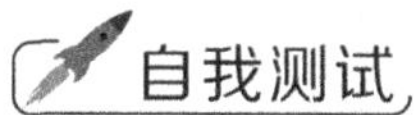

## 自我测试

### 互联网思维趣味自测

互联网的出现，将世界颠了个个儿。经营多少代的百年企业，瞬息间可能分崩离析，昨天还排末位的无名小卒，今朝已成来势凶猛的龙头老大，真可谓“台风口上的猪，不想上升都不行”。那么，你有没有互联网思维呢？一起来测试下吧。

1.卓小博需要一面有洞的墙，接下来他怎么做，会更接近于互联网的思维方式呢？（　　）

A.四处翻找家里的锤子和钉子　　B.买一台很好用的钻孔机

C.打听谁家墙上有一个洞　　D.发明一种方便钻洞的墙壁材料

2.下面哪句古训形容互联网时代“去中心化”的特点最为贴切？（　　）

A.三人行，必有我师　　B.春江水暖鸭先知

C.弱水三千只取一瓢饮　　D.本来无一物，何处染尘埃

3.以下哪个人的职业更容易受到互联网的威胁？（　　）

A.家门前风雨无阻卖煎饼的大叔　　B.常给你发骚扰信息的地产中介

C.令班上女生倾慕不已的年轻教授　　D.飞机上你曾惊鸿一瞥的俏丽空姐

4.在互联网时代，一家公司应该更像（　　）。一家好的公司应该全方位地嵌入社会系统之中：不仅是产品和服务的嵌入，更是情感和关系的嵌入。平等的、可交流的、真实的魅力显得尤为重要。

A.一座城　　B.一条狗　　C.一台戏　　D.一个人

5.卓小博是一位公务员，他和谁的关系在互联网时代最受到挑战？（　　）

A.最近似乎有了第二春的邻居大妈　　B.暗恋多年却从未向之表白的女神小红

C.部门里神龙见首不见尾的上级领导　　D.当初帮他进政府工作的远房表哥

6.互联网时代让一群协作成本更低、兴趣点更相同的人联结在一起，以下哪个群体的关系更接近这种？（　　）

A.都敏俊和他来自星星的粉丝

B.自发组织跳广场舞的退休大妈们

C.一会儿呈“一”字形一会儿呈“人”字形飞过天际的大雁

D.莫名牵绊多年的李雷与韩梅梅

7.以下哪个电影中的角色技能最接近于互联网思维？（　　）

A.钢铁侠——变形　　B.蜘蛛侠——连接

C.绿巨人——爆发　　D.美国队长——合作

8.信任商业是一种新的商业模式，以下哪一种最接近这种模式？（　　）

A.网络歌手让听众省下10块钱捐给灾区

B.水果店老板以10块钱1斤促销苹果成功

C.房地产大亨建了一座大厦，2年收回成本

D.小米手机说服米粉卓小博省钱购买最新款手机

9.英语成绩优异的小红去了美国，以下哪种行为更接近互联网文化的特征？（　　）

A.完全不需要交际，自顾自在那儿玩开了

B.在当地华人中组建社群，形成亲密又复杂的关系

C.以邓文迪为目标，一心跻身上流社会

D.迅速融入当地社区，有了美国好朋友

10.三线女星小红近日被某名导之妻揭露与其夫有染，她昨天发了一条微博，被骂评论创历史新高，这最可能是哪条？（　　）

A.上传了一张图片（白莲花）：“出淤泥而不染，濯清涟而不妖。白莲似我，清者自清。”

B.转发（老人摔倒报道）：“是社会有病，非路人无情。”

C.上传了一张图片（名牌跑车）：“多少伤心的夜，我孤独地度过。人谁无过，落棋无悔。”

D.上传了一张图片（自拍）：“长得美又不是我的错。”

11.以下哪种神功更全面地代表了未来汽车O2O平台的发展趋势？（　　）

A.易筋经——打通全身经络，覆盖选车、购车、用车、修车、卖车全周期

B.降龙十八掌——劲强力猛，专做降价车，价格优势横扫线下4S店

C.乾坤大挪移——牵引挪移，线下业务线上转移，汽车销售新渠道

D.凌波微步——腾空悬浮，利用互联网提高商家运营效率，让消费者更方便

12.卓小博打算叫上些小伙伴一起创业，以下哪些类型的组织结构比较不适合未来的互联网社会？（　　）（仅此题多选：5选2）

A.树枝形组织：卓小博的小伙伴们都在某一组织的分支当中

B.特种部队式组织：卓小博建立起大后台，小伙伴组成机动小分队

C.基地式组织：卓小博和小伙伴们极度分散，但有着共同的目标

D.多中心式组织：卓小博和他的小伙伴们各自有不同的权力，经常合作与互动

E.金字塔式组织：卓小博作为老大，小伙伴们都听他的

**参考答案：**

1.C　2.C　3.B　4.D　5.C　6.B　7.B　8.A　9.B　10.A　11.A　12.AE

**解析：**

1.互联网产品思维。卓小博需要有洞的墙，可能并不是他真的想要一个洞，而是有几种情况：一是想增加采光，或者凿壁借光；二是想窥视别人的隐私；三是想透气。A、B是典型的传统思维，即“有了问题解决问题”，C则站在用户的角度，即只是为了去体验一下有洞的墙。

2.“去中心化”是Web 2.0的鲜明特点，即网络的内容不再是由专业网站或特定人群所产生，而是由全体网民共同参与的结果。例如博客、微博等，都是由无数的网民生成的内容，供无数的网民阅览。A“三人行，必有我师”翻译成互联网的语言就是参考同类型的不同产品来改进我的产品。B“春江水暖鸭先知”是Web 1.0时代的特点，即信息由某些人或网站发布在网上。C“弱水三千只取一瓢饮”就是成千上万的网站或产品只喜欢其中的某一类或某几种，体现了网络内容成千上万的特点。D“本来无一物，何处染尘埃”是指人和网络是统一的，没有人就没有互联网。因此综合来说C最符合。

3.互联网思维改造传统行业。C、D显然不会因为互联网的存在而消失，排除。A可能会有人想到“黄太吉煎饼”，但那是个特例，互联网解决的是一个痛点问题，也就是最深入用户内心的，比如B这种烦人的推荐信息，现在58同城等网站做的都是这种分类信息整合，并逐步取代了中介。

4.暗示未来Web 3.0会更加智能化，人机交互也将更加和谐。

5.显然A不是受挑战而是拉近了这种关系，B与A类似，通过互联网拉近了这种关系，可以在网上表白了。由于卓小博是公务员，因为在互联网时代D这种可能会被曝光。C因为互联网里人们都更多在网上谈论一些事，而领导正好可能看到。

6.重点在“协作成本更低，兴趣点更相同”，如QQ群、豆瓣小组。四个选项里，D首先排除，A虽然是兴趣点相同，但没有协作的问题。B、C都包含了合作和兴趣相同，但C的大雁显然需要较高的团队合作，而B最符合很多互联网产品里“圈子”的含义。

7.B是最合适的，既然叫互联网，就是一种网，它拉近了人与人、人与世界、人与信息的距离。

8.信任商业是电子商务里常提到的一种模式，现在淘宝、天猫、京东等售卖服务都是基于用户对平台的一种信任感。因此B、C与电商没关系的先排除。至于D，可能换一种说法就可以了，比如：米粉卓小博在京东上预约了最新款小米手机。

9.第6题提到了互联网圈子，本题也类似，用户关系始终在互联网中占据很重要的地位。

10.A是最可能引发网友骂声的微博。B是社会问题，C是炫富，C、D相当于前几年的郭美美事件。

11.A。未来的O2O肯定是线上与线下的全方位结合，形成闭环。

12.A、E是典型的传统企业组织结构，互联网企业组织结构更加扁平化，每个人各司其职，同一个业务需要不同的团队去完成不同的工作，但目标是一致的。

# 第二章　创业人格自我探索

## 案例导入

### 小乐创业失败了

小乐是商学院工商管理专业四年级的学生，他从小的志向就是成为像李嘉诚那样的大企业家。他之所以选择商学院，也是为了多学习一些商业知识，为以后的创业做准备。正是因为这样，小乐在校期间学习非常认真，随着专业知识的日渐丰富，他对自己成为一位企业家的信心也越发坚定。进入大四后，受周围同学的影响和老师的鼓励，他决定将自己的知识运用于实践，开始真正的创业。

就在快毕业那年，经过充分调研和筹划，他和几个志同道合的同学在学校附近的街口开了一家特色茶餐厅。创业初期，尽管困难重重，但经过不懈的努力，餐厅运营还算顺利，收支基本可以持平，预计不久后即可赢利。按道理，有这样的局面小乐应该开心才对，可是他的心情反而越来越差，因为他开始对自己产生了怀疑。

最初，在开店选址时，对应该选在学校前门还是后门，他一直犹豫不决，拿不定主意，几个合伙人都急了，都说他性格优柔寡断，不像个老板。后来，餐馆开张时搞促销，几个合伙人都走上街头派送传单，吆喝生意，可他面对那么多人，却觉得不好意思喊不出口，特别是面对那些漂亮女孩时，他感到很紧张，几个合伙人都笑他扭扭捏捏，像个乡下小姑娘。还有一次，有几个顾客因为对服务员的态度不满意，在餐厅里大闹起来，又是大喊大叫，又是摔盘子。他从来没见过这种情形，又气又怕，紧张得脸色苍白、浑身发抖，可就是不知道该怎么办，最后还是另外几个合伙人和几个好心的顾客出面劝解，才把事情摆平……

类似的事情还有不少。几个合伙人已经半开玩笑半认真地说过他几次："你的心理素质不行，当不了老板。"而他自己也的确感觉到了这一点，这让他非常苦恼。他以前从来不知道自己在心理素质方面居然有这么多不足，更没想到这会影响自己的创业。他慢慢地开始怀疑自己到底是不是真的像其他合伙人说的不适合做老板，甚至开始怀疑自己选择的人生目标是不是压根就错了。

资料来源：郝宏伟.大学生创业心理拓展[M].广州：广东高等教育出版社，2015.

## 请你思考

1.小乐在创业过程中的各种遭遇真的和心理素质有关系吗？为什么？

2.小乐应如何提高自己的创业心理素质？

3.什么样的人适合创业？

## 单元目标

1.了解人格的基本原理、人格与创业的关系。

2.掌握创业人格的特征。

3.促进对自己人格特点的探索和思考。

人格(personality)一词源于古希腊语 persona，原指演员在舞台上戴的面具，类似于我国戏剧中的脸谱，如京剧中红脸代表忠义、耿直、有血性，白脸代表奸邪、多疑、凶诈，蓝脸代表性格刚强、桀骜不驯……面具体现了角色的特点和性格特征。

简单来说，心理学中的人格指的是一个人整体的精神面貌特点，是人在社会化的过程中形成的相对稳定的心理特征和外部行为特征，是具有一定倾向性的、比较稳定的心理特征的总和。

一个人的人格形成既受先天的自然遗传因素影响，同时又受社会化因素(家庭、学校)、社会文化因素、社会实践因素等后天影响。不同的人个性不同，对待同一境遇的思维方式和外显行为往往也不同，从而产生不同的结果。由于个性的复杂性，我国心理学界对人格的定义尚未有一致的看法。我国第一部大型心理学词典——《心理学大词典》对人格的定义反映了多数学者的看法，即："人格，也可称个性。指一个人的整个精神面貌，即具有一定倾向性的心理特征的总和。人格的结构是多层次、多侧面的，由复杂的心理特征的独特结合构成的整体。这些层次有：第一，完成某种活动的潜在可能性的特征，即能力；第二，心理活动的动力特征，即气质；第三，完成活动任务的态度和行为方式的特征，即性格；第四，活动倾向方面的特征，如动机、兴趣、理想、信念等。这些特征不是孤立存在的，而是错综复杂、相互联系、有机结合的一个整体，对人的行为进行调节和控制。"

人格贯穿着人的一生，也影响人的一生。在各行各业中，有些人擅长战略规划而不善于执行，有些人擅长执行但不擅长作秀(包括演讲、推销、包装等)；有些人果断，有些人细致周到；有些人温和，有些人严厉。这些都可能决定了他们适合走什么样的道路。正是创业者个性倾向性中所包含的需要、动机、理想、信念、世界观，指引着他们创业人生的方向、目标和道路；正是创业者的个性心理特征中所包含的气质、性格和能力，影响并决定着其创业人生的风貌、前景和结果。

# 第一节 创业气质

微视频：2.1 什么样的人适合创业

口语中的“气质”和心理学上的“气质”有所不同。口语中的“气质”是结合人的姿态、样貌、穿着、性格、行为、学识等元素，最终给别人留下的一种感觉。而心理学上的“气质”则与“性情”“脾气”比较接近。

## 一、气质的含义

气质(temperament)是人的个性心理特征之一，指在人的认识、情感、言语、行动中，心理活动发生时力量的强弱、变化的快慢和均衡程度等稳定的动力特征，主要表现在情绪体验的快慢、强弱，表现的隐显，以及动作的灵敏或迟钝方面，因而为人的全部心理活动表现染上了一层浓厚的色彩。人的气质是先天形成的，受神经系统活动过程的特性所制约。孩子刚一出生，最先表现出来的差异就是气质差异，如有的孩子爱哭好动，有的孩子平稳安静。

气质不能决定一个人的成就。一个人的活泼与稳重不能决定他为人处世的方向，任何一种气质类型的人既可以成为品德高尚、有益于社会的人，也可以成为道德败坏、有害于社会的人。任何气质类型的人，只要经过自己的努力都能在不同实践领域中取得成就。

人的气质具有稳定性的特点。俗话说“江山易改，禀性难移”，这里说的禀性指的就是气质。这种稳定性与人的神经系统先天性的特点密切相关，即使后天受到环境和教育的影响，气质也很难发生显著的变化。但这并不意味着气质是完全不可改变的。事实上，如果能在早期教育、学校教育和社会实践中刻意培养，那么气质也是可以发生改变的，只是这种改变较为困难、缓慢，幅度较小而已。

## 二、关于气质的学说

人的气质是有明显差异的，人们很早就注意到了这种现象，并寻求解释，不断地提出了很多气质学说，如中国古代的阴阳五行说、古希腊的体液学说、日本心理学家古川竹二(Takeji Furukawa)的气质血型说、德国克瑞奇米尔(E. Kretschmer)的气质体型说、俄国巴甫洛夫(Ivan P. Pavlov)的气质高级神经活动类型说等。其中影响较大的是体液学说和高级神经活动类型说。

### (一)体液学说

古希腊医生希波克拉底(约前 460—前 377)最早观察到人有不同的气质。他认为人体内有四种体液:血液、黏液、黄胆汁和黑胆汁。希波克拉底根据人体内这四种体液的不同比例,将人的气质划分为四种不同类型,如表 2.1 所示。

**表 2.1 体液与气质类型**

| 体内占优势的体液 | 气质类型 |
| --- | --- |
| 血液 | 多血质 |
| 黄胆汁 | 胆汁质 |
| 黏液 | 黏液质 |
| 黑胆汁 | 抑郁质 |

希波克拉底用体液解释气质类型的体液学说虽然缺乏科学根据,但在日常生活中人们确实能观察到这四种气质类型的典型代表。活泼、好动、敏感、反应迅速、喜欢与人交往、注意力容易转移、兴趣容易变等,是多血质的主要特征。直率、热情、精力旺盛、情绪易于冲动、心境变换剧烈等,是胆汁质的主要特征。安静、稳重、反应缓慢、沉默寡言、情绪不易外露,注意稳定但又难于转移,善于忍耐等,是黏液质的主要特征。孤僻、行动迟缓、体验深刻、善于觉察别人不易觉察到的细小事物等,是抑郁质的主要特征。因此,这四种气质类型的名称曾被许多学者所采纳,并沿用至今。

### (二)高级神经活动类型说

巴甫洛夫认为人有四种典型的高级神经活动类型,即活泼的、不可抑制的、安静的、弱的,分别与希波克拉底的四种气质类型相对应,四种气质类型即四种典型的高级神经活动类型的行为表现,如表 2.2 所示。除这四种典型的类型外,还有许多中间类型。巴甫洛夫学派的观点得到后来者的进一步发展,如捷普洛夫等主张研究神经系统的各种特性及其判定指标;梅尔林主张探讨神经系统特性与气质的关系,强调神经系统的几种特性的组织是气质产生的基础。还有学者将气质归因于体质、内分泌腺或血型的差异,但气质的生理基础仍无法确定。

**表 2.2 高级神经活动类型与气质类型的对应**

| 高级神经活动类型 | 神经系统的基本特点 | 相对应的气质类型 |
| --- | --- | --- |
| 活泼型 | 强、平衡、灵活 | 多血质 |
| 兴奋型 | 强、不平衡 | 胆汁质 |
| 安静型 | 强、平衡、不灵活 | 黏液质 |
| 抑制型 | 弱 | 抑郁质 |

巴甫洛夫四种神经类型的具体特点如下。

(1)强、平衡、灵活型。兴奋与抑制都较强,两种过程易转化,以反应灵活、外表活泼、容易适应环境为特征,这种类型称之为“活泼型”,与之相对应的气质类型是多血质。

(2)强而不平衡型。兴奋与抑制占优势,以易激动、奔放不羁为特征,这种类型称之为“不可遏制型”,即兴奋型,与之相对应的气质类型是胆汁质。

(3)强、平衡、不灵活型。兴奋和抑制都较强,两种不易转化,以沉稳、坚毅、行动迟缓为特征,这种类型称之为“安静型”,与之相对应的气质类型是黏液质。

(4)弱型。兴奋和抑制都很弱,但抑制过程占优势,以胆小、经不起冲击、消极防御为特征,这种类型称之为“抑制型”,与之相对应的气质类型是抑郁质。

巴甫洛夫认为,人的高级神经活动类型是人的气质的生理基础,气质则是高级神经活动类型在人的心理活动和行为动作中的表现,是心理现象。巴甫洛夫的研究为气质类型与高级神经活动类型的关系勾画了一个轮廓,对气质的实质做了科学的解释。

## 三、大学生创业者的气质

微视频:2.2 为什么要问自己是否适合创业

四种典型的气质类型有其独特的心理特征与行为表现,不同气质类型的人,对待同一件事情的表现各不相同。因此,不同气质类型特征的人在对待职业工作特性的选择上有着各自相应的优势和劣势。从这个角度来说,创业者如何选择适合自己气质类型特征的行业进行创业就显得非常重要。如果选择恰当,创业就会事半功倍、高效达成;如果选择不当,就很可能消耗太多的时间、精力,造成事倍功半,甚至一事无成。

### (一)胆汁质

胆汁质的基本特征是情绪易激动,反应迅速,行动敏捷,暴躁而有力;性急,有一种强烈而迅速燃烧的热情,不能自制;在克服困难上有坚韧不拔的劲头,但不善于考虑能否做到,工作有明显的周期性,能以极大的热情投身于事业,也准备克服且正在克服通向目标的重重困难和障碍;但当精力消耗殆尽时,便失去信心,情绪顿时转为沮丧而一事无成。这种气质类型的人,通常倾向于选择且适合于竞争激烈、冒险性和风险性强的职业或社会服务型的职业,如运动员、改革者、探险者等,甚至到偏远及开放地区从业。

胆汁质型大学生创业者的优势是极具竞争力,野心勃勃,目标导向型,同时在气势上会咄咄逼人。不管手头的任务是什么,总是精力充沛,干劲十足,执着果断。作为一个强大的战略思想家,这种类型的创业者可以很容易地专注于市场营销和运营。面临的挑战很可能是与其他人一起合作时容易出现摩擦,因此这一类型的创业者需要与那些能够管理企业的人打好交道。胆汁质型创业者成功的例子不在少数,如改变传统熟人社交方式的陌陌、“大姨妈神器”美柚的创始人,还有改变人们记录方式的印象笔记 Evernote 的创始人。当然,一年看 300 多本书、写微博、做演讲、开自媒体专栏的精力充沛的周鸿祎也是属于这种类型的创业者。

图 2.1　胆汁质气质类型的漫画

图片来源：[丹麦]皮特斯特伦普漫画：《一顶帽子》。

## (二)多血质

多血质的主要特征是灵活性高，易于适应环境变化，善于交际，在工作、学习中精力充沛而且效率高；对什么都感兴趣，但情感兴趣易于变化；有些投机取巧，易骄傲，受不了一成不变的生活。通常适合于出头露面、交际方面的职业，如记者、律师、公关人员、秘书、艺术工作者等。

多血质型大学生创业者的优势是外向和富有同情心，往往很招人喜欢，可以很容易地适应变化，适应新环境。这种类型的创业者能很快地完成任务，并能在截止日前完成工作。他们往往有着强烈的紧迫感和一心多用的能力，可以同时进行多项任务，积极而充满活力。但有时他们很难坚定自己和让别人负起责任。因此，要想成功地领导一家公司，这种类型的创业者通常需要雇佣更强大、更注重结果的人，确保能在最后期限之前完成目标。

图 2.2　多血质气质类型的漫画

图片来源：[丹麦]皮特斯特伦普漫画：《一顶帽子》。

## (三)黏液质

黏液质的主要特征是反应比较缓慢，坚持而稳健地辛勤工作；动作缓慢而沉着，能克制冲动，严格恪守既定的工作制度和生活秩序；情绪不易激动，也不易流露感情；自制力强，不爱显露自己的才能；固定性有余而灵活性不足。一般适合于医务人员、图书管理员、情报翻译、教员、营业员等工作。

图 2.3　黏液质气质类型的漫画

图片来源:[丹麦]皮特斯特伦普漫画:《一顶帽子》。

## (四)抑郁质

抑郁质的典型特征是高度的情绪易感性,主观上把很弱的刺激当作强作用来感受,常为微不足道的原因而动感情,且有力持久;行动表现上迟缓,有些孤僻;遇到困难时优柔寡断,面临危险时极度恐惧。一般较适合从事理论研究工作等。

图 2.4　抑郁质气质类型的漫画

图片来源:[丹麦]皮特斯特伦普漫画:《一顶帽子》。

一般说来,并不是每个人的气质都能归入某一典型气质类型,很多人的气质类型是不典型的。除少数人具有某种气质类型的典型特征之外,大多数人都偏于中间型或混合型。也就是说,他们较多地具有某一类型的特点,同时又具有其他气质类型的一些特点。气质只影响一个人行动的速度和成功的效率,不影响一个人的最终成就。同时,气质无好坏之分,无论哪种气质类型的人都可能成为成功人士。

心理学家还研究了人的气质类型对群体协同活动的影响。苏联心理学家鲁萨洛夫(1982)的研究表明,两个气质类型不同的人在协同活动中,比气质类型相同的人配合所取得的成绩更好。苏联心理学家皮卡洛夫等人的研究表明:气质类型相反的两个人合作,不仅合作效果更好,而且还有利于团结。

作为大学生创业者,其气质确实不能决定他能干什么,不能干什么。但也不可否认,当他的气质特点符合某种创业项目要求时,那么他就比较容易适应,创业起来也比较轻松;而当这个人的气质特点不符合创业项目要求时,他适应起来就困难些,创业起来也比较费劲。

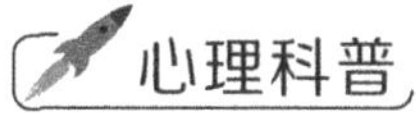

## 心理科普

### 《西游记》师徒四人的气质类型

《西游记》作为我国四大古典文学名著之一，形象而生动地讲述了一个师徒四人一路斩妖除魔去往西天取经的创业故事。这师徒四人也是四种气质类型的典型代表。

唐僧：抑郁质

唐僧严肃谨慎，情感体验相当深刻，易多愁善感；善于观察他人观察不到的细微事物，敏感性高，思维深刻；在意志方面常表现出胆小怕事、优柔寡断，受到挫折后常心神不安，但对力所能及的工作表现出坚忍的精神；不善交往，较为孤僻。同时动作相对迟缓，能力较弱，经常被妖怪抓走，这些恰好是抑郁质的典型特征。从气质类型上看，唐僧是抑郁质的典型代表。

孙悟空：胆汁质

孙悟空聪明机灵好动，敢作敢为，富有创造力、闯劲、冲劲，朋友遍天下，在三界都吃得开。但是他又有点不听指挥、不服管教，比较任性，容易情绪化，喜欢按自己的意愿行事，动不动就敢撂挑子。他交友最广，干的活也最多，但因为好大喜功而屡屡被佛祖坑、被菩萨坑，被妖怪抓走、被法宝制服，受苦受累受罪最多。假如没有紧箍咒，孙悟空肯定是走不到最后的。从气质类型上看，孙悟空是胆汁质的典型代表。

猪八戒：多血质

猪八戒性格外向，心直口快，易冲动，看到美食就想吃，毫不在意场合；看见美女就想往前凑，不论她是仙女、凡女或是妖女，毫不考虑后果；他想吃就吃，想睡就睡，想说就说，是个乐天派。他总是给团队带来乐趣、幽默。假若没有猪八戒，团队会没有活力，变得枯燥无味。猪八戒还是一个处理人际关系的高手。孙悟空闯祸了，唐僧一气之下把他撵走了，但真正遇到困难时，又想到孙悟空。此时八戒出现了，他善解人意，知道唐僧需要他出来说点什么。猪八戒还善于与外界打交道，许多外部力量的支持都是他争取来的。猪八戒活泼、幽默、善于处理人际关系，从气质类型上看，是多血质的典型代表。

沙僧：黏液质

沙僧属于安静型的人物，行动缓慢而沉着，严格恪守既定的生活秩序和工作制度，不会为无所谓的动因而分心。他态度持重，办事认真，勤勤恳恳、任劳任怨，执行力强，勤奋、忠诚、可靠，也不容易生气，比较平和，但是脑袋不够聪明，不灵活，情感上不易激动，不易发脾气，也不易流露情感，能自制，也不常常显露自己的才能。“大师兄、二师兄，师父被妖精抓走啦！”危险时候，沙僧不会做别的事，只是重复着这样的客观事实。其好处是他一般不容易犯错，当然，在打妖除怪方面，他也不太可能有特别出色的业绩。沙僧是黏液质的典型代表。

资料来源：秦艳鸿，https://m.xinli001.com/info/100464018? from=search。

## 四、气质在大学生创业中的应用

分析自己的创业类型，对于大学生创业者具有重要意义。如果大学生能有效发挥自己气质类型中的优势因素，树立自己所具有的独特个性，合理规划自己的创业路径与行动方略，那么其创业就有可能最终高效而稳妥地获得成功。大学生在分析自己的气质类型时，要注意以下事项。

1.气质类型无好坏之分

心理学通常认为人的气质差异是先天形成的，受神经系统活动的特性所制约。气质本身并无好坏之分。气质类型仅仅标志人与人之间的个别差异，每一种气质类型都有积极的一面和消极的一面，而且同一种气质的人会以同样的方式表现在各种活动中，不受活动内容的影响。因此，气质不具有社会评价意义。例如，对于典型的胆汁质和多血质的大学生创业者，他们一般心态积极，为人处事大气豁达，不拘小节，思维活跃，胆大热情，这些特性使他们对于新生事物具有积极的看法。他们的创业观念往往新颖独特，具有创造性和前瞻性，这是好的一面。但是也正是因为这些气质因素的影响，他们对待新事物的观念就有可能过于激进，冒险而不顾后果，因而大胆有余而谨慎不足，不容易全面仔细而合乎情理地去分析和看待问题，这样的新观念对于其创业的影响，可能是一种盲目狂妄、不着边际的认识、看法与理念。同样的道理，对于典型的黏液质和抑郁质类型的大学生创业者，他们的气质心理特点也会直接影响其创业观念，显得谨慎有余而大胆不足，对待新生事物裹足不前、瞻前顾后，不敢越雷池半步。所以气质特性及其典型表现本身具有两面性，它对于一个人的创业观念的影响也有两面性。因此，气质不能决定创业者创业的社会价值和成就高低。各气质类型的创业者的创业活动都可能对社会作出贡献，取得卓越的成就。

2.气质可以影响创业者的活动效率、情感及其行动

气质虽然不在创业者的创业活动中起决定作用，但是它可能影响创业活动的效率。例如，要求做出迅速灵活反应的工作，对于多血质和胆汁质的创业者较为合适，而黏液质和抑郁质的创业者则难以适应；反之，要求持久、细致的工作，对于黏液质、抑郁质的创业者较为合适，而多血质、胆汁质的人则较难适应。

气质对于形成和改造创业者的某种情感与行动特点方面都具有很大的影响。因此，大学生创业者可以在分析自己的气质特征后，尽量使自己的气质特点与创业活动的特点相协调，才能各尽其能、各得其所，从而创业成功。

3.根据人的气质特征合理调整创业团队

大学生创业者在创业过程中，要注意创业团队中各种气质类型的适当搭配和互补，形成相容互补型气质结构的创业团队，这样可以克服气质的消极影响，提高创业团队的稳定性和有效性，增强创业团队的凝聚力和战斗力。由于不同气质的人对挫折、压力、批评、惩罚的容忍和接受程度不同，大学生创业者在选择和培养创业团队时，可适当安排心理测

量，评估不同成员的气质特点，并进行针对性的训练和培养，使每个创业团队成员都能发挥其优良的气质特征。

# 第二节　性格与创业

性格是大学生了解自己是否适合创业的重要内容。别人通常会用什么词来形容自己呢？活泼、沉静、内向，还是外向？每个人在其成长经历中，可能受到生理、遗传、家庭教养和文化等因素的交互作用，从而形成自己的独特个性。

## 一、性格的含义

性格是什么呢？性格对人的心理活动的影响大吗？这些问题看起来是非常简单的，但是要进行实际的分析，却是一个很复杂的问题。这是因为性格的成因复杂，同时其表现也具有多样性的特点。关于性格，心理学家们有多种不同的定义，但其中有两个基本概念是一致的：独特性以及行为的特征性模式。具体而言，性格是指表现在人对现实的相对稳定的态度，以及与这种态度相应的、习惯化了的行为方式。它是一种与社会最密切相关的人格特征，也是组成人格的重要心理特征。

### （一）正确理解性格概念

正确理解性格的概念要重视以下四个方面。

1.性格具有相对稳定性

每个人待人接物、处理问题，总持有一定的态度，并通过一定的行为方式表现出来，如果经常一贯地表现出某些特点，这些特点就构成了他的性格特征。态度决定行为方式，稳定的态度使与这种态度相适应的行为方式，慢慢形成了习惯，并自然而然地表现出来。一个人总是助人为乐，遇到别人有困难他会毫不犹豫地去帮助别人。别人看到他的助人行为也会觉得很自然，因为这符合他的性格特点。如果看到一个自私自利的人去帮助他人，别人反而觉得很奇怪，无法理解。一个人在长期的社会生活中养成的对现实的态度，和他的行为方式有着密不可分的联系。

2.性格具有相对可塑性

由于客观环境的复杂性和变化性，性格可以在一定条件下得到改变，所以它又具有可塑性。如生活环境的重大变化可能会给一个人带来性格特征的显著变化。传统的观念认为，人到了25～30岁以后性格基本就稳定了。但近几年的研究发现：30岁之后，一个人的性格仍然会有改变的空间。如2003年一项研究发现：随着年龄的增长，一个人的尽责性和宜人性会慢慢提高，亦即变得更负责、更亲和。同时，在女性群体中，神经质得分会缓慢下降。2017 年的一项研究又发现：哪怕是到了 60 岁以后，人的性格仍然是可以发生改变的，甚至可能比中年时期的变化更大(Milojev，Sibley，2017)。

3.性格不同于气质

性格受社会历史文化的影响，有明显的社会道德评价的意义，直接反映了一个人的道德风貌。所以，气质更多地体现了人格的生物属性，性格则更多地体现了人格的社会属性。个体之间人格差异的核心是性格的差异。由于性格集中地表现在对待现实的态度和与之相适应的行动中，而现实总是一定社会的现实，因此，性格大多具有一定的社会内容，可以根据它的社会意义区分为好的性格和坏的性格。一般而言，有助于社会进步、符合多数人利益的性格，相对就是好的性格。

4.性格特征的表现具有组织性和系统性

性格的特征不是孤立、零乱的，而是各种特征的有机整体。应当注意的是，并非人对现实的任何一种态度都代表其性格特征。在某些情况下，人对待事物的态度具有情境性、偶然性。例如，一个人处理事情通常很果断，偶尔表现出优柔寡断，那么优柔寡断就不能当作此人的性格特性，果断才是他的性格特征。同样，也不是任何一种行为方式都可以表明一个人的性格特性，只有习惯化了的行为方式，在系统化了的情况下才能表明其性格特性。例如，一个人在某种特殊情况下，一反机敏之常态，表现出行为呆板，那么此时呆板并非此人的性格特征。总之，作为性格的态度和行为方式，总是比较稳定和习惯性的，甚至常常会在不同的场合表现出来。

### (二)性格的形成因素

性格决定人的活动方向，在人的个性心理特征中处于核心地位。德国诗人歌德(J. W.von Goethe)说："才能自然形成，性格则涉人世之风波而塑成。"人的性格并非与生俱来，而是随人生的历程而形成和发展的。

影响创业者性格的因素虽然有很多，但就其形成和发展来说，主要还是遗传因素和环境因素两方面的共同作用。其中，遗传因素是性格形成的自然基础和发展的潜在能力，遗传为性格发展提供了可能性。在遗传与环境的相互作用过程中，环境，特别是教育环境，把这种可能性转化为现实。因此，环境因素在性格的形成和发展中起决定作用。

1.遗传因素

遗传因素主要包括体格、体型、性别等因素。例如：为什么人会有内向和外向之分呢？在工作和生活中，一个偏内向的人，很容易被同事说成"难以相处""性格孤僻""总是独来独往，没有朋友"；在发言、开会或团队讨论时，总是扮演一个只听不说的角色，常常没有存在感；面对新任务、新挑战时，内向者往往难以独当一面，只能承担一些支撑和协助的事务。事实上，性格内向的人并非完全后天形成，也有遗传的生理基础。心理学家研究表明：当多巴胺充斥大脑时，无论内向和外向的人都会变得健谈、活跃，充满动力，对外在世界充满激情和探索欲。那么，内向和外向的区别是什么呢？研究发现：外向者的伏隔核和杏仁核更"迟钝"，产生相同的效果，它们所需要的多巴胺更多；相反，内向者这两个部分更敏感，只需要少量的多巴胺，就足以刺激产生强烈的愉悦感。由此，心理学家认为：无论内向还是外向的人，其实都喜欢交流、探索、冒险，差别只是在于阈值：对外向者来说“刚刚好”的强度，对内向者来说很容易就“过高了”。因此，内向的人往往不喜欢过多的感官刺激或过多地探索世界，因为这很容易让他们感到精疲力尽。相反，他们更喜欢一个人待着，静静地处理自己的事情。

所以，传统观念总是认为：内向的人不喜欢社交。这其实是一个误解。无论什么样的人都喜欢社交，只是内向者更容易感到“疲劳”，从而更倾向于轻度、私密、安静的交流而已。对于内向者来说，最大的问题就在于：我们这个社会，太“吵”了。因为正是无处不在的刺激，使得内向者的神经系统不堪重负。

进一步看，社会上担任领导职位的人，以及成功的企业家，往往都是较为外向的人。因为“领导”和“管理”本身就意味着要跟人打交道，这对于内向者来说就是一个巨大的挑战。由于外向者往往跟社会的交互会更密切，因此也就更容易从社会中得到反馈。

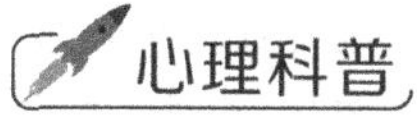


### 雷军和刘强东的社交能力 PK

2013 年，雷军和刘强东同时参加了江苏卫视的一档节目。按照节目设置，两人要在街头拦住路人进行问卷调查，这个任务考验的主要是社交能力。在开始之前，两个大佬都对着镜头夸下海口。雷军说，这个活动“难度比较低”。刘强东带着宿迁普通话说他是“学社会学的”，这些都是“很基础的训练，应该还是比较简单”。结果他们双双被打脸，都遭遇了多次拒绝。

节目真正的看点在于：同样被拒绝，两人的反应却大不相同。对于把陌生人拦下来填问卷这件事，刘强东看上去显然更适应一些，他向路人介绍的时候一般都面带微笑；雷军也微笑，但显得有些尴尬，有一分歉意。

雷军的开场白既直白又尴尬：“您好，我们是江苏卫视做一个节目，能帮一下我吗？”一个“帮”字背后的心态很有意思，这是一种请求的姿态，潜台词是给路人添麻烦了，路人完全有拒绝的权利。他那被屡屡拒绝之后露出的尴尬讪笑，完全是一个理工男的本能反应。在又一次被拒绝之后，他愣了愣，说出了那个他后来的成名口头禅“OK”。

而与之相对的是，刘强东在面对转身拒绝的路人时还能够再追上去，最后争取说一句：“很简单的问题，占用不了您多少时间。”这体现出了刘强东在目标面前永远都保持着一种相当“aggressive”的姿态。

最后的结果没有悬念，雷军被拒绝 15 次，从完成任务的角度来看，他在街头社交能力上完败于刘强东。雷军正是一个性格相对内向的人。

资料来源：庄里人小轩，https://xw.qq.com/amphtml/20200628A0RQ6K00。

2.环境因素

性格的形成和表现离不开个体生存的环境。有些环境因素影响所有的个体，有些则仅影响特定的个体或某些个体。环境因素主要包括家庭、学校、社会文化等因素。

体贴、温暖的家庭环境能促进儿童成熟、独立、友好、自控和自主等特征的发展。家庭气氛近乎无形，却能从各种不同角度向儿童传递信息，对儿童的性格发展起着潜移默化的作用。父母的教养方式对儿童性格的影响不可低估。研究表明，过度焦虑的孩子常有过度保护、对子女反应十分幼稚化的母亲。受父母溺爱的孩子，往往缺乏爱心、耐性和挫折容忍力。经常受到体罚的孩子往往变得难以管教，而且会表现出更多的攻击行为。

学校教育对性格的形成和定型具有深远的影响。学生在学校里不仅学习、掌握系统的文化科学知识，而且发展智力，还接受着社会价值观念、道德标准等方面的教育，并在这些教育过程中形成自己的性格特征。在传授知识的过程中，教师训练学生系统地、有明确目的地学习，克服学习中的困难，培养学生坚定、顽强等性格特征。体育不仅使学生掌握运动技能，也能培养意志力和勇敢精神；美育使学生掌握审美知识，形成一定的审美能力，通过对美的理解和欣赏，正确区分美与丑、真与假、高尚与低级、文明与野蛮，形成审美情操；劳动教育使学生形成正确的劳动观点和劳动态度，养成良好的劳动习惯。

每个人都生活在特定的社会文化环境之中，社会的政治经济发展、文化传统、价值观念、生产方式以及风俗习惯等方面的特点，都会对个体性格的形成和发展产生深刻影响。每种文化都试图塑造其所崇尚的性格特征。沙莲香(1992)参照历史上有关中国人性格特点研究的基本观点和现实中常见的中国人的性格特点进行测试，结果表明，评价最高的是气节，最低的是欺瞒，其序列依次是：气节、仁爱、忠孝、理智、勤俭、进取、侠义、中庸、实用、功利、私德、屈从、嫉妒、欺瞒。这显示了中国传统文化对国民性格的深刻影响。

## 二、性格的特征

性格是十分复杂的心理特征，这些特征在每一个个体身上都以一定的独特方式结合为有机的整体。性格主要包含四个结构特征。

1.性格的态度特征

性格的态度特征，是指个体在对现实生活各个方面的态度中表现出来的一般特征。创业者对现实的态度表现为三个方面：一是对社会、集体和他人的态度，如大公无私或自私自利、热情或冷漠、诚实或虚伪等；二是对事业、工作、劳动和生活的态度，如勤奋或懒惰、认真负责或粗心大意、节俭朴素或奢侈浮华等；三是对自己的态度，如自信或自卑、严于律己或放任自流等。

2.性格的理智特征

性格的理智特征是指个体在认知活动中表现出来的心理特征。在感知方面，有的能按照一定的目的任务主动地观察，属于主动观察型，有的则明显地受环境刺激的影响，属于被动观察型；有的倾向于观察对象的细节，属于分析型，有的倾向于观察对象的整体和轮廓，属于综合型；有的倾向于快速感知，属于快速感知型，有的倾向于精确地感知，属于精确感知型。在想象方面，有主动想象和被动想象之分，有广泛想象与狭隘想象之分。在记忆方面，有主动与被动之分，有善于形象记忆与善于抽象记忆之分等。在思维方面，也有主动与被动之分，有独立思考与依赖他人之分，有深刻与肤浅之分等。

3.性格情绪特征

性格的情绪特征是指个体在情绪表现方面的心理特征。在情绪的强度方面，有的人情绪强烈，不易于控制；有的人则情绪微弱，易于控制。在情绪的稳定性方面，有的人情绪波动性大，情绪变化大；有的人则情绪稳定，心平气和。在情绪的持久性方面，有的人情绪持续时间长，对工作学习的影响大；有的人则情绪持续时间短，对工作学习的影响小。在主导心境方面，有的人经常情绪饱满，处于愉快的情绪状态；有的人则经常郁郁寡欢。

4.性格的意志特征

性格的意志特征是指个体在调节自己的心理活动时表现出来的心理特征。自觉性、坚定性、果断性、自制力等是主要的意志特征。自觉性是指在行动之前有明确的目的，事先确定了行动的步骤和方法，并且在行动的过程中能克服困难，始终如一地执行。与之相反的是盲从或独断专行。坚定性是指能采取一定的方法克服困难，以实现自己的目标。与坚定性相反的是执拗性和动摇性，前者不会采取有效的方法，一味我行我素；后者则能轻易改变或放弃自己的计划。果断性是指善于在复杂的情境中辨别是非，迅速做出正确的决定。与果断性相反的是优柔寡断或武断冒失。自制力是指善于控制自己的行为和情绪，与自制力相反的是任性。

## 三、性格的类型

人的性格虽然千差万别，但异中有同，可以按某种典型的特征加以归类，这样就有了性格类型，但是多数人都属于中间类型。根据的标准不同，划分的类型结果也有所不同。

1.机能类型说

英国的心理学家培因（A. Bain）和法国心理学家李波特（T. Ribot）根据智力、情绪、意志等在性格结构中何者占优势，相应地将人的性格分为理智型、情绪型和意志型。

理智型的人通常以理智支配和调节自己的言行，并且深思熟虑地处理问题。

情绪型的人，其行为举止易受情绪爆发、体验的影响。

意志型的人则是行动目标非常明确，积极主动，勇于克服困难，行动果断，自制力强。

2.内外倾向说

内外向的概念首先是荣格（C.G. Jung）于 1913 年在他的《心理类型学》一书中提出的。他把人的性格分为外倾型和内倾型，以及介于两者之间的中间型三种类型。他认为在与周围世界发生联系时，人的心理一般有两种指向，他称为定势。一种定势指向个体内部世界，叫内向；另一种定势指向外部环境，叫外向。外倾型者的心理活动倾向于外部世界，其典型表现为对外部事物更为关心和感兴趣，适应能力强，对人对事都能很快熟悉起来，感情丰富而外露，活泼开朗，善于交际，不拘小节，喜欢自由，缺乏谦虚态度，反应敏捷，动作迅速、好动但不愿做过多深入思考，做事不太精细等；内倾型者的心理活动则倾向于关注个体内部世界，其典型表现为处世谨慎，感情深藏不露，遇事冷静沉着，办事稳妥，不善交际，不易适应环境，爱独处、喜欢安静，易心胸狭窄，不宽容人，多思虑等。而中间类型者则兼具上述两种性格类型的特点。荣格认为，纯粹内向或外向性格的人是很少的，只是在特定场合下，由于某种情境的影响而倾向于一种占优势的态度，大多数人是介于内向和外向之间的中间型。

3.认知风格说

威特金(Witkin)在对知觉进行研究的过程中发现了人对外部环境(场)存在两种对立的依存方式，即场独立与场依存，并按照上述对立的信息加工方式，相应地把人的性格分为场独立型和场依存型两类。场独立型的人具有个人信念的坚定性，善于独立发现和解决问题，有主见，并喜欢把自己的意见强加于人，在困难环境中不慌张失措，不易受外界的影响，较少依赖他人。场依存型的人则表现为独立性差，缺乏主见，社会敏感性较高，易受暗示，行动易为他人左右，解决问题时犹豫不决，难以适应紧急情况。

4.社会文化价值观说

德国教育学家和哲学家斯普兰格(E. Spranger)认为，人以固有的气质为基础，同时也受文化的影响。他在《生活方式》一书中提出，社会生活有六个基本的领域，人会对这六个基本领域中的某一领域产生特殊的兴趣和价值观。据此，他将人的性格分为六种类型：理论型、经济型、审美型、社会型、权力型和宗教型。这种类型划分是一个理想模型，一般而言，人通常属于一种类型同时也兼有其他类型的特点。

(1)理论型的人。该类型的人以追求真理为目的，能冷静客观地观察事物，关心理论性问题，力图根据事物的体系来评价事物的价值，碰到实际问题时往往束手无策。他们对实用和功利缺乏兴趣。多数理论家和哲学家属于这种类型。

(2)经济型的人。该类型的人总是以经济的观点看待一切事物，以经济价值为上，根据功利主义来评价人和事物的价值和本质，以获取财产为生活目的。企业家通常属于这种类型。

(3)审美型的人。该类型的人以美为最高人生意义，不大关心实际生活，总是从美的角度来评价事物的价值，以自我完善和自我欣赏为生活目的。艺术家通常属于这种类型。

(4)社会类型的人。该类型的人重视爱，有献身精神，有志于增进社会和他人的福利，努力为社会服务。慈善、卫生和教育工作者通常属于这种类型。

(5)权力型的人。该类型的人重视权力，并努力去获得权力，有强烈的支配和命令别人的欲望，不愿被人所支配。

(6)宗教型的人。该类型的人坚信宗教，有信仰，富有同情心，以慈悲为怀、爱人爱物为目的。神学家通常属于这种类型。

## 四、性格在大学生创业中的应用

微视频：2.3 你真的了解自己的性格吗

世上万物都不是一成不变的，性格虽然具有稳定性，但还是可以调整完善的。任何一个人都可以在实践中克服性格缺陷，弥补性格的不足，不断丰富和完善自我。尤其是对大学生而言，在创业实践中完善自己的性格更加重要。

因此，性格并不是能否创业的标准和门槛，比如马云的性格可能相对外向些，腾讯的马化腾则是相对向内的性格。但不管是相对内向还是相对外向，他们都创业成功了。内向和外向的性格都不是创业的最佳性格表现，而创业者的最佳性格应该是内外兼而有之的复合型性格。具备这种性格的人往往办事认真、决策果断、善于应变、周到稳妥，具有优良的人格魅力。马云、马化腾的性格也是在创业的过程中一步步地得到了完善。

性格和创业成功没有绝对的关系，当自己感觉“不适合创业”的时候，应该仔细想一想，为什么自己会有这样的疑问？那么，什么样的性格最适合创业呢？什么样的性格又不适合创业呢？

### （一）适合创业的性格特征

成功的创业者一般会具备以下五方面的性格特征。

1.胸有抱负、目标明确

创业者明确自己的目标，而且能够随着战略导向不断调整选择更高难度的目标(Litzinger，1965)。他们对企业的未来有一个愿景，例如苹果计算机的史蒂夫·乔布斯(Steve Jobs)就希望他的企业能够提供所有人都能使用的计算机，不论是在校学生还是商业人士。这种计算机就不仅仅是一台机器，还是学习与沟通的媒介和工具，是个人生活中不可缺少的部分。这个愿景帮助苹果计算机成为计算机行业一个主要的竞争者。然而，并不是所有的创业者都能在创业之初就设定出愿景。更多的创业者是在发展过程中才渐渐认识到企业是什么、企业应该是什么以及企业将成为什么，这时的创业者才开始明确地意识到什么是企业的愿景。

大学生创业者要对成功有清晰的认识，要关注的是机会而不仅仅是资源、结构或战略。创业成功的人从一个机会起步，并通过对机会的理解指导企业的发展。他们以比较现实的目标为导向，这种较为容易达到的目标使他们能够集中精力选择机会，并敢于说“不”。目标导向有助于大学生创业者认清自己的行为，同时也适当地具有判别业绩优劣的功能。

2.富有创新、自我鼓励

从历史的角度看，创业者可视为是独立且自恃的创新者。大多数的研究者均赞同这样的观点：创业者是高效率的创新者，他们积极地寻求和实现首创性。创业者敢于在有失败风险的活动中承担个人责任，喜欢那些能够清晰反映个人影响力的场合。在解决问题或填补空白时，创业者喜欢采取原创性的行为，这是创业者表现自我的一种天性。对独立的渴望是创业者的一个驱动力。创业之前僵硬固定的体制往往给创业行动带来挫折和打击，这使他们向往采取自己的方式来完成任务，从而逐渐塑造独立的个性。

很多国外学者如 Gartner，Bird&Starr(1992)、Begleyand Boyd(1987)、Carland(1991)、Lachman(1980)、Ray(1981)、Schere(1982)等都认为，创业者比一般的管理者具有更高的成就动机，这种成就动机往往会影响创业的决策和所创企业的存续能力(Waddell，1983)。因此，创业者一般都会具有强烈的成就需求和自我驱动。这些内在驱动因素包括：强烈的竞争欲、超越自我设定的标准、追逐并达到挑战性的目标等。

3.自信乐观、百折不挠

创业者一般都具备自信、乐观、开朗以及不易为困难所压倒的性格。他们认为没有解决不了的问题，而有的只是需要花费时间去研究分析的问题。即使遇到重大的困难，创业者大都相信自己的能力、态度和行动可以影响甚至改变事情的结果。成功的创业者还能够在自信的同时保持清醒，他们不会无休止地攻克一个困难和障碍以至于延误商业行动。如果某个任务极其简单或发觉不可完成，创业者会迅速放弃。此外，由于创业者一般都很有主见，因此在处理哪些是能做哪些是做不了的问题时，他们往往会采取十分现实的方法，并且积极寻求各种渠道的帮助以求迅速解决问题。

创业成功的最终标志就是克服各种障碍和困难，最终达到目标。坚定不屈的意志和矢志不渝的精神能让创业者能战胜许多人眼中不可逾越的困难。这些特征也可以弥补创业者个人能力上的缺陷。

成功的创业者往往能应对创业过程中的不确定性，积累经验、激发斗志并最终茁壮成长。不确定性是指模糊情景，意思是由于缺乏足够的信息，人们对事物的认识不够明确(Budner，1962)。挑战不确定性就是要在这种模糊的情景中做出积极的反应。Macdonald(1970)发现，在完成模糊任务时，对高度不确定性的承受能力与绩效之间存在正相关关系。创业者在创业过程中会面临各种各样的不确定性，挫折和意外不可避免，甚至可能面临企业破产和失业。因此，创业者需要评估并理性承担风险：成功的创业者不是赌徒；相反，高成就的创业者倾向于中性风险。他们在挑战不确定性的时候还会理性地分析各种可能发生的情况，评估可以提高获胜可能性的合适方案，然后抓紧实施。他们会做出各种可能有利于创业的事情，同时规避不必要的风险。创业者往往会采取相应的策略，让他人在获得收益权利的同时分担金融和商业风险。比如，创业者会劝说合伙人和投资者提供现金，说服债权人提供特殊条款，要求供应商预付商品，由此将可能的高风险转化为中等风险。

创业者往往都经历过失败，然而，成功的创业者能够理性地面对失败，不会因失败而失去勇气或者意志消沉，而是在困境中寻觅机会。大多数成功的创业者认为从早期失败中学到的能力比从成功中获得的更多。

4.团队精神、善于学习

成功的创业者往往都是团队工作方式的倡导者。对独立和自主的渴求并不妨碍创业者组建成功的团队。作为 CEO 或者最高决策人，创业者应具备团队领袖所需的果敢和坚毅，并表现出礼贤下士、不谋小利的气度，团结每个成员，并保持在团队中的核心地位。

作为团队中的其他成员，如技术总监或财务主管，创业者能以平和的心态看待权利与得失，以团队和企业利益的最大化为目标，努力发挥自己的才能并充分尊重团队领袖和其他成员。

成功的创业者一般都具有很强的学习能力，他不仅能快速学习和掌握所需的各种背景知识，还能从其他团队成员、顾问、员工、投资者甚至是竞争对手那里学习到各种经验和策略。他们在坚持自己主见的同时，还能够积极向外寻求反馈并利用这些反馈，成为克服困难、避免挫折并取得成功的重要途径。

5.诚实正直、精力充沛

俗话说“诚信招财”，诚实可靠是保证个人成功和良好商业关系的一种黏结剂，并使这种关系弥久常新。投资者、合伙人、顾客及债权人都比较在意创业者的诚信记录，因此诚实可靠有助于建立和维持商业信任与信用关系，特别是对小型企业的创业者而言。繁重的工作和不确定的环境，使得创业者几乎要全天候地处理各种事务，承受着巨大的生理和精神压力，这就要求创业者具有强健的体魄和饱满的精力。成功的创业者往往具备超人的精力，并且在创业过程中能以积极的态度调理身体和精神，如精心控制饮食、定期参加体育锻炼、外出放松等。

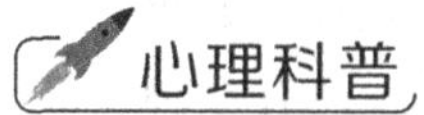


### 不同人格特质创业者的成就路径

美国心理学家约翰·麦纳(Jonh Miner)对100位事业有成的创业者进行了长达7年的跟踪调查。通过问卷调查和访谈，麦纳发现成功的创业者存在不同的人格特质，根据这些不同的特质，麦纳将创业者分为4种类型：成就上瘾型、推销高手型、超级主管型和创意无限型，并且指出不同类型创业家具有不同的成就路径，也就是创业家获得成功必须具备的条件。

(1)成就上瘾型创业者。这类创业者的人格特质为：必须拥有成就；渴望回馈；喜欢拟订计划及设计目标；具有强烈的进取心；对组织忠诚；相信以己之力可以改变生活；相信工作上应该由自己设定目标，不能受制于人。相应的成就路径为：精力充沛；勤奋好学；有策划能力；能随机应变；善于解决问题等。

(2)推销高手型创业者。这类创业者的人格特质为：善于观察和体恤他人的感受；喜欢帮助他人；相信社会互动很重要；需要与他人发展良好的关系；相信销售对执行公司经营战略十分重要。此类创业者的成就路径有：学会如何营销；对销售工作相当坚持而执着；提供足够的支援以处理好企业经营的其他层面问题。

(3)超级主管型创业者。此类创业者的人格特质包括：期望成为企业中的领导人物；具有决断力；对集权持肯定态度；喜好与他人竞争；期望享有权力；渴望能够出人头地。相应的成就路径有两条：一是管理自己的员工，但前提是企业的规模足够大并且已经形成一定的组织结构；二是有效利用组织外部的资源，使客户踊跃购买企业的产品。

(4)创意无限型创业者。这类创业者的人格特质包括:热爱创新;富有创意;相信新产品的研发对企业经营战略的执行十分重要;聪明过人;希望避免风险。这类创业者的成就路径是:要有成为专家的足够知识;要有创新和将构想付诸实践的自由.

值得一提的是,以上归纳的创业者类型是出于理解创业者概念的需要。实践中的创业者可能同时属于多个类型。具体到某一位创业者,他可能既是推销高手型,又是超级主管型创业者;既是成就上瘾型创业者,同时又富有创意。

资料来源:葛建新,周卫中,林嵩,等.创业管理实务[M].北京:化学工业出版社,2011:52-53.

### (二)不适合创业的性格

世界上没有一种标准化的所谓"创业者性格",各个初创公司通向业务增长的路径也各不相同,而成功的创业者能够扬长避短地运用自己的性格,扮演恰当的角色,去动态地匹配业务所需的资源要素,创造持续的增长。每一种性格的上进心、决策力、管理能力和领导力的不同,都会使创业者的企业走向不同的发展路径。不适合创业的人,往往具备以下这四方面特征。

1.性格优柔寡断

有的人遇到事情没有主见,面临选择时又瞻前顾后,因而在创业的生死存亡时刻往往会犹豫不决,下不了决心,迟迟做不出判断和抉择。有的人整天唉声叹气,没有那种舍我其谁、破釜沉舟的霸气和胸怀。这样的人是不适合创业的。商场如战场,有时候瞬息万变的机遇不及时把握,后悔根本来不及。优柔寡断的性格虽然严谨,却总是瞻前顾后,无法拯救危难于水火。创业更需要的是敢打敢拼的人,而不是前怕狼后怕虎的人。

2.目光短浅

目光短浅是创业过程中的大忌。创业者应该是开创者、开拓者、开荒者,他们要走的路也许是一条没有任何经验可以借鉴的路,他们要创业的领域也许是一片从来没有任何人踏足过的疆土。所以,创业者需要的是每天都用最饱满的热情去面对一切的未知。而那些目光短浅的人没有大局观,往往为了一点蝇头小利就心满意足,这样性格的人是不适合创业的。

3.好高骛远

胖子是无法一口吃成的,成功也一样,是一步一步走出来的。虽然创业要有雄心壮志,但也需要脚踏实地。如果创业者脱离实际而成为一个理想主义者,那么他往往无法看清局势,无法正确评估风险,最终的结果很可能是一事无成。

4.一蹶不振

选择创业首先要做好的心理准备其实不是荣誉和成功,而是风险的承担和失败的承受。在创业早期,遇到一些困难和挫折是再正常不过的事情。当遇到困难之后,创业者需要做的是寻找解决办法,而不是一蹶不振。那些一遇到困难就撂挑子,整天嚷嚷着要散伙的人,只能是打酱油的低级创业者。创业过程中经历的何止是九九八十一难,因此创业者需要强大的内心和应对能力。如果稍遇挫折就一蹶不振,甚至甩手不管任其发展的破罐破摔，那么他基本上也只能算是创业的客串者，没有功成名就的可能性。这样性格的人不适合创业。

# 第三节　创业能力

众所周知，创业的道路犹如万人过独木桥，而且荆棘密布，只有一小部分人能够到达终点。创业者想要取得成功，拥有充分的资金和商业头脑远远不够，还需要具备一定的能力，这样才能取得成功，也才能在创业路上走得更远。

## 一、能力的含义

能力是直接影响活动效率的心理特征，是完成某种活动必备的、最基本的条件。能力的高低会影响一个人掌握某种活动的快慢和巩固程度。能力总是和人完成一定的活动相联系。一方面，人的能力是在活动中形成、发展和表现出来的；另一方面，从事某种活动又必须以一定的能力为前提。离开了具体活动，人的能力既不能表现出来，也不能得到发展。

掌握活动的速度和成果的质量被认为是能力的重要标志。苏联心理学家克鲁捷茨基(Vadim Krutetsky)指出："如果一个人能迅速地完成某种活动，并比其他人较易于得到相应的技能和达到一定的熟练程度，取得比中等水平优越得多的成果，那么这个人就被认为是有能力的。"当然，影响成功完成某种活动的因素是多方面的，能力是个人成功地完成某种活动的必要条件，而不是唯一的条件。个人的知识经验、活动动机和身体健康状况等也都是完成活动所必需的。

关于能力的解释，不同的学者构建了不同的分析理论，主要包含因素构成理论、层次结构理论、三元智力理论、多元智力理论等。

### (一)因素构成理论

能力的因素构成理论认为，能力由不同因素构成。其中，双因素说、群因素说、三维结构模型等都是能力因素说的代表性理论。

1.双因素说

20世纪初，英国心理学家和统计学家斯皮尔曼(Spearman)提出了能力的二因素说，认为能力是由两种因素构成的，一个是一般因素，称为G因素；另一个是特殊因素，称为S因素。G因素是每一种活动都需要的，是人人都有的，但每个人G的量值有所不同；所谓一个人"聪明"或"愚笨"，正是由G的量值大小所决定的。由此，斯皮尔曼认为，一般因素

G在智力结构中是第一位的和重要的因素。

特殊因素S因人而异，即使是同一个人，也有不同种类的S，它们与各种特殊能力如言语能力、空间认知能力等相对应，每一个具体的S只参加一个特定的能力活动。完成任何一种活动，都需要由一般能力因素G和某种特殊的能力因素S共同承担。比如，言语能力就是由G和S共同构成的。

斯皮尔曼用一般因素G来解释不同测验间的相关性。他指出，不同测验测的总是一般因素G和某种特殊因素S，既然各测验都含有G因素，那么它们就必然有一定的相关性。

2.群因素说

美国心理学家塞斯顿(L. L. ThurstOne)运用他创造的一种因素分析方法对能力因素进行处理后提出了群因素说。塞斯顿反对斯皮尔曼所强调的二因素说，他认为，任何能力活动都是依靠彼此不相关的许多能力因素共同起作用的，因此，可以把能力分解为诸多原始能力。

塞斯顿对56种测验的结果进行了因素分析，最终确定了7种原始能力，即词的理解力、言语流畅性、数字计算能力、空间知觉能力、记忆能力、知觉速度和推理能力。

塞斯顿还用这7种基本因素构造了一个智力测验。按他本人的理论，既然任何能力都由这7种不相关的原始能力共同起作用，那么关于这7种原始能力的测验结果之间应当是毫不相关的。但塞斯顿并未如愿以偿，结果发现，所谓的7种原始能力之间仍有一定的相关性，即并不是完全独立的。后来，塞斯顿及其追随者们又进行了大量的补充研究。但近来研究者逐渐意识到，要找出所谓“纯”的基本因素，似乎是不可能的。

能力究竟是一种一般性的单一因素呢，还是多种特殊的、不相干的能力因素的混合物？实际上，在能力的结构中，确有一些特殊的成分对某些特殊的能力活动起特定作用，但也还有某种一般的能力，它对所有的能力活动都起着必要的作用。

3.三维结构模型

美国心理学家吉尔福特(J. P. Guilford)提出智力三维结构模型。他认为，智力结构应从操作、内容、产品三个维度去考虑。智力的第一个维度是操作，即智力活动过程，包括认知、记忆、发散思维、聚合思维、评价5个因素；第二个维度是内容，即智力活动的内容，包括图形、符号、语义、行为4个因素；第三个维度是产品，即智力活动的结果，包括单元、门类、关系、系统、转换、蕴含6个因素。把这3个变项组合起来，会得到4×5×6=120种不同的智力因素。吉尔福特把这些构想设计成立方体模型，即共有120个立体方块，每一个立方块代表一种独特的智力因素。

1971年，吉尔福特将智力加工内容维度中的图形分为视觉和听觉两部分，智力因素为150种。1988年，他又将智力活动过程中的记忆分为短时记忆和长时记忆两部分，至此，智力因素分为180种元素。

吉尔福特的智力三维结构模型是当前西方比较流行的一种智力理论。它对人们认识智力结构的复杂性，把握各智力要素之间的关系具有积极意义。

### (二)层次结构理论

20 世纪 60 年代,英国心理学家弗农(P. EVerncm)提出了能力的层次结构理论。他认为,能力是按等级层次组织起来的,最高层次是一般因素,相当于斯皮尔曼的 G 因素;其次是言语教育能力和操作机械能力两大因素群;第三层是小因素群,如言语教育能力又可分为言语因素、数量因素等;最后是特殊因素,相当于斯皮尔曼的 S 因素。

其实,弗农的层次结构理论是在斯皮尔曼的 G 因素和 S 因素之间增加了两个层次,是斯皮尔曼二因素论的深化。

### (三)三元智力理论

当代美国心理学家斯腾伯格(R. J. Sternberg)从信息加工心理学的角度出发,提出了三元智力理论。他认为,智力理论可分为三个分理论:情境分理论,阐明智力与环境的关系;经验分理论,阐述智力与个人经验的关系;成分分理论,揭示智力活动的内在心理结构。其中,智力成分结构有三个层次:元成分,是高级管理成分,其作用是实现控制过程,包括在完成任务过程中的计划、鉴别和决策;操作成分,其作用是执行元成分的指令,进行各种认知加工操作,如编码、推断、提取、应用、存贮、反馈等;知识获得成分,其作用是学会如何解决新问题,如何选择解决问题的策略等。

三元智力理论是现代智力理论的代表之一,是当代认知心理学的发展成果,促使智力理论的研究取得突破性进展。

### (四)多元智力理论

美国心理学家加德纳(M. Gardner)认为,现行智力测验的内容因偏重对知识的测量,结果反而窄化了人类的智力,甚至曲解了人类的智力。按照加德纳的解释,智力是在某种文化环境的价值标准之下,个体用以解决问题与生产创造所需的能力。主要包括以下 7 种能力:语言能力,包括说话、阅读、书写的能力;音乐智力,包括对声音的辨识与韵律表达的能力;逻辑数理智力,包括数字运算与思维思考的能力;空间智力,包括认识环境、辨别方向的能力;身体运动智力,包括支配肢体以完成精密作业的能力;内省智力,包括认识自己并选择自己生活方向的能力;人际智力,包括与人交往且和睦相处的能力。

## 二、影响能力发展的因素

当前,越来越多的研究者认为,遗传因素和环境因素都对能力的形成和发展具有重要作用,主要是两者相互作用的结果。美国心理学家阿纳斯塔西(A. Anastasi)指出:“二三十年前,遗传和环境关系的问题曾经是人们激烈争论的中心,但这已被今天的许多心理学家忘却。现在大家普遍认为,遗传和环境两者共同影响着人的全部行为。”“有些能力先天成分较多,有些能力后天学习成分较多,它往往是遗传和学习二者相互作用的结果。"至于遗传和环境如何相互作用,它们各自对智力的影响是什么,是一个非常复杂的问题,目前还没有完全研究清楚。

事实上,遗传因素和环境因素的作用是无法分离的,两者相互依存,彼此渗透,促进能力得到发展。没有环境,遗传的作用是无法体现出来的;而没有遗传作为最初的基础,环境也无法产生影响。我国古代哲学家、教育家荀子指出:"无性,则伪之无所加;无伪,则性不能自美。"说明的是同一个道理。

### (一)遗传因素在能力发展中的作用

遗传就是父母把自己的性状结构和机能特点传给子女的现象。基因(Gene)是遗传的基本单元。心理学家一般都认可遗传因素在能力发展中的作用,但对于遗传因素究竟具有多大作用的看法则不尽相同。

1963年,厄伦迈耶·金林(Erlenmeyer-Kimling)和贾维克(Jarvik)总结了过去半个世纪以来8个国家中52个血缘与智商研究的成果,认为在智力的形成和发展中,遗传因素的作用是重要的。同卵双生子之间的智商相关度最高,无血缘关系者之间的智商相关度最低;生父母与生子女之间的智商比养父母与养子女之间的相关度高,这是因为前者包括遗传因素的作用和环境因素的作用,后者只包括环境因素的作用。在智力的形成和发展中,环境因素的作用也是存在的。无血缘关系而生活在同一环境中者,其智商中度相关;异卵双生子之间的遗传关系与普通兄弟姐妹之间的遗传关系是相同的,但同性别的异卵双生子在同一环境长大者比同胞兄弟姐妹在同一环境长大者的智商要高,这是因为异卵双生子无论是胎儿期或出生后所处的环境,其相同之处都要比普通兄弟姐妹之间多,尤其是异卵双生子中同性别者,智商相关度要高于不同性别者,因为同性别的双生子所接受的教育方式大体上是相同的。

### (二)环境因素在能力发展中的作用

环境指客观现实,包括自然环境和社会环境。环境对智力发展的影响经常用个体后天智力的变化发展来说明。有些心理学家认为,每个人从遗传所得到的潜在能力是不一样的,至于这种潜在能力开发到什么程度,则取决于环境。许多研究表明:良好环境中生活的儿童智力能得到很好的发展。丹尼斯(Dennis)等人在孤儿院的研究表明,留在孤儿院的儿童的智力发展较慢,智商平均只有53;而被领养的儿童智商发展较快,平均为80,特别是年龄很小时就被领养的儿童,他们的智商可以达到100。

在环境因素中,社会生产方式是影响能力发展的最重要的因素。一定的社会生产力和生产关系对能力发展起着重要作用。生产力影响经济生活、科学文化水平和教育水平,从而影响人的智力发展。在生产关系方面,旧社会剥夺了劳动人民子女受教育的权利,使人的能力发展受到阻碍。在新社会,广大儿童都能入学接受教育,这极大地促进了人的能力发展。

社会生活条件对能力发展的决定作用通常是通过教育来实现的。教育是一种有目的、有计划、有系统的活动。教育在能力发展中起主导作用。在教育过程中，儿童在掌握知识和技能的同时也发展了能力。在人的一生中，教育对人的智力发展都有作用。近几十年来，人们愈来愈认识到早期教育对智力发展的重要性。这是因为，人类的生命早期是发展的重要时期，在这个时期给予良好的教育会取得事半功倍的效果。早期教育不仅影响儿童当前的智力水平，而且还会影响他们以后的智力发展。

## 三、大学生创业的能力要求

微视频：2.4 你创业的优势是什么

1989 年 12 月，联合国教科文组织亚太地区办事处在泰国曼谷召开提高儿童青年创业能力的革新教育规划会议。该会议提出了创业能力（enterprise competencies）的概念框架和开发创业能力的策略。为了避免“enterprise competencies”一词的英语含义过于宽泛而难以把握，与会代表华裔专家朱小奇决定将其翻译为“创业能力”。该会议围绕三项有关创业的主题进行了研讨：创业能力的概念、开发创业能力的策略、实施这一项目的地区行动计划。1991 年 1 月，联合国教科文组织亚太地区办事处在会议上进一步对创业能力的概念进行了界定，并提出要在现行课程中渗透创业能力教育的课程模式和评价模式。1999 年 4 月，联合国教科文组织召开第二届国际职业技术大会，会议强调要加强创业能力的培养，并将创业能力作为一种核心能力。

创业能力是一种特殊的能力。成功地完成创业活动所需要的因素是多方面的，能力是创业者成功创业的必要条件，这种特殊能力往往影响着创业活动的效率和创业的成功。创业能力主要包括决策能力、经营管理能力、专业技术能力、交往协调能力和创新能力等。

1.决策能力

决策能力是指大学生创业者根据主客观条件，因地制宜，确定创业的发展方向、目标、战略以及具体选择实施方案的能力。决策是一个人综合能力的表现。一个大学生创业者首先要成为一个决策者，通过各种途径认真听取与分析各方面意见，并不失时机地做出科学合理的决策。

创业，就是不断做决策的过程。通过对千千万万个“死去”的初创公司进行历程复盘推演，学者们发现，企业的一个错误决策带来的影响可能是致命的。尤其是处于创业初期的公司，一个错误决策可能导致满盘皆输，且几乎很少能从错误的决策中再回到正轨。创业者的决策能力主要是分析和判断能力。这就启发我们，在大学生创业者开始创业时，不妨从众多的创业目标和方向中进行分析比较，选择最适合发挥自己特长与优势的创业方向、途径和方法。创业的过程需要从错综复杂的现象中发现事物的本质，找出存在的真正问题，分析原因，从而正确处理问题，这就要求大学生创业者具有良好的分析能力。所谓判断能力，就是从客观事物的发展变化中找出因果关系，并善于从中把握事物的发展方向。分析是判断的前提，判断是分析的目的。良好的决策能力是良好的分析能力加上果断的判断能力。

## 创业分享

### 直播平台"独角兽"光圈为何倒下

2014年,清华大学历史系毕业的张轶创办光圈直播,不过,刚投身创业大潮的张轶当初选择的创业方向是图片社交,他的目标是做中国的"Instagram"。2015年9月,张轶发现图片流量的大头还是被微信收割,创业者很难有立足之地。后来美国移动端直播App——Periscope、Meerkat相继出现,这引起了张轶的兴趣。2015年9月,光圈直播获得由合一资本、紫辉创投、协同创新三家投资的1250万的pre-A轮融资。2015年10月,光圈转型为视频直播App,致力于打造互动手机全民直播平台,成为直播行业最早的创业者。光圈和整个直播行业的"高光时刻"都集中在2016年的前三个月。短短三个月时间里,包括映客、花椒、一直播等超过100家直播平台拿到融资,而这一众直播平台的背后也不乏腾讯、欢聚时代等上市公司的身影。

然而,直播行业的整体留存率非常低,即使平台用户量达到100万,7天之后也只剩20万左右。这是一个需要靠不断博眼球、提供多样选择才能获取新用户的领域。用户的增长和衰减都是极快的。对此,张轶拒绝了传统的"秀场"模式,并表示:美女撑不起整个直播产业。张轶始终相信,优质的内容才是直播行业中最重要的,他试图在众多秀场直播中打造出可以立足的泛娱乐内容特色,并用优质的PGC内容打造光圈的调性。但显然,"秀场"模式是行业中最快产生现金流并容易实现盈利的模式,选择一条少有人走的路,往往意味着需要面对更大的困难和风险。张轶不重视C端的用户,也无意从正当渠道获取他们,这也直接导致了光圈的融资瓶颈。

张轶看起来文质彬彬,但只要拿定主意,撞了南墙也不会回头。对于公司的战略、估值,他寸土不让。从光圈成立那一天起,张轶就决心要走一条不一样的路,也锚定了自己的竞争对手——映客,并试图用各种方式追击或是超越它。哪怕在外人看来,光圈与映客从用户体量、估值到融资进度上几乎没有可比性。最终,曾估值5亿的直播平台"光圈直播"于2017年初倒闭,并欠下300万元左右的员工薪资。对于这样的结果,创始人兼CEO张轶只回复一句:创业维艰,一言难尽。

(有改动)

资料来源:http://www.xinhuanet.com//tech/2017-02/24/c_1120520506.htm。

2.经营管理能力

经营管理能力是指大学生创业者对人员、资金、项目等的管理能力,主要涉及人员的选择、使用、组合和优化,也涉及资金聚集、核算、分配、使用、流动。经营管理能力是一种较高层次的综合能力,属于运筹能力。经营管理能力的形成要从自我管理、市场营销管理、人力资源管理、财务管理等方面进行努力。

(1)自我管理能力。大学生本质上还是在高校就读的学生,或刚刚毕业的大学生,社会经验尚浅,在创业过程中经常会遇到一系列烦琐事务,很容易将个体的工作生活计划打乱,这都将给创业者自身的时间管理、情绪管理、学习管理等方面的能力带来较大挑战。

大学生创业者的自我管理能力要求大学生在一定阶段内明确工作的重点，正确区分主要矛盾与次要矛盾，合理安排时间，及时疏导自身情绪，保持乐观的精神状态。同时，也要求大学生在立足当下的同时，拥有长远的眼光，关注自身的可持续发展，着眼未来。

（2）市场营销管理能力。大学生创业者要学会质量管理，始终坚持质量第一的原则。质量不仅是生产物质产品的生命，也是从事服务业和其他工作的生命。大学生创业者必须严格树立牢固的质量观。要学会效益管理，始终坚持效益最佳原则。可以说，无效益的管理是失败的管理，无效益的创业是失败的创业。做到效益最佳要求在创业活动中人、物、资金、场地、时间的使用，都要选择最佳方案运作。做到不闲置人员和资金、不空置设备和场地、不浪费原料和材料，从而使创业活动有条不紊地运转。学会管理还要敢于负责。大学生创业者要对本企业、员工、消费者、顾客以及对整个社会都抱有高度的责任感。

（3）人力资源管理能力。市场经济的竞争是人才的竞争，谁拥有人才，谁就拥有市场。一个学校没有品学兼优的教师，这个学校必然办不好；一个企业没有优秀的管理人才、技术人才，这个企业也不会有好的经济效益；一个创业者不吸纳德才兼备、志同道合的人共创事业，创业就难以成功。因此，大学生创业者必须学会用人，善于吸纳比自己强或有某种专长的人共同创业。要做到知人善任，善于发现、使用、培养人才，充分调动他们的主观能动性。

（4）财务管理能力。首先，大学生创业者要学会开源节流。开源就是培植财源，在创业过程中除了抓好主要项目创收外，还要注意广辟资金来源。节流就是节省不必要的开支，树立节约每一滴水、每一度电的思想。不少成功的企业家也是从几百元、几千元起家的，都经历了聚少成多、勤俭节约的历程。其次，要学会管理资金。一是要把握好资金的预决算，做到心中有数；二是要把握好资金的进出和周转，每笔资金的来源和支出都要记账，做到有账可查；三是把握好资金投入的论证，投入的大笔资金都要进行可行性论证，有利可图才能投入，保证使用好每一笔资金。总之，大学生创业者心中时刻都要装有一把算盘，每做一件事、每用一笔钱，都要掂量一下是否有利于事业的发展，有没有效益，会不会使资金增值，这样才能管理好财务。

3.专业技术能力

专业技术能力是大学生创业者掌握和运用专业知识进行专业生产的能力，其形成需要很强的实践性。许多专业知识和专业技巧要在实践中摸索，并逐步提高、发展和完善。大学生创业者要重视创业过程中积累专业技术方面的经验和职业技能的训练，同时对于学习过的知识和经验应在加深理解的基础上予以提高、拓宽；对于先前未学习过的知识和经验要探索，在探索的过程中要详细记录、认真分析，进行总结、归纳，并上升为理论，形成自己的经验特色。只有这样，专业技术能力才会不断提高。

4.交往协调能力

在创业过程中，大学生创业者要与形形色色的人打交道，包括创业团队成员、投资者、消费者、金融机构、政府部门等。如果不会沟通，就不能聚拢人心，不会获得投资者的支持，不会得到消费者的认可，不会得到银行的优惠贷款。交往协调能力是指能够妥善地处理与公众、客户、政府部门等外部关系，以及能够协调下属各部门成员之间关系的能力。

大学生创业者应做到妥当地处理与外界的关系,尤其要争取政府部门的支持与理解。同时,要善于团结一切可以团结的人,团结一切可以团结的力量,求同存异、共同协调地发展,做到不失原则、灵活有度,善于巧妙地将原则性和灵活性结合起来。总之,大学生创业者只有搞好内外团结,处理好人际关系,才能建立一个有利于自己创业的和谐环境,为成功创业打下坚实基础。

协调交往能力书本上是学不到的,它实际上是一种社会实践能力,需要在实践活动中不断积累总结经验。一是要敢于与不熟悉的人和事打交道,敢于冒险和接受挑战,敢于承担责任和压力,对自己的决定和想法要充满信心,充满希望。二是养成观察与思考的习惯。在面对社会上复杂的人和事时,大学生创业者要多观察,多思考。观察的过程实质上就是调查的过程,是获取信息的过程,是掌握第一手材料的过程。观察得越仔细,掌握的信息就越准确,而后进行思考,做到三思而后行。三是处理好各种关系。可以说,社会活动是靠各种关系来维持的,处理好关系要善于商务应酬,尽量在毫无压迫的气氛里,把诚意传达给对方,使对方受到感应,并产生共识,愿意接受自己的观点。商务应酬时要做到宽以待人、严于律己,尽量做到既了解对方的立场,又让对方了解自己的立场。

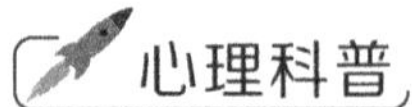


### 做一个良好的倾听者

做一个良好的倾听者也是有学问的,可以是:

显露出兴趣十足的模样。适当地微笑一下。

用言语响应、用声音参与,如:哦、哇、真的、是啊、对。

用肢体语言响应,如:点头、身体向前倾、面朝着说话者。

用说明的语句重述说话者刚谈过的话,如:你的意思是不是说……换句话说,就是……

有时适当响应对方,在心里回顾一下对方的话,并整理其中的重点,也是个不错的技巧。如:你刚刚说的论点很棒,值得学习……

在人际交往中,沟通的方式多种多样,既有语言沟通,也有非语言沟通,一个眼神、一个手势、一个习惯动作都可以交流沟通,也可能影响沟通效果,沟通方式因人而异,沟通技巧千变万化,但有一句话我们不妨记住:没有技巧就是最好的技巧,也就是说与人交流沟通时,最好的办法是用心交流,以心换心。

(有改动)

资料来源:李欣田.论人际交往中的非语言沟通[J].上海建桥学院学报,2017(3):49-53.

5.创新能力

创新是知识经济的主旋律,是企业化解外界风险和取得竞争优势的有效途径,创新能力是创业能力中的重要组成部分。它包括两方面的含义:一是大脑活动的能力,即创造性思维、创造性想象、独立性思维和捕捉灵感的能力;二是创新实践的能力,即人在创新活动中完成创新任务的能力。创新能力是一种综合能力，与人们的知识、技能、经验、心态等有着密切的关系。具有广博的知识、扎实的专业基础知识、熟练的专业技能、丰富的实践经验和良好心态的人容易形成创新能力，它取决于创新意识、智力、创造性思维和创造性想象等。可以说，不断创新是大学生创业者不断前进的关键环节。因此，大学生创业者要有强烈的时代感和责任感，敢于开拓进取，不断创新，并保持思维的活跃。要不断吸收新的知识和信息，开发新产品，创造新方法，使自己的事业充满活力。

在上述五方面的基本能力中，每一项基本能力均有其独特的地位与功能，任何一个能力都可能影响其他要素的形成和发展，乃至影响创业的成功。因此，大学生创业者不仅要注意在环境和教育的双重影响下培养自己的创业能力，而且要重视其整体结构的优化，在创业实践中不断提高自我创业能力。

## 四、大学生提升创业能力的途径

研究表明，在创业环境同质或类似的情况下，有的初创企业能够生存甚至更好地发展，而有的初创企业不得不面临生存的问题，归根结底，这与创业者的能力有直接关联。大学生创业能力培养具有系统性和复杂性，因此要根据我国国情，通过高校创业教育，培养大学生创业品质，引导和帮助大学生成为新时代的创业者。

### （一）前期准备

创业者进行创业必须要有投身创业的理想和志向，有意识地培养创业的意志品质，否则往往容易被创业过程中的困难和挫折所吓倒。在树立崇高理想的基础上，大学生要和实际学习目标结合起来，在学习过程中不怕困难和挫折，严于律己，出色地完成学业。同时，大学生应积极参加各种实践活动，如确立目的、制订计划、选择方法、执行决定和开始行动等，从而在整个实践活动中锻炼意志品质。在此基础上，还应加强意志的自我锻炼，注意培养提高自我认识、自我检查、自我监督、自我评价、自我命令、自我鼓励的能力。此外，培养健全的体魄，也是锻炼坚强意志品质的重要途径。

### （二）过程调整

创业者要想培养商业意识，就要用心地钻研有关商业知识。特别是在创业实践中善于观察分析，把握事物的本质，善于收集和利用信息，掌握市场运行的基本规律，积极主动地寻找和创造商业机会。同时，创业者要想挖掘自己的智慧潜能，就要在锻炼和培养自己的创业能力时，不局限于单纯从成才的方面去寻求提高的捷径，而是打好扎实的基础。大学生既要通过学习增长知识，也要通过创业实践来增长才能，以寻求创业综合能力的提高。

微视频：2.5 怎样培养你创业的意志力

### (三)掌握心理变化

在整个创业过程中,成功创业者一般都将经历如下历程:首先,不甘学习、生活和发展的现状,建立创业发展规划目标,组织创业团队,为目标实现奋斗;接下来,不考虑物质利益的尝试,挫败,失败,再尝试,挫折,局部成功;最后,成功的点逐步增多,成功量的累积到阶段性的飞跃,最终走向成功。伴随这样的发展过程,创业者的心态也将发生变化:起初凭借的是兴趣、特长或爱好,目标和热情,团队工作的乐趣,梦想和理想化等;接下来可能经历挫折、怀疑和信心的反复摧残和重建;最后重新评估核对目标,完成对自身的再认识。

因此,与创业进程心理变化相对应的学习过程应该是:起初,可能被动盲目学习和积累,专注于与目标直接相关内容,慢慢地扩大目标外延,理解目标的社会背景和真实必要条件;接下来在尝试、失败、总结、调整的循环中发现不足(包括知识、能力甚至目标本身)并改进,领悟隐藏在市场、技术、商业背后的规律性,从而有的放矢地学习;最后,形成自己的观点和思维体系,并且有选择地补充专业领域技能,提升能力水平。

## 创业心理训练营

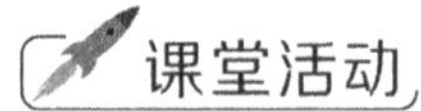


**谁来创业更合适?**

李厂长和王厂长原是某电子电器工业公司两个分厂小领导,现在他俩出来各自创业。

李厂长性格开朗、精力充沛,善言谈,好交际,活动能力很强。他积极开展横向联系,在全国十多个省市开设了200多个经销点、30多个加工企业,效益都很不错。他担任了市企协管协分会的理事,在协会中积极活动,各方面的关系都融洽。李厂长事业心强,一心扑在工作上,南来北往,早出晚归,一年到头风尘仆仆,不辞辛苦。该厂曾被评为市企业管理先进单位,李厂长获市优秀厂长称号,该厂的产品也被评为市优质产品。但李厂长也有一个明显的缺点,就是骄傲自满,自以为是,常常盛气凌人,有时性情急躁,弄不好还会暴跳如雷,不大把公司的领导放在眼里,经常顶撞他们,公司的"指令"常常被他顶回去,因此公司领导对他这一点颇为不满。各科室也不太愿意和他打交道,他同公司下属的其他几个兄弟厂的关系也不甚融洽。

王厂长性格内向、沉稳,不喜欢大大咧咧地发议论,对什么事情都要深思熟虑,三思而后行,人们都说他有"内秀"。他对自己创业今后5年的发展有一个远景规划,听起来切实可行,也颇鼓舞人心。对一些出风头的社会活动,他不太喜欢参加,但对各种开阔思路的业务技术讲座却很感兴趣。他和党支部、工会的关系都很好,积极支持他们的工作。他待人谦和，彬彬有礼，和本公司上下左右关系都不错，公司有什么事.只要打招呼，他就帮助解决了。因此，他的人缘挺好，厂里进行民意测验，几乎异口同声称赞他。

请结合以上案例进行分析：

李厂长和王厂长谁更合适自己创业呢？为什么？

资料来源：车丽萍.创业心理学[M].西南师范大学出版社，2013.

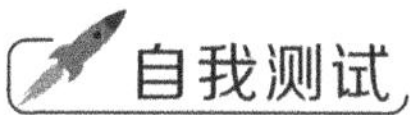

## 自我测试

### 气质类型测试

本测试共60题，请在30分钟内完成。针对每个问题，请你从"很符合、比较符合、中间状态、比较不符合、很不符合"五个答案中选择一个最符合自己情况的，并在答题卡上填写对应的英文字母A、B、C、D、E。

1.做事力求稳妥，一般不做无把握的事。

2.遇到可气的事就怒不可遏，要把心里话全说出来才痛快。

3.宁可一个人做事，也不愿很多人在一起。

4.到一个新环境很快就能适应。

5.厌恶那些强烈的刺激，如尖叫、噪音、危险镜头等。

6.和人争吵时，总是先发制人，喜欢挑剔别人。

7.喜欢安静的环境。

8.我善于和人交往。

9.羡慕那种善于克制自己感情的人。

10.生活有规律，很少打破作息习惯。

11.多数情况下情绪是乐观的。

12.碰到陌生人觉得很拘束。

13.遇到令人气愤的事，能很好地自我克制。

14.做事总是有旺盛的精力。

15.遇到问题总是举棋不定、优柔寡断。

16.在人群中从不觉得过分约束。

17.在情绪高昂的时候，觉得干什么都有趣；情绪低落的时候，又觉得什么都没有意思。

18.当注意力集中于某一事物时，别的事很难使我分心。

19.理解问题总比别人快。

20.碰到危险情境，常感到极度恐慌。

21.对学习、工作怀有很高的热情。

22.能够长时间做枯燥、单调的工作。

23.符合自己兴趣的事情，干起来劲头十足，否则就不想干。

24.一点小事就能引起情绪波动。
25.讨厌做那种需要耐心、细致的工作。
26.与人交往时不卑不亢。
27.喜欢参加热闹的活动。
28.爱看感情细腻、描写人物内心活动的文学作品。
29.学习或工作时间长了,常感到厌倦。
30.不喜欢长时间谈论一个问题,更愿意实际动手操作。
31.宁愿侃侃而谈,不愿窃窃私语。
32.别人总说我闷闷不乐。
33.理解问题常比别人慢些。
34.疲倦时只要短暂的休息就能精神抖擞,立刻投入工作。
35.心里有事宁愿自己想也不愿说出来。
36.认准一个目标就希望尽快实现,不达目的誓不罢休。
37.学习或工作同样一段时间后,常比别人更容易感到疲倦。
38.做事有些莽撞,常常不考虑后果。
39.老师或他人讲授新知识、新技术时,总希望他讲得慢些,多重复几遍。
40.能够很快忘记不愉快的事情。
41.做作业或完成一件工作花的时间总比别人多。
42.喜欢运动量大的体育运动,或参加各种文艺活动。
43.不能很快地把注意力从一件事转移到另一件事上去。
44.接受一个任务后,就希望把它迅速解决。
45.认为墨守成规比冒风险强些。
46.能够同时关注几件事物。
47.当我烦闷的时候,别人很难使我高兴起来。
48.爱看情节起伏、激动人心的小说。
49.对工作抱有认真严谨、始终一贯的态度。
50.总是处理不好和周围人的关系。
51.喜欢复习学过的知识,重复做能熟练处理的工作。
52.希望做变化多、花样多的工作。
53.小时候会背的诗歌,我似乎比别人记得更清楚。
54.别人说我总是"出语伤人",可我并不觉得这样。
55.在体育活动中,常因反应慢而落后。
56.反应敏捷,头脑机智。
57.喜欢有条理而不甚麻烦的工作。
58.兴奋的事常使我失眠。
59.老师讲新概念常常听不懂,但是弄懂了以后就很难忘记。
60.假如感觉工作枯燥乏味,情绪马上就会低落。

**答题卡：**

请把答案请填写在下面的答题卡中，但请注意答题卡中的题目排列顺序不规则。

A.很符合：2 分；B.比较符合：1 分；C.中间状态：0 分；D.比较不符合：－1 分；E.很不符合：－2 分。

请根据对应字母填写分数，最后 4 列分数纵向加总，得出 4 个总分，填写在对应的分数总计栏中。

**个人气质类型答题卡**

| 题目 | 选项 | 分数 | 题目 | 选项 | 分数 | 题目 | 选项 | 分数 | 题目 | 选项 | 分数 |
|---|---|---|---|---|---|---|---|---|---|---|---|
| 1 | | | 2 | | | 3 | | | 4 | | |
| 7 | | | 6 | | | 5 | | | 8 | | |
| 10 | | | 9 | | | 12 | | | 11 | | |
| 13 | | | 14 | | | 15 | | | 16 | | |
| 18 | | | 17 | | | 20 | | | 19 | | |
| 22 | | | 21 | | | 24 | | | 23 | | |
| 26 | | | 27 | | | 28 | | | 25 | | |
| 30 | | | 31 | | | 32 | | | 29 | | |
| 33 | | | 36 | | | 35 | | | 34 | | |
| 39 | | | 38 | | | 37 | | | 40 | | |
| 43 | | | 42 | | | 41 | | | 44 | | |
| 45 | | | 48 | | | 47 | | | 46 | | |
| 49 | | | 50 | | | 51 | | | 52 | | |
| 55 | | | 54 | | | 53 | | | 56 | | |
| 57 | | | 58 | | | 59 | | | 60 | | |
| 分数总计： | | | 分数总计： | | | 分数总计： | | | 分数总计： | | |

**解析：**

按题号将各题分为四类，计算每类题的得分总和。

①黏液质：1、7、10、13、18、22、26、30、33、39、43、45、49、55、57；

②胆汁质：2、6、9、14、17、21、27、31、36、38、42、48、50、54、58；

③抑郁质：3、5、12、15、20、24、28、32、35、37、41、47、51、53、59。

④多血质：4、8、11、16、19、23、25、29、34、40、44、46、52、56、60；

自我探索的得分说明：

(1)如果某气质类型得分明显高于其他三种，且均高出 4 分以上，则可确定为该气质类型。如果该气质类型得分超过20分，则为典型型；如果该气质类型得分在10～20分，则为一般型。

(2)两种气质类型得分接近，其差异低于3分，而且又明显高于其他两种，高出4分以上，则可确定为两种气质类型的混合型。

(3)三种气质类型得分相接近且均高于第四种，则为三种气质类型的混合型。如多血—胆汁—黏液质混合型或黏液—多血—抑郁质混合型。

# 第三章　创业自我效能

### 失败只是失败之母

当两只老鼠在一座独木桥上相向而行时，究竟哪一只会继续前进，而哪一只会让路呢？与我们人类一样，动物的世界也有一个江湖，也有带头大哥和跟随小弟的社会等级。社会等级更高的老鼠会有更多的食物、更大的领地、更多的异性老鼠，甚至还会偶尔拔掉社会等级低的老鼠的胡须。所以，当两只老鼠在一座独木桥上狭路相逢时，地位低的老鼠会后退，而地位高的老鼠则会前进，所谓让大人物先行。

但是浙江大学的胡海岚教授借助神经电生理技术和光遗传学技术，帮助地位低的老鼠打破阶层，实现了逆袭。首先，胡海岚教授通过神经电生理记录等技术方式初步确认，大脑内侧前额叶这一脑功能区可以调节老鼠在社会竞争中的地位。她发现当老鼠消极后退时，这个脑区神经元的活动水平没有显著的变化；但是，当老鼠奋勇向前，做出推挤和对抗行为时，这个脑区神经元的活动水平会显著增强。

基于这个发现，胡海岚教授通过光遗传学技术，人为地增加了地位低的老鼠的大脑内侧前额叶脑区神经元的活动水平。此时，奇迹出现了：这只地位低的老鼠勇气倍增，面对地位高的老鼠不再退缩，而是发起了一次又一次的冲击，最终将地位高的老鼠成功逼退下独木桥。

这个研究激动人心的地方是，当这只地位低的老鼠在外力的帮助下成功逼退了比自己地位高的老鼠六次以后，这只地位低的老鼠就不再需要任何外力的帮助，仅仅靠自己，就敢于主动向地位高的老鼠发起了挑战，在独木桥上一鼠当先，有进无退，把原先地位高的老鼠赶下独木桥。

虽然这只曾经常败的老鼠的个头和力量并没有明显的改变，但胡海岚教授研究其大脑结构后发现，老鼠大脑皮层下的中缝背侧丘脑与大脑皮层的内侧前额叶皮层之间的神经通路显著地增强了。换言之，以前这只老鼠需要外界的光束帮助它的内侧前额叶放电给它勇气，而现在不用了，先前多次胜利的经验彻底重塑了曾经地位低的老鼠的大脑结构和功能，使它自己不需要外界的帮助就可以重拾信心。这种变化绝不是说打了鸡血，明天一过或者后天一过就怂下去了，而是大脑发生了真正的改变，使得它在面对等级高的老鼠时重新燃起了斗志，有了必胜的信念。

对于个体来说，成功的环境会让一只地位卑微的老鼠逆袭，而失败的环境则让等级高的老鼠跌下神坛。人也是如此，只要具有坚定不移的信念，相信自己具备取得成功的要素，就会采取行动，即使成功的概率在其他人看来微乎其微，即使在这个过程中他将经历无穷无尽的至暗时刻。

此时，强化我们行动的，不是一个接一个的胜利，而是我们内心中对胜利的期望与信心。班杜拉把这称之为“自我效能”，它能把荆棘变成沃土，把失败变成机会，把工作变成使命。

资料来源：https://www.huxiu.com/article/356959.html.本文来自微信公众号：混沌大学（ID：hundun-university），作者：王滋娴。

### 请你思考

创业者需要什么样的自我效能？

### 单元目标

1.了解自我效能的基本原理。

2.掌握自我效能在创业中的重要作用。

3.创业者的自我效能提升。

## 第一节　自我效能的基本理论

综观古今中外，很多领域的成功者都有一些共同的特质，如爱因斯坦、乔布斯、雷军等人，他们树立了常人不敢想的目标，并且坚信自己的判断力和洞察力，对于那些束缚普通人的条条框框通常不放在眼里。他们思维开阔，目标高远，不畏艰险，迎难而上。

是什么因素使得这些成功者的表现异于常人？这背后有没有什么规律可循？纽约大学管理学教授、华盛顿大学企业战略管理博士梅利莎·席林（Melissa A.Schilling）研究了爱因斯坦、乔布斯、马斯克、富兰克林等获得持续成功的名人，发现了他们共有的一些特质，其中最为核心的一个因素就是自我效能。她发现那些取得持续成就的人，都具有很高的自我效能。

那么，什么是自我效能？它在大学生创业中起到什么样的作用？对此，美国心理学家班杜拉（Albert Bandura）认为，人们是否会实现计划，取决于他们认为自己实际上能够实现这些计划的能力有多大。这就是著名的自我效能理论。

## 一、班杜拉的自我效能理论

新行为主义的主要代表人物、社会学习理论的创始人班杜拉，是美国当代著名的心理学家。在诸多心理学派中，他的社会学习理论对心理学发展作出了很大贡献，对实验心理学、社会心理学、临床心理学均产生了重大影响，这种影响扩展到了教育、管理以及大众传播等社会生活领域。班杜拉的社会学习理论包含观察学习、自我效能、行为适应与治疗等内容，其中自我效能理论是很重要的组成部分。社会学习理论甚至认为，自我效能是人类行为的决定性因素。

1.自我效能理论的提出

自我效能这一概念是班杜拉在 1977 年发表的论文《自我效能关于行为变化的综合理论》中首次提出的，用以解释人在特殊情境下行为动机的产生原因。他探索了人的内部心理过程，强调自我因素对行为的中介调节作用。他认为对行为的强化除了对直接行为后果的外部强化外，还有替代强化和自我强化。

替代强化指观察到别人的行为受到奖惩强化时，对自己的行为也有一个间接的强化作用。当一个人观察到别人的行为时，会产生两种认识：一是认识到行为所导致的结果是什么，如外界对此行为的反馈与强化；另一个是认识到此任务的难度如何及其行为方式。如果学习者看到他人成功的行为、获得奖励的行为，就会增强产生同样行为的倾向；反之，如果看到失败的行为、受到惩罚的行为，就会削弱发生这种行为的倾向。这样一来，通过观察别人的行为受到奖惩强化的情况，学习者将观察、体验转化为自身的内在动力，从而强化或避免相应的行为。生活实践中常见的替代强化有以身作则、设置奖学金等。

自我强化是指在行动的过程中，人们根据自己设立的一些内在行为标准，以自我奖惩的方式对自己的行为进行调节。人总会有自己的预期标准，如果某种行为达到了自己的预期标准，就会更积极地去行动，否则就可能改变行为。人对自己的某种行为做出评价，要么会产生自我肯定、自我满足、自信自豪的体验，要么会产生自我否定、自我批评、自怨自艾的体验。自我赞赏起正强化作用，产生积极影响；自我批评则会产生消极影响，属于负强化作用。

自我效能理论正是从这两种强化的作用发展而来的。对替代强化和自我强化深入研究后，班杜拉发现了自我调节的重要性。他指出，强化的作用在于激发和维持行为的动机，以控制和调节人的行为。这种作用的机制在于，先前的经验形成了对后续行为的期待。由此，他把这种期待分成两种：结果期待和效能期待。结果期待指的是人对自己的某一行为会导致某一结果的推测。如果人们预测到某一特定行为会导致一种好的结果，产生更大的价值，对整个世界带来意义，那么这一行为将会被激活，受到选择。效能期待是指人们对自己能够进行某一行为的实施能力的推测或判断，它是自己对自身能力的一种主观上的评估。如果人们判断自身能力行，那么这一行为将会被激活，受到选择。

经过多年的理论探索和实证研究，班杜拉在 1997 年出版了《自我效能——控制的实

施》一书，其中对自我效能问题进行了全面系统的论述。在班杜拉的论著中，自我效能(self-efficacy)和自我效能感(sense of self-efficacy)、自我效能信念(self-efficacy beliefs)、自我效能知觉(perceived self-efficacy)和效能信念(efficacy beliefs)等术语往往交替使用，都是指个体对自己具有组织和执行达到特定成就的能力的信念。它是个体对自己能力的一种主观感受，而不是能力本身。

2.自我效能的概念

从概念出发，自我效能是个人对自己完成某方面工作能力的主观评估，是人们对自身能否利用所拥有的技能去完成某项工作行为的自信程度。评估的结果如何，将直接影响一个人的动机。它在很大程度上指个体对自我有关能力的感觉，简单来说就是个体对自己能够取得成功的信念，即“我能行”，反映了个体对自己有能力应对外在环境挑战的信念。

自我效能的变化表现在三个维度上。其一是水平，人们在这一维度上的差别导致不同个体选择不同难度的任务。其二是强度，弱的自我效能容易受不相符的经验影响而被否定；强的自我效能不会因一时的失败而导致自我怀疑，而是相信自已有能力取得最后的胜利，从而面对重重困难仍不放弃努力。其三是广度，有的人只在很狭窄的领域内判断他们自己是有效能的；另一些人则在很广泛的活动及情境中都具有良好的自我效能。

自我效能影响着人们为自己设立的目标和愿意冒的风险，人们感知的自我效能越高、越强、越广，那么他选择的行为目标就越高，在达到目标过程中的毅力也越强。相反，那些认为自己缺乏应付生活能力的人容易焦虑，可能形成回避倾向，面对逆境时也容易抑郁，在应付无法控制的压力时免疫系统容易受到损害。相比之下，高自我效能的个体能够坚持，不轻言放弃。这便是自我效能训练对创业者的意义所在了。

## 创业分享

### 成功者拼的是心力

三年前，受中国企业家俱乐部以及土士学习联盟的委托，我采访了改革开放40年中30多位具有代表性的企业家，想看一看这些伟大的企业家能够将事业做到极致的原因是什么。整个采访给我的感触非常深：大部分表面上看起来非常成功的企业家，他们背后经历过的磨难几乎是常人难以想象的。

张文中，物美超市创始人，曾经因为一次错判入狱7年，蒙冤12载。出狱之后，张文中说，我还要回到我原来的行业，不忘初心、为民服务，并迅速投身到物美的一线业务中。

王玉锁，新奥集团创始人，高考连考3年都没考上，只能在工厂打工。他对自己说，这个车票能把我送到哪里，我就在那个地方开始奋起。结果那些钱只够把他带到廊坊，于是他就开始在廊坊搬煤气罐，现在已经成为中国新能源民营企业的领军人物。

所以，成功其实都是磨难铸就的。这些成功者的共同特性，就是拥有一种坚韧不拔的精神。心理学的实证研究证明了这一点。2004年，美国宾夕法尼亚大学心理学系副教授安杰拉·达克沃思对西点军校的研究指出，一个人成功的核心要素，不是智商，不是情商，不是家境，更不是所谓的考试成绩，而是这个人坚韧不拔的心理韧性。为什么西点军校培养出来的优秀企业家超过沃顿商学院？因为西点军校预备役的军官常常要经过魔鬼训练营的考验，能够挺得过来的，通常在面对其他压力的时候也能够展现出超乎常人的应对能力。

心理韧性，其实是企业家成功的一个秘密。而这个秘密古往今来许多名人先哲早已发现。曼德拉曾经说过，生命最大的荣耀不是从来没有失败，而是每次失败后的不断奋起。达尔文则在进化论中指出：一个物种之所以能够生存下来，不一定是最强大的，也不一定是最聪明的，而是最能够适应环境变化的。另一位西方哲学奠基人尼采的一句名言“任何不能杀死我的，都会使我更强大”更是成为无数人一生的座右铭。

资料来源：https://36kr.com/p/1315074355382788 本文来自微信公众号“混沌大学”（ID：hundun-university），作者：彭凯平。

## 二、自我效能的影响因素

研究发现，自我效能感的形成与变化受以下五种信息源的影响，它们分别传递着一定的效能信息，影响人的效能水平。

1.个人自身行为的成败经验

亲历经验是个体通过亲身行为操作所获得的关于自身能力的直接经验，亲历经验对自我效能感的形成影响最大。因为个体通过亲身经历所获得的关于自身能力的认识最为可靠，所以它是个体自我效能信息中最强有力的来源。一般来说，个体在某一任务、行为或技能上获得成功，会加强其对这一任务、行为或技能的自我效能感。反之，失败则会削弱个体的自我效能预期，多次失败，尤其是失败发生在自我效能稳定建立之前，对个体的效能预期的消极影响更大，因为此时容易使人归因于自己能力的不足。因此，个体亲历经验对效能期望的影响还要受其归因方式的左右。如果把成功归因于外部机遇等不可控因素，人就不会增强效能感，而把失败归因于自我能力等内部可控的因素，人就不一定会降低效能感。因此，归因方式会影响自我效能的形成。

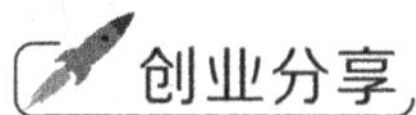


### 乔布斯的蓝盒子

1971 年，乔布斯还在上高中，他和沃兹尼亚克根据《时尚先生》杂志里的一篇文章，购买零件制作了一部黑客们才能做出来的蓝盒子，可以入侵电话公司线路拨打免费长途电话。他们还制作了一些蓝盒子来售卖，赚了 100 多美元。这件事情让他们极为兴奋。

乔布斯后来说：“要不是蓝盒子这段经历，就不会有后来的苹果公司，这点我十分确信。我和沃兹学会了如何合作，确立了信心，觉得自己可以解决技术问题并将想法付诸实践，你无法相信这段经历对我们的自信是一个多么大的鼓舞。”

资料来源：王咏刚、周虹，乔布斯传[M]，上海财经大学出版社，2011：64.

2.替代经验或模仿

替代经验主要是通过参照比较的方式产生的，即人们可能会用与自己经历相似的他人的成就来判断个体自身的能力。目睹或想象相似他人的成功行为表现，往往能提高观察者的效能信念，使其相信自己拥有掌握相应行为的能力。观察对象的相似性，包括榜样的、行为操作的、努力的和环境的相似性，都会影响观察者的自我效能判断。当看到与自己相近的人成功，观察者对自己完成同样任务的信念就越强；但看到与自己相近的人失败，尤其是付出很大努力后的失败，则会降低自我效能感，觉得自己也无望成功。比如童年的伙伴告诉自己，现在的工资1万多元了，而自己当前的工资只有3000元。经过思考，自己觉得两人无论是能力还是经验都差不多，此时会觉得自己也是可以赚到1万多工资的。所以，自己便会积极地寻找方法，换公司，或者增加自己的技能。这就是替代经验或模仿。一般而言，替代经验对自我效能感的影响力没有个体亲历的成败经验的影响大。

3.言语劝说

言语劝说包括他人的评价、鼓励、建议及暗示等，是进一步强化人们认为自己已经拥有的能力信念的手段。通过说服，个体的自我效能增强到一定程度后，会促使个体付出艰苦的努力去获得成功，推进自我效能的形成和发展。言语劝说对自我效能形成的作用力度，会受劝说者的地位、威望、劝说内容的可信性以及信息源的专业性和吸引力等影响。一般而言，切合实际、有事实基础、在直接经验或替代经验的基础上的言语劝导作用更大一些，而缺乏事实基础的言语劝告对形成自我效能感效果不大。总体而言，言语劝说不如亲历经验或替代经验影响力大，且由此形成的自我效能在个体真正面临困难时容易消失。

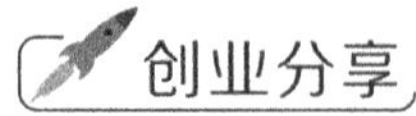

## 创业分享

### 你的艰难不孤单

我是1988年去美国读书的，当时只有一年的时间。一年时间很快就到了，于是，我开始申请美国的大学，并且很幸运地拿到了美国密歇根大学的offer(录取通知书)。但是对方表示没有经费，需要我自己筹措学费。我当时的身份是公派留学生，没法打工。这个抉择让我十分痛苦。往大了说，我需要留下来承担起中国心理学科拓荒的责任；从我个人来说，我存款有限，又被限制外出打工，能力够不上我的理想。

我后来是如何度过了这个至暗时刻呢？其实还是按照我说的三个方向：向成功的人咨询；向朋友和老师咨询；获得亲人的支持。

首先我给我太太打了一个电话，把我的处境说明了一下。她说你应该去追求你自己的梦想。这么简单一句话，让我获得了极大的勇气。然后我去找我的同学，他们说可以帮我找到工作，让我可以坚持到学校开学。

最后我去咨询了我的导师尼斯贝特教授，他知道我的情况之后特别感动，问我可以做什么。再后来，在导师的穿针引线下，我认识了一位法国教授。正好这个法国教授在做一个项目，但是他数学很差，需要一个人帮忙。我和那个法国教授聊了几句，讲了几个数学概念，那个法国教授很兴奋，决定聘用我。因为这个教授的短期聘用，我得以熬过开学前最困难的阶段。开学之后，经由这位法国教授的介绍，我获得了一个统计学助教的职务，从此正式开始了我在美国的留学生涯。

我把这段经历当作我人生的至暗时刻，很多人可能都觉得不以为然——你还是可以回国的，只是你选择留在美国而已。但其实当时我连回国的机票钱都没有，而且如果我在美国没有学到东西，也是不甘心的。

这么一小段经历，没有多伟大，甚至在很多人看来也没有那么的艰辛，但带给我的影响确实是极大的。我想告诉大家的是，人人都有磨难时，人人也都有奋起心。只要我们敢于迎接挑战，解决问题，就能够达到我们的目标。

（有改动）

资料来源：https://36kr.com/p/1315074355382788.本文来自微信公众号“混沌大学”(ID:hundun-university)，作者：彭凯平。

4.情绪唤醒

自我效能还部分地依赖于个体对自己生理状态方面信息的评价。高水平的情绪唤醒会使成绩降低而影响自我效能，个体在面临某项活动任务时的身心反应、高情绪唤起和紧张的生理状态会阻碍行为操作，从而产生无能感。同时，生理上的疲劳、疼痛等也会被人当作是机体无效能的信号，这些都影响着人们的效能判断。班杜拉在其脱敏研究中发现，心理状态是影响自我效能的重要因素之一。成功的喜悦、失败的悲伤都会导致个体自我效能发生变化。平和、中等强度的情绪有助于自我效能的形成，而过度强烈的情绪则会削弱自我效能的功效发挥。例如，一个人马上要上台演讲，如果他心跳加速、手心冒汗、想去厕所，自我效能就会降低；但相反，如果他镇定自若，则会提高自我效能，对于演讲也会更加有信心。

5.情境条件

不同的环境提供给人们的信息是大不一样的，有些情境比其他情境更难以适应和控制。当一个人进入陌生而又易引起焦虑的情境中时，其自我效能水平与强度就会降低。另外，个人的性格、自控能力与类型、拥有的知识和技能、自尊水平、自信心、意志力、环境、他人的期望与支持等也可影响个体的自我效能。一般来说，充满自信与自尊的人以及内控型的人，其自我效能水平较高。气氛融洽、环境愉悦可促进个体自我效能的建立与发挥。

## 三、自我效能的作用机制

由于自我效能是个体在行动前对自身完成该活动有效性的一种主观评估，因此这种

预先的估计会对后续的行为会发生多方面的影响。

1.影响个人行为动机

任何富有挑战性和创造性的活动都不免会遇到很多挫折,因为这样的活动在某些方面会与社会的主流存在一定的对立,就像当年孟德尔定律的提出,以及哥白尼日心说的普及等。历史上,人类文明的每一次进步都伴随着一些人坚持不懈的努力。如果他们没有很高的自我效能,连自己都怀疑自己理论的正确性,那在无数苦难和看不到头的压力面前,又如何能够坚持下来,直到走向成功呢?

自我效能会影响到人的动机过程,使人在行为活动中拥有更强的持久力和耐力,这是人能够取得成功的必要因素之一。所以,在大多数情况下,对某事物动机倾向越高的个体,越能够长久地坚持。

如果一个人面前有两种任务,一种是自己非常有信心的,且认为自己有很大的概率会成功;另一种是自己不太有信心的,且认为自己成功的概率很小。那么这个人会选择哪种任务呢?如果排除荣誉和报酬等强化物的影响,那么,大多数的人可能会选择第一种。这就是自我效能在个人选择当中产生的影响。如果说自我效能可以影响人在某些时刻的选择,那就可以说它会在某种程度上影响人一生中的生活经历,从而影响一个人潜能的开发,进而对个体的发展产生长久的定向作用。

所以,如果想要突破自己,不妨试试从提升自我效能入手。当面临选择时,有意识地调整自己对事件发展的预期,也许能够帮助一个人走出生活的舒适区,更好地实现自己的目标。

2.影响个人思维过程

自我效能会决定一个人思维的内容和性质。个体若坚信自己的能力,则会倾向于想象成功的场面,并体验与活动有关的身体状态的微妙变化,从而有助于支持并改善活动的过程。相反,如果一个人更多想到的是失败的场面,总担心自己能力不足,并将认知资源主要投注于可能出现的失误,那么这将对活动的实际成就产生消极影响。

在学生阶段,成绩好的学生往往倾向于给自己设定较高的目标;相反,成绩较差的学生则会把自己的目标放的较低。成绩较好的学生会更多的想象自己考试成功的画面,而成绩较差的学生则会更多地思考自己落榜后会是怎样的生活。成绩较好的学生倾向于将自己在考试中遇到的问题归因于自己学习方法的不合理,并且往往认为自己能否成功大部分是由自己决定的;反之,成绩较差的学生会认为自己的智商可能不够高,或认为自己没有能力。这样的现象在日常生活中司空见惯,但其实这都是自我效能在思维过程中的体现。

在归因时,自我效能强的人倾向于将成功归因于自己的能力和努力,而将失败归因于自身技能的缺乏和努力的不足。这种思维方式反过来会促使个体提高动机水平,发展行为技能,从而有利于活动的成功。同时,这也会影响到人的内控和外控倾向,进而防止习得性无助现象的产生。

因此,即使是同等能力水平上的人,在同一事件中的表现也会因自我效能的高低而相差悬殊。

3.影响心理反应过程

自我效能强的人，较少在应对环境事件之前忧虑不安；而怀疑自己处理、控制环境潜在威胁的人，则担心环境中充满了危险，因而能体验到强烈的应激状态和焦虑的唤起，从而往往以各种保护性的退缩行为或防御行为被动地应对环境。这些行为方式既限制了个体人格的发展，又妨碍了其主体性在活动中的功能发挥。事实上，威胁性并不是环境事件的固有属性，而是建立在个体应对自我效能和环境的潜在危险之间的一种关系属性，既决定于环境本身的性质，也决定于个体应对环境事件的自我效能和在此基础上实现的应对过程的性质。

有的人在演讲时会过度紧张，导致出现本来已经倒背如流的演讲稿怎么都想不起来的窘境；而有的人则能从容应对，演讲效果好得超出预期。成为人群中的被关注者本来就是一种容易让人产生焦虑和紧张情绪的情境，但是这种情境带来的影响，则会因自我效能的不同而不同。

拿破仑·希尔指出，有很多思路敏锐、天资高的人，无法发挥他们的长处参与讨论，并不是他们不想参与，而只是因为他们缺少信心。在会议中沉默寡言的人都认为："我的意见可能没有价值，如果说出来，别人可能会觉得很愚蠢，我最好什么也不说。而且，其他人可能都比我懂得多，我并不想让你们知道我是这么无知。"这些人常常会对自己许下很渺茫的诺言："等下一次再发言。"可是他们很清楚自己是无法实现这个诺言的。每次这些沉默寡言的人不发言时，他们就又中了一次缺少信心的毒素了，因而也会愈来愈丧失自信。自我效能强的人不论是参加什么性质的会议，每次都要主动发言，或许是评论，或许是建议或提问题。

在面临可能的危险、不幸、灾难等厌恶性情境条件时，自我效能决定了个体的应激状态、焦虑反应和抑郁的程度等身心反应过程。这些情绪反应又会通过改变思维过程的性质而影响着个体的活动及其功能发挥。

## 第二节　自我效能与大学生创业

在创业过程中，大学生创业者会面临许多复杂而棘手的困难，需要有足够的勇气去克服，而勇气就来自自信，来自其自我效能。那些在创业期间能够克服重重困难、将公司一步一步做大做强的创业者，无一不是自我效能强的人。这点在创业初期尤为重要，因为大学生创业者在此时面临的困难会更多更繁杂。所以，在创业之初，所有的大学生创业者都应该拒绝自卑，提高自我效能，使自己时刻处于自信状态，以自信作为解决困难的精神支柱。

## 一、自我效能对于创业的意义

微视频：3.1 创业积极心态之自信

自我效能对大学生的创业成功率具有十分关键的影响，尤其是在提高大学生创业认知决策水平和行为能力方面具有重要价值。大学生创业的自我效能很大程度上决定了其创业行为选择，决定了其对于创业行为的坚持程度与努力程度，同时还影响了其分析并解决问题的思维模式。具体而言，自我效能对提升创业能力起到以下作用。

1.提高创业者把握和创造机会的能力

成功的创业者总会把握机遇并做出明智的决定，或善于创造良机，赢得发展的主动权。机会包含机遇与挑战，具有不确定性和风险性的特点，所以对于机会的把握和创造，与一个人所具有的信心关系密切。自我效能越强的人，为自己设定的目标挑战性越强，对目标承诺也越坚定，在机会到来的时候也更能够及时做出明智决定，或者能够果断抓住时机创造机会。

创业者大多数行为过程首先是在思想中进行组织的，在付诸行动之前，他们会在心里构想预期中的脚本，并常常有意无意地在心里进行演练。自我效能高的创业者更倾向于构造成功者的剧情，并将其在心里形象化。其关注焦点是怎样更好地解决问题，从而为随后的行动提供积极的指导和支持。自我效能低的人更容易勾画一副失败的景象，其关注焦点是那些可能出错的事情，从而不得不分出部分精力与自我怀疑做斗争，在这种情况下要取得好的成绩是很难的。在创业过程中，当面对可能出现挫折、失败和压力较大的机会环境时，大学生需要具有很强的自我效能，才能坚定胜利的信念，确实把握和创造机会。

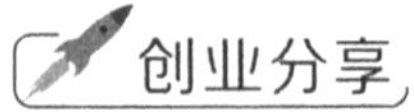


**从未忘记儿时的梦想**

生于南非的马斯克小时候是个胆小害羞的小宅男。因为性格太老实，还会被坏孩子们霸凌。于是，孤独的小马斯克把自己大把的时间投入编程和漫威漫画中，他的太空梦想也悄悄形成了。

1983 年，12 岁的他自己写了一个游戏 blastar 的代码，将它卖了 500 美元。后来，在美国宾州大学和斯坦福深造之后，他先后开发了企业黄页网站 zip2 和网上支付软件 PayPal。作为一个年轻的天才富豪，他只要继续开发程序、投资软件公司或是搞搞房地产，甚至躺在床上什么也不做，都可以活得优哉游哉。但他却没忘记儿时的梦想——去火星。

那时，硅谷流行着一个笑话：“最近有人在航空领域挣了点小钱。”这个段子的笑点在于：航空业是个赔钱买卖，根本没有私企涉足，只有政府才有这个财力；即使能挣小钱，前提也是巨大投资，傻子才会做；更不要说，这件事本身就很危险。

马斯克的一个铁哥们甚至录了一个各种火箭不幸爆炸的合辑给他看，想要吓住他。

但是，为了学习相关知识，马斯克仍联系了一个计划把老鼠送上天空的民间组织，他另一个朋友听闻后送了大大的一块奶酪给他养老鼠，表示自己只能帮他到这里了。

面对这番吓唬和打趣，马斯克还是把自己所有的钱都投入了新公司Space X。公司是造火箭的，他需要火箭，就跑去俄国买，在讨价还价时被傲慢的俄国人当做有钱的傻富豪和门外汉羞辱了一番。

陪伴他的朋友心想：这回马斯克一定会打退堂鼓。没想到在回程的飞机上，马斯克已经自学了火箭研发部门的大致框架，准备自己招揽一批工程师自己造火箭。作为CEO，马斯克一周七天和工程师们一起无休无眠地工作。每天早上，前一天有幸回家过夜的员工需要做的第一件事，就是把睡在桌子下面的马斯克和同事给踢醒。

一些人因为不堪压力而离开，而更多的人则因为抱有同样的梦想和好奇心加入进来。私人研究火箭并非容易之事，尽管Space X的工程师和科学家全力以赴，还是接连三次发射失败，而马斯克之前赚到的钱几乎只够三次发射。于是，Space X开始了异常辛苦的融资，马斯克也动员了所有的亲朋好友，包括自家的员工。按照一般的商业逻辑，员工不仅全年无休，还要承担失业的风险，最后居然还得为公司倒贴钱，简直是业界笑柄——然而，很多员工都拿出了自己的钱。

终于，第四次发射成功了！NASA也看中了Space X的韧劲和实力，跟它签了数十亿的运送太空物资和宇航员的合同。

资料来源：陆西，埃隆·马斯克传[M].重庆：重庆出版社，2014：114.

创业者的自我效能不同，舒适区的范围也就不一样。创业成功者自我效能高，目标大，不能忍受平庸现实，因此他们愿意挑战更高的目标。

大学生创业者面对创业环境时，会根据自己的认知、思想、观念等重新构建外部创业环境对于自身的意义，评估创业预期，从而决定是否创业。研究显示，自我效能在创业环境与大学生创业意向之间具有部分中介效应，即创业环境既可以直接影响创业意向，又可以通过创业效能这个“中介”间接影响创业意向，从自我效能视角揭示了创业环境作用于创业意向的内在机制，即直接效应和间接效应并存。这说明，在创业意向的提升上，不仅可以通过营造良好创业环境的直接方式，还可以基于自我效能理论，通过成功案例分享获得替代性经验、言语上的鼓励等，由创业效能的增强促进创业意向的提升，从而帮助大学生更好地把握创业的机会。

2.提高创业者承担风险的能力

创业失败是非常普遍的现象。以美国为例，《福布斯》的数据显示，九成创业企业以失败告终；美国劳工统计局的数据显示，美国有超过两成的创业企业活不过一年，六成创业企业活不过八年。在中国，据中国工商行政管理总局统计，近六成企业在五年内死亡，死亡企业的平均寿命为6.09年。可见，由于创业风险的普遍存在，大学生创业很可能会失败，并承受一定的精神压力，而自我效能对于保持身心健康、缓解创业压力具有积极作用。

微视频：3.2 创业为什么需要意志力

“失败是成功之母”等世俗智慧表明，失败具有重要的学习价值，但创业失败并不会自动触发创业者从中学习。对创业失败客观、全面的主观归因，才是创业者从中学习的主要来源。失败之后，创业者往往会对创业失败的原因进行归纳总结。此时，创业者调整其行为及行为潜能、做出决策的主要依据不是失败的真相，而是创业者对失败的主观归因。自我效能不同的人对失败的归因是完全不一样的，这直接影响了创业者是真正实现"失败是成功之母"，还是在失败中彻底放弃。

自我效能在提高创业者承担风险的能力作用体现在两方面：一是调节创业者情绪。在受到威胁或是困难的情况下，一个人能承受多大的压力，关键取决于对自己应对能力的信念。自我效能强的人相信自己能够应付可能出现的威胁，很少把精力用来想象各种消极可能性，而是信心充足、心情愉快地从事创业活动。二是促进身体健康。班杜拉通过大量实验研究发现，自我效能会影响自主神经系统的唤醒水平，而且还影响到儿茶酚胺的分泌水平和内源性阿片肽的释放水平，这些生化物质均参与了免疫系统的功能调节过程。自我效能较强的人不会表现出这些物质分泌水平的变化，因而保证了免疫系统的正常平衡。大学生创业者保持积极的自我效能对于保证免疫系统的正常功能，促进身心健康具有重要意义。

3.促使创业者加强技能学习

创业者之所以能够成功，与其主动加强技能学习是分不开的。由于大部分的行为动机都是在认知的基础上产生的，因而大学生创业者会通过对未来的预见和期待来激励和指导自己的行动。高自我效能可以促使创业者投入更多努力去实现目标。现实中有无数可供选择的目标，但每个人更愿意选择那些自认为有能力实现的目标，而放弃那些自以为没有能力去实现的目标。高自我效能激发大学生创业者选择较高、有难度的目标，为了实现这一目标，会促使个体努力学习技能知识。同时，自我效能不仅决定创业者的目标设置，还影响着他为目标所付出的努力程度。当创业出现困难或失败时，高自我效能的大学生创业者不仅不会松懈，反而会更加努力，加强创业技能的学习。

当前是知识经济的时代，终生学习越来越成为人们生存和发展的第一要务。提高自我效能，培养终身学习的学习习惯，不断提升自身能力和素养，以适应事业发展和社会发展的需要，是大学生创业者的必修课。

4.有助于提高创业绩效

创业者自我效能与创业实践活动具有密切关系，并且会对创业行为结果产生影响。创业者自我效能高低能够预测企业的绩效表现，研究表明：在所有预测公司成长绩效的变量中，自我效能是可靠性最高、预测效果最佳的变量。自我效能高的创业者能够对创业成功保持更多的信心，在创业企业中倾注更多的创业热情，并取得更高的创业绩效。例如，有实证研究指出，创业者的机会感知自我效能与创业绩效之间有正相关关系。也有实证研究表明，创业者的风险容忍效能、前瞻性效能对创业绩效有正向的影响。我国学者刘帮成和王重鸣研究发现，企业成长和创业者自我效能紧密相关，但两者往往是不同步的，创业者的学习自我效能必须高于企业成长的水平，企业才能平稳成长；创业者自我效能水平的成长速度决定了企业成长的高度和速度。马佳鸿等人的研究结果证明，在我国的中小企业中，企业家创业自我效能和企业绩效之间具有密切关系。创业自我效能通过资源整合过程，即资源识别、资源获取、资源配置和资源利用影响新创企业的绩效。王吟吟以大学生创业者为样本群体，发现创业者自我效能对创业绩效有显著的促进作用。

从以上关于创业者自我效能和创业绩效管理研究结果看，在大学生创业实践中，创业者自我效能同创业绩效之间存在正向影响关系，即创业者自我效能对创业绩效有积极影响，创业者自我效能水平越高，越有助于提升创业绩效。据研究表明，高自我效能会带来高的行为绩效，高行为绩效意味着目标实现程度较好。行为绩效结果又反馈到自我效能的构建过程中，推动下一轮更高目标的设定。而高效能会促使大学生创业者为自己设立具有挑战性的目标，当具有挑战性的目标实现时又会提高其成就感，进而促使其为实现下一阶段更高的目标而投入更多的努力，学习更多的技能。

## 二、大学生创业自我效能的内容

创业自我效能(entrepreneurial self-efficacy)是把自我效能理论应用于创业的相关研究，指的是创业者相信自己能够胜任不同创业角色和任务的信念。创业自我效能与创业动机、创业行为密切相关，因而可以用来预测创业行为的选择、维持和结果，而创业自我效能的形成和强度在很大程度上受社会文化背景的影响。20 世纪末，博伊德(Boyd)第一次把自我效能与创业进行结合，从创业维度对自我效能理论进行研究与分析，旨在帮助大学生有效解决各类创业问题，减少创业决策失误。陈(Chen)和格林(Greene)(1998)认为创业环境是十分冒险的和充满风险的，创业者在这样的环境中进行创业活动，创业自我效能能够较好地解释创业者的创业行为。

对创业自我效能进行研究的学者们虽然对于其概念的表述有所不同，但是他们对于创业自我效能概念的论述还是存在一些相同的地方。首先，创业自我效能与自我效能感在某些特性上是一致的，它们表示的并不是创业者自身具有的人格特质，而是对自己能否完成创业活动的预测和判断，在这种判断的基础上形成的对创业的信心。其次，创业自我效能作为创业者内心的信念，可以帮助创业者根据自身优势，如知识技能优势、性格特征优势等，进行有效的创业。当前研究者普遍认为，大学生创业者的创业活动主要完成的任务包括：对于创业机会的感知和发现、对于企业的创建、对于企业的维持以及对于企业的促进发展等。因此，大学生创业自我效能主要包含五方面的内容。

1.创新效能感

创新效能感指创业者对于其创业过程中是否具有产生创新行为的能力与信心的评价，反映了创新创业活动中个体对自己表现出的自我信念和期望。当创意、创新日益重要，成为整个社会和组织赖以生存和发展的动力时，大学生创业者的的创新潜能更需要被激发。

2.创业机会识别效能感

创业机会识别效能感是大学生创业者在开发企业新产品与市场分析能力方面的自信程度，是其对于市场中存在的商业机会的挖掘、认同以及对机会的正确把握。准确及时地发现市场中的商业机会，对于创业活动而言是十分关键的行为，对于创业成功具有重要意义。有时候创业机会的好坏会直接关系到最终创业的成功与否。投资一个具有良好发展前景的项目,相对于投资一个没有发展前景的项目,其最终收益的差异很大。大学生在创业之前,首先应该找到具有投资价值的项目,也就是找到市场中存在的商业机会,并且运用自己各种能力与资源将其转化为市场中具有新价值的新组织。机会识别效能感较强的大学生创业者对于市场中潜在的创业机会、创业信息等比其他人更为敏感,也会比其他创业者具有更强的信心去把握好、利用好这个潜在的创业机会。具体而言,他们能比较准确地感知到消费者潜在需要的产品和服务,而且也会比较准确地感知到这些消费需求有没有得到很好的满足。

3.创业风险承担效能感

创业风险承担效能感指的是大学生创业者在恐慌、抑郁和冲突的情况下仍然可以有效进行创业活动的信心。一个大学生创业者在决定创业之前,要综合考虑多种情况,比如自己适不适合创业、有没有能力创业等,在综合考虑的多种情况中,最重要的是需要考虑自己在创业过程中有没有很强的风险管理意识和风险承受能力。风险识别能力和风险管理水平较强的人更有自信去创业。在创业的过程中,因为他们做好了承担风险的准备,也愿意去承担风险,所以在创业活动中,他们创业的范围也会更广。同时,大学生创业者在真正开始创业之前,也要做好心理方面的准备,这些准备包括积极的也包括消极的。例如,随时准备好承担创业活动中出现的风险以及创业过程中所产生的责任,也要随时准备好根据企业的发展情况承担所有的荣誉和威望。

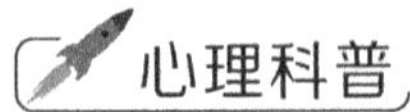

心理科普

**自信人生二百年**

自信的人永远不甘心失败,对未来总是抱有希望。这点不甘心就是生命中奇迹的起点。失败了、落后了,不后悔、不甘心,非追上超过不可,这正是人生命中的闪光点。“亦余心之所善兮,虽九死其犹未悔。”不甘心,人们就有了原动力。不怕泉水少,就怕泉无源。不甘心,有自信,这泉就有了源头。如果甘心于失败,那么“哀莫大于心死”,泉就成了无源之水。

“自信人生二百年,会当水击三千里。”只有对自己充满自信的毛泽东主席才能写出这样豪迈的诗篇。毛主席当时并不是写给他自己的,而是写给在困境中的中国人民的,他希望诗的豪迈气概可以感染每一个中华儿女,让他们在中华民族危急时刻仍充满自信,自救于水深火热之中。最终,中华儿女找到了打开民族独立这扇大门的钥匙。

(有改动)

资料来源:谢普.你不自信,哪来资本[M].北京:现代出版社,2019:7-9.

4.创业人际关系协调效能感

它是大学生创业者在企业创办以及企业发展过程中建立的一种关系效能感,是处理好企业员工、潜在投资者等重要关系的能力方面的自信。一个企业如果想要在激烈的市场竞争环境中稳步发展,其创业者所拥有的资源关系对企业的发展十分重要,这些关系甚至能在关键时候帮助企业进一步取得突破。大学生创业者需要协调的关系是多方面的，例如与企业投资者之间的关系、与企业合伙人之间的关系、与企业员工之间的关系等。另外，对于与企业有共同利益关系的其他企业之间的关系，能否保持彼此信任、相互合作的关系，能否处理好企业内部矛盾，能否处理好与企业利益有关的各种利益共同体之间的关系，并且能够利用这些关系获得商业机会等，却可为企业发展铺平道路。这些关系的处理对大学生处理人际关系的能力提出较高的要求。创业人际关系协调效能感较强的大学生创业者更有自信去协调好这些关系，进而更有自信把企业发展得更大更好。

5.创业组织管理效能感

大学生创业组织管理效能感就是大学生创业者有信心作为决策者，通过自己的创业管理推动企业持续发展。对于大学生创业者而言，能不能审时度势，把握创业环境的变化，抓住创业机遇进行风险决策，是影响企业顺利发展的重要因素。一个企业成功与否，很大程度上要靠企业内部各个部门之间的协调合作，分工明确，各尽其职，因此需要大学生创业者充分发挥自身的组织管理才能，迅速做出有利于企业发展的决策。具有较强组织管理效能感的大学生创业者在做出决策的时候会更有自信，也更容易获得企业其他员工的认可，从而进一步增强自己创业的信心。反之，如果创业组织管理效能感不强，那么创业者做出决策的时候不仅可能对自己做出的决策持怀疑态度，也不容易得到其他员工的认可和支持。

## 第三节 大学生创业自我效能的提升

自我效能对创业具有重要作用，大学生创业者可以通过学习提升创业自我效能，从而最大限度促进大学生创业，这也是高校创新创业教育的重要工作内容。同时，大学生自己要有意识地提高自我效能，这对创业成功同样也具有重要意义。

### 一、提高大学生创业自我效能的途径

研究发现，创业课程培训、创业经历、榜样的示范等因素对大学生提升创业自我效能都具有显著的作用。

1.积极参加学校开设的创业课程

我国高校创业教育起步虽然较迟，但是近年来也陆续面向大学生开设了一系列系统、科学和开放的创业课程。教育部于 2002 年确立了 9 所高校进行创业教育试点，又于 2010 年和 2012 年分别颁发了《教育部关于大力推进高等学校创新创业教育和大学生自主创业工作的意见》《普通本科学校创业教育教学基本要求(试行)》两份文件，要求各高校

进行推广，大力推进创新创业教育，创造条件向全体学生开设“创业基础”必修课程。如今，有条件的高校大都开设了“创业管理”和“创业学”等必修或者选修课程，旨在提高大学生的创业意识、创业知识、创业素质和创业能力等。大学生可以积极参加学校开设的这些创业课程，从而提高创业自我效能。

2.积极发挥成功创业者的榜样示范作用

通过学习创业榜样，目睹或想象相似他人的成功创业表现，往往能提高大学生创业者的自我效能，使其相信自己拥有掌握相应行为的能力。当前各大高校已经在校内媒体进行了广泛的创业宣传，介绍成功的创业案例和创业人士，定期邀请专家学者、成功创业者举办创业讲座。为此，大学生创业者应积极发挥成功创业者的榜样示范作用，学习了解校友的创业典型，访问成功的校友企业家，到企业参观、实习、实践，通过观察他人的创业过程，获得替代经验，进而激发自身的创业动机。在与创业榜样进行交流的过程中，大学生可以向他们请教自己在创业方面的困惑和问题，这些成功的创业者经验丰富，他们对于创业中一些问题的看法对大学生来说会更有说服力，大学生也更愿意接受。有他们的解答，可以减少大学生在创业活动中可能出现的失误。

此外还可以请较为权威的人鼓励自己，比如创业领域内专业老师的鼓励，或者是重要他人的支持，都能为自己的成长加油呐喊。当然，在榜样的示范过程中，学生要注意确立合理的参照目标，避免不切实际的幻想。

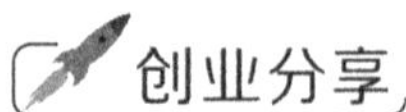


**家国情怀谱写人生旋律，用心用情传播中国文化**

《山海经》中开天辟地的盘古“跃然纸上”、京剧大师梅兰芳的风采精彩“复现”、虚拟主播为政务传播插上腾飞之“翼”……“元宇宙”这一新兴概念逐渐进入公众的视野，“虚实交互，虚实共生”成为“活化”的热门话题。文化是不同国家和民族沟通情感的桥梁和纽带。在文化交流的过程中，青年是当之无愧的生力军。怀揣着开拓视野、矢志报国的信念，2014年，出生于1996年的彭雪茹前往加拿大英属哥伦比亚大学攻读学士学位。每逢假期，她都会参与组织一些国际论坛，让更多人了解、走进中华文化，将中国的声音传播得更远。2018年学成归国后，彭雪茹立志将自身大数据研究的研究背景，与文化传播深度结合起来。2020年，她成为女娲文化的创始人/CEO，带领团队深耕IP数字营销赛道。女娲文化积极研发中国文化IP“山海经”和政务营销IP，旨在打造自研IP护城河。“文化＋”，意味着无限创意、无限可能，“文化＋科技”深度融合即可激发更大创新动能。通过科学技术，原本只能存在书本里、晦涩文字里的盘古、华胥“摇身一变”成为栩栩如生、视觉可感知的立体形象，中国古代神话的魅力得到更加直观的体现。她在微博上写道：“女娲不做中国的迪士尼，而是要做世界的女娲文化。关关难过关关过，前路漫漫亦灿灿。”

资料来源：徐亦丹.新华日报·交汇点，https://www.163.com/dy/article/H7Q5ULAT0514TTJI.html.

3.积极利用创业条件让自己体验成功的机会

根据自我效能理论,成功或失败的经验是影响自我效能最有力的信息源。创业成功的经历可以激发学生的成就动机,经过创业实践后,创业者往往能在无形中锻炼能力,提高创业自我效能。当前高校在对大学进行创业教育时,都尽可能地为大学生创业者创设各种创业条件,让大学生通过实践,体验创业成功经验。如果大学生曾成功地完成过一些创业实践任务,那么当他们面临与此相同或类似的任务时,往往会更加自信,更相信自己能成功地完成任务。

因此,大学生创业者要主动参加各种创业实训以及各类创业计划大赛。在创业大赛中,大学生可以把自己当成真实的创业者,选择一些风险小、进入与退出方便的项目进行创业体验,撰写创业计划书,招募员工经营企业。创业内容包括开办网络工作室、设立淘宝小店、开设校园小公司、兼职商品代理销售等方式。大学生创业者通过参与各种创业实践获得奖励和鼓励,在其中体验成就感,并逐渐积累,最终体验到成功的喜悦和快乐,从而提高创业自我效能。只要大学生创业者切实感受到创业是看得见、摸得着的,只要努力学习和实践,未来一定可以创业成功并成长为优秀的企业家。

4.形成积极的归因模式,唤醒学生良好的创业激情

大学生在创业实践活动中,要加强归因训练,使自己对创业的成败形成积极的归因模式。尽量将成功归因于自己的能力出众这种内部、稳定和可控的因素,而把失败归因于努力不够、运气不好或者任务过难等外部、不稳定和不可控因素。因为这样不仅可以增强大学生的自尊和自信,产生强烈的成就动机和成功期望,而且可以防止大学生产生无助感和行为偏差。

## 二、创业者自我效能提升的行为训练

从心理学的角度来看,大学生可以运用行为训练的方式来提升自信,加强自我效能,克服创业中的羞怯感,主要有以下五个途径。

微视频:3.3 化消极为积极的激励机制

### (一)评估自我资本

客观、全面、积极的自我认识是自信的基础。许多人之所以自信心水平低,主要是因为他们没有看到或不善于欣赏自己的优点。因此,提升自信心的一条重要途径,就是在自我反思的基础上,全面了解和评估自己的资本。这里的资本并不仅仅指一个人的财产,而且包含外貌特征、经历、知识、能力、人品、性格和社会资源中那些有价值的东西,以及其人生经历中所取得的各种成就。通俗地说,就是指一个人的所有长处和优点。

客观评估自我资本时,大学生创业者可以找一张纸,把自己所有的优点都记录下来,制成属于自己的"个人价值清单"。经常阅读这张清单,可以从中感受力量,促进自信心的提升。

### (二)积极自我暗示

经常想象自己的积极形象。例如，想象自己在演讲台上面对着成千上万人讲话，侃侃而谈，表现得自信而富有感染力；想象自己在酒会上和各种各样的人碰杯，自由交谈，很多人都被你的翩翩风度和魅力所吸引；想象自己成功创业了，自己公司的办公室在豪华写字楼里，自己的各项业务运转良好，生意兴隆，自己感到巨大的成就感，等等。

经常对自己说一些积极的、自我激励的话。大学生创业者要训练时，可以大声地说出来，也可以在心里默默地说，例如"你真棒""你一定会成功""你是一个与众不同的人"等。

### (三)正确应对挫折

挫折会打击一个人的自信心。如果不能正确应对挫折，一些原本自信的人在经历挫折后，同样可能变得自卑；而原本自卑的人则可能会更加自卑。正确应对挫折的方法有以下两个要点。

1.处理好情绪。遇到挫折后，大多数人都会产生强烈的情绪反应，例如感到痛苦、恐慌、抑郁、愤怒等。这些情绪不仅会影响人们的思维活动，导致人们不能及时、客观地分析问题，还会引发各种消极认知，导致自卑。因此，遇到挫折后，应该第一时间把自己的情绪调节好。大学生创业者要告诉自己，人生道路上遇到挫折是正常的，使自己心情平静下来，尽量做到能以一个旁观者的角度来看待所发生的一切。

2.正确归因。习惯内归因的人，往往把挫折的原因归于自己，认为挫折完全是自己的错误或无能造成的，从而不断地否定自己，这样就会让自己变得自卑。正确的归因，应该是全面客观的归因，确实属于外部的原因就归于外部，确实属于内部的原因就归于内部，进而寻找解决问题的办法。但是即使是客观的内归因，也一定不要把原因归结为自己"能力不够""性格有问题"等个人特质因素，而是要尽量归结为"经验不足"等技术性原因。这样的归因有助于大学生创业者通过学习和训练来避免挫折再次发生。

### (四)自我突破

自我突破，就是把自己从某种束缚中突破出来。自卑的人对自己的评价总是低于自己的实际情况，而且对自己的评价也总是含有否定成分。这些评价就像一个无形的笼子把自己封锁起来。因此，大学生创业者要建立自信的重要途径，就是要把这个笼子拆烂，从而突破束缚，获得解脱。例如，一个大学生认为自己"不善于同陌生人沟通"，这个评价可能无形中束缚了他的行为，使他真的不敢与陌生人说话。此时，自我突破就是要通过采取各种措施，让自己敢于做出同陌生人讲话的举动。这样，就把自己从过去的束缚中解放出来，从而以实际行动推翻内心中"不善于同陌生人沟通"的判断。

自我突破可以自己施行，也可在专业人员的帮助下施行。自我突破既体现在思想观念的认知层面上，也体现在行为层面上。相对而言，行为层面更加重要。因为，认知突破并不一定导致行为突破，而行为突破却必然带来认知突破，所以，自我突破主要以行为训练为主要手段。

### (五)自我激励

自我激励即自己通过心理调节或行为调节来自信心和积极性的过程。一个人的自信心需要周围环境的激励,更需要自己的激励。自我激励的方法常见的有以下四种。

1.为自己设定目标。设定目标是自我激励最主要的方法之一,一个有吸引力的目标能激发起大学生创业者极大的热情和信心。如果设定的是长远目标,可将它分解为若干个短时期的小目标,这样更有利于激发和维持自己的信心。

2.获得工作绩效的反馈。大学生创业者要经常搜集和自己平时学习和行为结果有关的信息,这样做的目的是肯定自己的活动有成效、有意义,从而巩固和维持自己的信心和热情。

3.寻找创业的内在动机。创业的动机有内在动机和外在动机两类。外在动机指他人的夸奖、奖金、奖品、报酬、社会声望等来自外在环境的东西所激发的动机。内在动机指个人的成就感、审美感、兴趣、快乐感、自我挑战、自我满足感等内在精神需要所激发的动机。有关研究发现,内在动机对个体的激励作用更加持久。因此,寻找创业的乐趣或创业本身的价值是自我激励的一个很重要的途径。

4.对自己的行为进行奖励。当自己做好事情时给自己一定的奖励,是一种很好的自我激励方法。大学生创业者可以先确定哪些特定的行为是自己所期望的,例如坚持早起床、每天多工作 30 分钟、每天读书 1 小时、每天同客户通 1 次电话等,然后制定好奖励规则。一旦自己完成了符合期望的行为,就以某种方式奖励自己,如赞扬自己几句、请自己吃个雪糕、给自己买个小礼物,以提升对自己行为的价值认识。当个体认为创业是非常有意义的,那么他自然很容易被激励,也更愿意积极地投入时间和精力。相反,如果一个人认为自己的创业是毫无价值的,则难以被激励,也不愿意积极投入。因此,在投入创业之前,大学生创业者应该深刻认识和分析自己创业的意义和价值。

创新是社会进步的灵魂,创业是推动经济社会发展的重要途径。大学生富有想象力和创造力,是创新创业的有生力量。正如班杜拉所言:“愿效能的力量与你相随”。当大学生创业者全面了解了自我效能,就会对自我效能有更多的掌控,也可以有针对性地提升自己的自我效能,为创业的成长与发展添加一把科学的油。

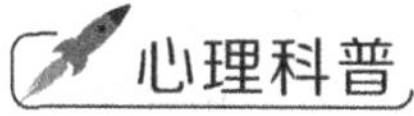


**《当幸福来敲门》:3 个方法提高“自我效能感”**

《当幸福来敲门》电影豆瓣评分 9.1 分,是一部享誉全球的好莱坞大片。影片讲述的是克里斯如何由一位普通的推销员,成为一位成功的投资经纪人的艰辛历程。电影深刻地诠释了“自我效能感”,凸现出电影打动人心的“励志”本核。他主要依靠了三个方法。

1.“情绪唤起”:调整自身的生理和心理状态

电影中,克里斯经历种种挫折坎坷,家庭破裂,破产在即,幼子待哺,在追逐梦想的路上打击不断。面对多方面的否定时,克里斯没有自怨自艾,而是保持坚强、积极的心态。甚至在穿着邋遢时,仍然能够保持高昂的情绪,这显露出他有着高自我效能感。

他每天提着40多磅重的骨密度仪器四处推销奔走,甚至因为交不上房租而被赶出来,只能带着儿子到地铁厕所住宿。即便如此,他也没有焦虑和抑郁,依然坚持勤奋努力和乐观精神,为了梦想全力以赴。

克里斯总是脚步匆匆,呈现出他从不曾放弃追寻梦想的脚步。就像他在球场上对儿子所说的那样:若你心中有梦想,那一定要保护它。这是说给儿子听,其实也是说给自己的。在他心里,但凡有1%的希望,就会付出100%的努力,这是他始终秉承的信念。所以,没有他人的激励,也不影响克里斯的高自我效能感。

我们在日常生活中,总会面临各种困难或挫折,很容易产生紧张、焦虑等负面情绪,如果不及时调整自身状态,就会降低自我效能感。保持乐观向上、坚持不懈追寻幸福的心理状态,才能有效地提高自我效能感。

2.成功的经验,一点点提高自我效能感:积沙成堆,积水成河

电影中,克里斯做推销员时锻炼出来的口才,让他得以与证券公司人力资源经理搭讪,并巧妙地向人力资源经理展示他的魔方技能,最终获得在证券公司工作的机会。他的自我效能感得到了加强,面试的时候,他表现得更为自信。他读高中时成绩是班里第一,参军也是班里的第一名,过往成功的经验,提高了他的自我效能感,使他对从未接触过的证券工作,也充满信心。所以克里斯面试的时候说:“I can.”(我可以;我做得到)。

过去的成绩构成了克里斯自信的来源,这是形成自我效能感最有力的潜在因素。因为它可以为人提供判断和构成自我效能感的行为信息。这种自我效能感能够为人提供对自己能力的保证,在遇到挫折和失败时,能够让其保持自信。

3.“替代性经验”,助力提高自我效能感:他山之石,可以攻玉

克里斯产生了想成为证券经纪人的梦想后,便开始寻找一切可能的机会接近证券公司经理,获得在证券公司实习的机会。为了成为一名正式的证券经纪人,他拼命地挤出时间去与他人竞争,上班时坚持不喝水,只为了省下上厕所的时间,以便能够打更多的电话联系客户。下班后他苦读证券类图书,认真完成培训老师交给的每一个任务。通过艰苦努力,克里斯终于脱颖而出,成为一名证券经纪人,并最终成立了自己的投资公司。

这一路走来的艰苦拼搏,坚持不懈,得益于克里斯日所见的那些“有着幸福笑容”的股票经纪人赋予他的榜样力量。这种“替代性经验”,增强了他的自我效能感,使他在重重困难中坚持下来,最终实现了成为股票经纪人的梦想。

可见,他人成功的经验有助于提高自我效能感。特别是当我们看到与自己的水平差不多的人取得了成功时,自我效能感就会增强,认为自己也能完成同样的事情。当然从另一个角度看,当我们看到与自己的能力不相上下的人遭遇了失败,往往也会降低自我效能感,觉得自己没有成功的希望。

资料来源:影千随,https://baijiahao.baidu.com/s? id=1665172718099630361. 2020-04-28.

# 创业心理训练营

## 课堂活动

### 孤岛惊叫

1.活动目的

(1)热身,活跃团体气氛。

(2)帮助学员突破羞怯、畏惧、自卑心理,提高自信心和胆量。

2.事前准备

一个可移动的高台(若无专门的高台,可以用一张普通书桌代替)。

3.活动方式

(1)教师进行简要的开场白,介绍本活动的目的和规则。

(2)学生轮流站在高台上,面对其他学员,竭尽全力,用最高的嗓门尖叫。要求眼睛必须直视其他学员,声音必须洪亮,叫声至少维持 10 秒钟。如发现违规者,教师可实施惩罚。惩罚的办法是要求当事人继续在高台上大声叫,但叫的内容与前不同,难度更大,包括:大声介绍自己,大声学动物叫(如狮子、狼、狗等),一边叫一边做各种鬼脸等。

(3)全部学员上台完毕后,分组交流心得体会。

(4)每组选派 1 名代表进行全体交流。

(5)教师点评,活动结束。

4.注意事项

(1)站在高台上,用最高嗓门尖叫,眼睛必须直视其他学员是本次训练活动的关键所在,所以,教师应在这三个环节上高度注意、严格要求,绝不允许任何学员在这三个环节上打折扣。

(2)本训练主要是针对那些平时比较自卑、内向,容易害羞,不敢在陌生人面前大声说话,做事缩手缩脚的学员。因此,在活动过程中,教师要高度注意此类学员。对于个别极度自卑、羞怯的学员,不敢站在台上或不敢张嘴叫喊,教师要特别进行支持和鼓励,努力促使该学员迈出第一步。对这类学员,一般来说,要谨慎使用惩罚手段,只要他(她)能有所突破,就要适可而止,并予以表扬。如果施加惩罚,可能会给学员带来更大压力感,导致他们更加退缩。这样不仅不利于自我突破,甚至反而会使问题加剧。

5.引导要点

(1)活动过程中内心有何体验?在你登台前和进行活动后,心情有什么变化?你一开始会有些紧张、害怕吗?开始喊叫后呢?紧张、害怕的心情有没有缓和一点?为什么?(特别是对于那些平时比较内向、羞怯的学员,要详细询问,活动前后内心感受有何不同。)

(2)这些体验同创业有关系吗?

6.点评提示

(1)很多担心害怕其实是我们自己想象出来的,事实上,当你一旦付诸行动就会发现,之前的那些感觉很快就消失了。因此,我们的决定和行动不要被心中各种各样的恐惧感所左右。

(2)创业最需要的就是行动的勇气。因为恐惧而不敢行动,再美好的创业梦都只是个梦。勇敢行动,不仅所有的恐惧会随即消失,梦想也才有可能实现。

资料来源:郝宏伟.大学生创业心理拓展[M].广州:广东高等教育出版社,2015:78-79.

## 自我测试

### 一般自我效能感测验

请仔细阅读下面的一些描述,每个描述后有四个选项,请根据真实情况,在最符合的一项上打√。

| 选项 | 完全不正确 | 尚算正确 | 多数正确 | 完全正确 |
|---|---|---|---|---|
| 1.如果我尽力去做的话,我总是能够解决问题的。 | □ | □ | □ | □ |
| 2.即使别人反对我,我仍有办法取得我所要的。 | □ | □ | □ | □ |
| 3.对我来说,坚持理想和达成目标是轻而易举的。 | □ | □ | □ | □ |
| 4.我自信能有效地应付任何突如其来的事情。 | □ | □ | □ | □ |
| 5.以我的才智,我定能应付意料之外的情况。 | □ | □ | □ | □ |
| 6.如果我付出必要的努力,我一定能解决大多数的难题。 | □ | □ | □ | □ |
| 7.我能冷静地面对困难,因为我信赖自己有处理问题的能力。 | □ | □ | □ | □ |
| 8.面对一个难题时,我通常能找到多个解决的方法。 | □ | □ | □ | □ |
| 9.有麻烦的时候,我通常能想到一些应付的方法。 | □ | □ | □ | □ |
| 10.无论什么事在我身上发生,我都能够应付自如。 | □ | □ | □ | □ |

**解析:**

以上是《一般自我效能感量表(general self-efficacy scale,GSES)》,由德国柏林自由大学的著名临床和健康心理学家 Ralf Schwarzer 教授编制。

记分方法为:完全不正确:1 分,尚算正确:2 分,多数正确:3 分,完全正确:4 分。

1~10 分:你的自信心很低,甚至有点自卑。建议经常鼓励自己,相信自己能行,正确地对待自己的优点和缺点,学会欣赏自己。

10~20 分:你的自信心偏低,有时候会感到信心不足。请找出自己的优点,承认它们,欣赏自己。

20~30 分:你的自信心较高。

30~40 分:你的自信心非常高,但要注意正确看待自己的缺点。

# 第四章　创新思维与训练

## 案例导入

### 腾讯微信的创新历程

微信的产品雏形始于加拿大移动语言聊天产品Kik。2011年1月21日，腾讯研推出第1个微信苹果手机应用版本，随后几天又陆续推出了安卓和塞班系统的版本。由此，微信开启了一个由非核心业务团队主导下的微创新大胆实践征程。

1.技术追赶：基础语音功能的微创新追赶

微信产品第一个版本的核心思路是“能发照片的免费短信”，虽然这和竞争对手趋于同质化的口号并未让用户感到太多的惊喜。然而接下来3个月，微信团队根据用户提供的线索不断优化程序，持续改进包括收发信息速度、流量节省等产品细节内容，并根据用户最集中的需求打造新的产品功能。

2011年5月10日，微信产品第2个版本发布，借助手机QQ团队开发的语音聊天技术，首次推出微信语音对讲功能。这个目前为止依然被使用最多的基础功能，给微信带来了大量的新增用户。这个功能显然也并非微信独创，2011年1月Rockton公司推出的Talkbox就已经在主打免费语音对讲。但是，针对这种免费语音对讲的具体呈现方式，微信根据用户实际的使用习惯进行了大量的微创新改进。

2.基本超越：由强关系链拓展至弱关系链的微创新超越

真正让微信在同类软件中脱颖而出的是其再次以微创新的模式，在微信的语音服务上叠加LBS(基于地理定位技术)而实现的距离社交功能。2011年8月3日，微信发布了2.5版本，在国内率先推出“查看附近的人”功能。另外，QQ邮箱的漂流瓶功能也延伸至微信。微信借助这两个应用突破熟人沟通的边界，直接进入陌生人交友的应用区间，通过为用户提供查看附近人的头像、昵称、签名及距离等功能，并由此把不认识的人圈到了一起，突破熟人的紧密关系链，进入了类似微博一样由某种共同点维系在一起的弱关系链。这样一来，微信新增好友数和用户数第一次突破QQ原有的用户群边界，并迎来爆发性增长。

3.完全超越：快速微创新实现超越

2011年10月1日，微信3.0版本率先采用“摇一摇”功能，借助动作的一致性匹配找到同时晃动手机的人，形成新的随机社交关系。2011年年底，推出的微信3.5版本采用了一个极具战略价值的功能——二维码，通过扫描或在其他平台上发布二维码名片，用户可以不断拓展微信好友。“摇一摇”和二维码功能被业界普遍认为是微信实现绝杀竞争对手的微创新，这两项功能可算是微信在国内产品上的首创，也广受用户青睐，这是因为微信在细节上比国外先行者做得好很多。比如在“摇一摇”的第一个版本中，晃动手机之后的效果除了震动之外，听觉上是响亮的来福枪上膛声，视觉上女性用户呈现为维纳斯雕像，男性用户则是大卫雕像。

4.国际化拓展：国际化版本和广播电台接驳

微信的前3个版本都只有中文版，但到了3.5版本，微信在中文版基础之上叠加了英文、法语、德文等12种外文的国际版，后来的语种已经扩充到19种。微信与日本的Line一同位于全球四大手机即时通信工具之列。

5.平台化创新：以微创新方式将工具变成平台

微信产品4.0版本精妙地构建了一个允许用户将文字、图片、音乐、视频等资讯内容基于个人的私密关系链实现小范围流转的模块，微信团队将此模块命名为“朋友圈”。微信“朋友圈”的兴起，几乎在一瞬间消除了腾讯的两大忧患。除了米聊等同类产品没落了，腾讯另外一个竞争对手新浪微博也遭到重大打击。有关数据显示，2012年全年，新浪微博的活跃度同比下滑至少30%，而在那一年，3亿微信用户的“朋友圈”活跃度上升到60%以上。

6.跨界迭代扩张：迭代到更加广泛的价值空间

在第六个阶段，微信继续推出的高质量创新服务多到让人眼花缭乱。4.0至4.5版本期间，微信先后推出了语音/视频通话功能、微信网页版、企业公众账户关注/信息订阅功能等。2012年春节，通过多姿多彩图文动画形式的拜年微信信息，转瞬间将拜年手机短信取而代之，收入持续增长10多年的中国移动在2012年短信收入锐减，整体业绩也步入了零增长阶段。微信企业公众号的推出，对新浪微博平台上的口碑营销价值链形成了巨大冲击，大批营销账号开始迁徙至微信。连新浪自己的门户(Portal)频道也开始在微信上建立推广账号。

7.移动商业帝国初成：微信商业化时代的到来

2013年8月9日，微信5.0版本正式首发，尝试功能更为强大的微信商业化要求。从2012年8月微信公众平台上线，到2013年6月微信产品助理总经理曾鸣提出“微信不是一个纯粹营销工具”，公众平台上的账号以媒体传播的方式推送消息愈演愈烈。

（有改动）

资料来源：罗仲伟，任国良，焦豪，等.动态能力、技术范式转变与创新战略——基于腾讯微信“整合”与“迭代”微创新的纵向案例分析[J].管理世界，2014(8)：152-168.

## 请你思考

1.运用本章所学理论和知识，分析微信有哪些创新点。

2.假设你是微信开发团队成员，请模拟腾讯微信的创新思维过程。

## 单元目标

1.了解创新思维的特点及其与创业的关系。
2.掌握创新思维提升的途径和方法。
3.通过训练,进一步激发创新思维,提升创新能力。

习近平总书记在党的十九大报告中指出,创新是引领发展的第一动力,是建设现代化经济体系的战略支撑。当前,在新的科技革命和产业革命到来之际,我国迫切需要创新型人才。培养创新型人才,首先要培育创新思维。为了适应创新型国家建设的需要,大学生要加强创新意识和创新思维的培养,加强创新能力的培养。

# 第一节 创新思维概述

当前有关创新思维的理论研究已经比较丰富,主要集中在思维内涵、思维原则、思维特点、思维本质、思维模式以及原理等方面。

## 一、创新思维的定义

"创新"一词在《辞海》中解释为"抛开旧的,创造新的。"创新思维有别于一般传统思维,主要表现在其思维成果具有独创性、突破性、新颖性和价值性等特点之中。创新思维与常规思维相比最根本的差异在于:创新思维除了逻辑思维外,还包含了各种形式的非逻辑思维;创新思维呈现发散状,追求多视角、多路径、多层次、多方法地解决问题,从而产生新的突破,获得新的成果。

创新思维是思维发展的高级形式,也是一种综合性思维。它同人脑机能直接相关,是人脑机能作用下的产物,是自然界长期演化和集体智慧共同作用的结果。因此,创新思维作为一个综合、系统的思维方式,与思维素质、思维心理、思维形式、思维环境和思维结果相联系,是对它们的一种系统性、综合性的反映。创新思维是一个复杂的系统,对其本质的研究要从功能、结构、哲学三个层面展开。

从功能层面看,创新思维的本质在于"出新""革新",在于产生前所未有的认识成果。关于创新思维中"新"的理解,至少应该包括以下三个方面:一是创新思维在面对新的领域和解决新的问题时,人们可以使用新的思路与方法来解决问题。二是创新思维在面对旧的领域和解决旧的问题时,依然可以使用新的思路、有效的方法解决问题。三是利用创新思维可以获取新的思维成果。正是因为创新思维能够获取首创性、价值性的认识成果,所

以它才是不同于传统思维的思维形式。

从结构层面看，创新思维的本质在于“超越”和“突破”，是对已有思维结构的突破。在系统科学研究中，功能是被结构所决定的。因此，创新思维的结构特点与功能特点相联系，结构特点决定了其功能特点。创新思维的出新功能受制于它的超越结构。人们的思维结构是通过日常的学习与实践活动，由一定的知识、经验逐渐形成和建立的。一种思维结构逐步建立后，其存在就具有相对的稳固性，创新思维的结构特征在于对传统思维的超越，突破思维定式，突破惯有思维结构。

从哲学层面看，创新思维的本质是“量变”和“质变”，是量变及量变过程中的部分质变。人作为思维活动的主体，创新思维活动是人有意识、有目的、能动的活动，这一活动的过程体现着量变，也体现着质变，是量变和质变的统一。

总之，创新思维的发生及运行是人们有意识、有目的的思维活动，在这一活动中彰显创新思维的“出新”“革新”，超越于传统思维方式，是对传统思维方式的“突破”“飞跃”，是在传统思维基础上的部分质变。创新思维的本质不是单一的，而是具有多层次性的，其功能层面的本质是“出新”和“革新”；结构层面的本质是“超越”和“突破”；哲学层面的本质是“量变”和“质变”，是三个层面的统一。

## 二、创新思维的特征

创新思维是多种思维形式的有机结合。其多元、多向的开放性动态思维过程常会产生独到的见解、大胆的决策，从而收获意想不到的效果。创新思维的特征主要包括以下五方面。

1.非逻辑性

创新的思维过程，既包含了逻辑思维，也包含了非逻辑思维，是两者相结合的过程。但创新思维绝不是按部就班的推理，而是跳跃性的突破。出人意料的创意往往是非逻辑思维的产物，而人人都只按逻辑分析而想创新成功显然是不可能的。没有突破就没有创新，这是显而易见的道理。在创新思维活动中，新观念的提出、问题的突破往往表现为从“逻辑的中断”到“思想的飞跃”。这通常都伴随着直觉、顿悟和灵感，从而使创新思维具有超常的预感力和洞察力。

2.联动性

创新思维是一种“由此及彼”的联想能力，即在发现一种现象、事物、问题等以后，联想到与之相似、相关，甚至是相反的现象、事物、问题等（横向联动）；或立即纵深挖掘（纵向联动），在表面上看毫不相干的事物启发之下，找到事物之间的相互联系，思路豁然开朗，从而寻到解题的诸多路径。

3.发散性

创新思维是探索性的，因而不受条条框框的限制，即非单项也非单一的思维方式。事实上，世界上每个问题都绝非只有一个答案。创新的目标，就是善于从不同的角度想问题，从众多可能的方案中选择最佳的方案。创新思维的展开，遵循着由发散到收敛、再发散再收敛的探索过程进行。

4.综合性

创新思维具有综合性，表现为其思维内容的“广采博纳”和“融会贯通”。创新思维不是一种简单的平面思维，它是复杂的立体思维，是运用各种知识，综合多种思维方法的一门高超艺术。创新思维是大量概念、事实和观察材料的综合体，是前人智慧的巧妙结合，也是多种思维形式和方法的交替融合。因此，创新思维是一种具有高度概括性与统摄性的高级思维形态，是建立在各种思维基础之上的整体，是人类多方面智慧的体现，是各种思维的升华，是突破性的质的飞跃。

5.独创性

创新思维的独创性又称开拓性、新颖性，它主要表现在思维过程中能够打破常规，不受传统观念、传统思维方式的束缚，善于多方位观察，多层面分析，变换思路，独辟蹊径，力破陈规，锐意进取。创新思维的首要特征就是新，旧的思维不是创新思维。没有变化、人云亦云的思维也不可能形成创新思维。只有不断转换角度、变换思路、更换路径的探索，才有可能产生独创性的成果。

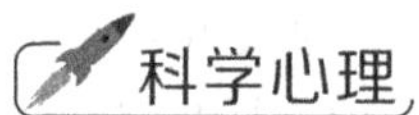


**用鼻子弹钢琴的音乐天才**

世界著名作曲家莫扎特曾师从伟大的作曲家海顿。有一次，他跟海顿说：“我能写一段曲子，老师您肯定弹奏不了。”海顿不以为然，觉得有什么复杂的曲子自己不会弹呢，于是莫扎特将自己写好的曲谱递给了海顿。海顿弹奏了一段后惊呼起来：“这是什么曲子呀，当两手分别在钢琴两端弹奏时，怎么会有一个音符出现在键盘中间呢？任何人都无法弹奏这样的曲子。”莫扎特接过乐谱后，说：“老师，您看我怎么弹。”只见他遇到那个在键盘中间出现的音符时，便俯下身，用鼻子弹了出来。莫扎特的这一动作令海顿感慨不已。在海顿眼里，弹钢琴只能用手指，如果两只手在键盘两侧时，键盘中间出现音符就不可能弹奏，而莫扎特却认为鼻子虽然是呼吸器官，但没人规定不能用鼻子来弹奏。显然，莫扎特后来之所以能成为大师，与他的这种思维的独特性是分不开的。

资料来源：https://www.sohu.com/a/220582188_220219.

## 三、创新思维的模式

一个人在生活、工作、学习中所呈现出来的行为、语言或选择，都是由人们的思维方式决定的。然而，如果思维模式一直是一成不变，甚至是因循守旧的，那么即使读再多的书、学习再多的知识，都只是不断增加知识容量和负担。因为一个人如果没有好的“系统”去容纳自己所学知识，那么只能是停留在“知道”的层面，却不能让知识为自己所用。思维就是承载知识的“系统”，只有不断更新自己的思考模式，才能真正运用知识完成能力升级。创新思维的模式很多，最常见主要有四种模式。

1.发散思维

发散思维是由美国心理学家J.P.吉尔福特(J.P.Guilford)在《人类智力的本质》中提出的，作为一种与创造性有密切关系的思考方法，是对一个问题从不同角度、不同层次、不同路径进行全方位的探索，从而提出新思路、新结构或新发现的思维过程。美国思维训练专家罗杰·冯·欧克(Roger von Oech)认为：通常人们在思考问题时，如果仅获得一个答案后即终止，便可能在脑海中形成僵化的思路，不利于其创新思维的开发。事实上，一个问题可能有多种答案，人们可以此问题为中心，不断向外发散思考，找到更多正确的答案，这就是发散思维。

发散思维具有“一题多解”“一物多用”的特征。例如：对于“铅笔有什么用途”的问题，一般人们想到的只有“写字”“画画”等几个固定答案，而运用发散思维找到的答案可能是无数的。如可以用来代替尺子画直线，可以代替眉笔化妆，可以做武器对付坏人，笔芯刮下粉末灌入锁芯可以润滑钥匙，抽掉笔芯可以用作吸管，可以做燃料点火等。

发散思维具有开放性的特征，能够开拓人们的知识视野，提高他们分析问题和解决问题的能力。发散思维是一种跳出经验局限的思维。事物总是处在不断的发展变化中，人们应该以发展的眼光来看待事物的变化，只凭借过往的经验埋头苦干是行不通的。如果思维拘泥于经验，就不能汲取新的知识。这时，就需要丢掉以往的经验，将思维的出口打开。而发散思维就是在不断放空大脑中经验的碎片，从多方面考虑事物的发展和存在过程。

总之，人们的发散思维是充分发挥自己的想象力，在思考任何问题的时候，都让思维处于活跃状态，而不让经验主义和盲目崇拜禁锢自己。

2.联想思维

所谓联想，是指由于某人或某事想起其他相关的内容，从而把本来不相关的两个事物联系在一起的思维过程。人们日常生活中常说的举一反三、由此及彼、触类旁通等词语就是联想思维的体现。例如，传说鲁班在一次爬山时，手要抓住一丛草，却被草划开了一个口子，流出血，鲁班就想：“什么草这么锋利呢？”于是他仔细地观察那一丛草，发现草的叶子边缘呈现锯齿形状。于是他想到了把分割木头的工具也做成锯齿状，由此发明了锯子。把草和锯子联系在一起，这就是联想思维。

联想思维有着广泛的应用空间，更有博大深厚的哲学基础，它为创新思维提供了无限广阔的天地。一个人如果不会运用联想思维，那么他的知识必定是零碎的、孤立的，他的学识必定是狭隘的；如果他善于运用联想思维，就会由此及彼扩展开去，做到举一反三、触类旁通，以一当十，使思维跳出固有的小圈子，突破思维定式而获得创新的成果。例如，在讨论如何提高潜艇的潜行速度时，人们联想到了海豚，经研究发现，海豚的皮肤具有双层管状的特殊结构。于是，人们便将双层管状结构应用到潜艇上，果然大大提高了潜艇的潜行速度。再如，响尾蛇的视力很差，但是在黑夜里却能准确地捕获十多米远的田鼠，其秘密就在于它眼睛和鼻子之间的颊窝。这个部位是一个生物的红外感受器，能感受到远处动物活动时由于热量产生而发出的微量红外线，从而实现“热定位”。美国导弹专家由此发明了红外跟踪的响尾蛇导弹。

联想思维方法是在创新过程中使用较多的一种方法，它能大大拓展人脑的思维，以此获得更多的创新设想。一个人的联想能力越强，就越能将自己有限的知识和经验调动起来，探寻众多的创新思路，做出创新成果。

3.逆向思维

逆向思维又称反向思维，是相对于正向思维而言的思维形式。人们在思考解决某一类问题时，习惯于一种特定的思维方向，逆向思维则是“反其道而行之”，从相反的方向寻找办法。当所有人都用一种固定的思维方式进行思考时，用逆向思维思考可能会收获更多。比如早期的电灯泡在使用不久后，灯泡内部便会发黑。一开始，人们尽可能把灯泡内部抽成真空，可是发黑问题仍然存在。后来，米尔兰博士运用反向思考，设想向灯泡内充入某种气体。经过实验，最后确定用氩气替代真空，解决了灯泡发黑的问题。

任何一种有效的思维都必然遵循一定的科学规律，逆向思维之所以能逆行而顺成，取得良好结果，也有其必然的科学根据。唯物辩证法的对立统一规律说明：矛盾双方的对立统一引起了事物的运动、变化和发展。由于事物之间普遍存在着相互联系及作用，并会在一定条件下发生相互转化，从而为逆向思维提供了巨大的思考空间。逆向思维能从问题的反面揭示事物的本质，克服正向思维的缺陷，突破思维定式的束缚，极大地拓展了科技发明的领域。例如，破冰船的原理是利用船头的重量将冰压裂，因此设计师要提高破冰船的功能，一般都会想法增加船头的重量。但是，一位苏联的科学家却运用反向思维，改向下压冰为向上推冰，即把船设计成类似于潜艇的样子，利用浮力从下面将冰顶裂。实践证明，这种破冰船的破冰效果非常好。

逆向思维可帮助人们运用简单的办法解决看似复杂的问题，常常会收到意想不到的成效，因而广泛应用于生活的各个方面，给人们带来更多的便利。逆向思维能使人们更具智慧，想他人可能未想到的，因而更容易取得成功；逆向思维能够突破思维定式，从不同的角度去探究世界，从而取得更好的思维效果，更有利于解决问题。

4.灵感思维

爱迪生说“天才就是1%的灵感，加上99%的汗水”，人们一直强调成功需要付出超常的勤奋，但在这个基础上如果能有1%的灵感，就有可能成就一个天才。对于创新成功而言，头脑中那1%的灵感就是最宝贵的。穷困潦倒的华特·迪士尼（Walt Disney）由一只小老鼠引发了瞬间的灵感，从而创造出了世界上著名的卡通形象米老鼠。

灵感思维是指凭借直觉而进行的快速、顿悟性的思维。它不是一种简单的逻辑或非逻辑的单向思维运动，而是逻辑性与非逻辑性相统一的理性思维整体过程。灵感是人们思维过程中认识飞跃的心理现象，是一种新思路的突然接通，这种状态可导致艺术、科学、技术新的构思和观念的产生或实现。现代科学研究表明，灵感是大脑的一种特殊技能，是思维发展到高级阶段的产物，是人脑的一种高级的感知能力。正如我国著名的科学家钱学森所说：“我认为现在不能认为思维仅有逻辑思维和形象思维这两类，还有一类可称为灵感。也就是人在科学和文艺创作的高潮中,突然出现的、瞬息即逝的短暂思维过程。它不是逻辑思维,也不是形象思维,这两种思维持续的时间都很长,以致达到人们所说的废寝忘食。而灵感时间极短,几秒钟而已。总之,灵感是又一种人们可以控制的大脑活动,是又一种思维,也是有规律的。”

灵感很像科学中的脉冲,具有突发性。所谓文学艺术上的“神来之笔”,两军对阵的“出奇制胜”,科技发明的“茅塞顿开”,市场竞争的“豁然开朗”等,都彰显了灵感的关键作用,都是其特点的生动体现。人们常说的要善于抓住灵感,一方面说明了灵感对于认识和创造的价值;另一方面也说明了灵感具有突发性、偶然性和稍纵即逝的特点。“有心栽花花不开,无心插柳柳成荫”“踏破铁鞋无觅处,得来全不费功夫”,其中就包含这样的道理。

灵感思维主要具有五个特征,分别为:一是偶发性。灵感不会在显意识领域遵循着常规逻辑而形成,因而灵感思维产生的程序、规则以及思维的要素与过程等,都不能被自我意识清晰地意识到。灵感的降临是瞬间产生的。二是独创性。灵感思维具有很强的创新特征。三是非自觉性。灵感思维的突出特征,是它不受人们的意识所控制。四是意象性。在灵感思维活动过程中,潜意识领域或显意识领域,总伴有思维意象活动的存在。没有意象的暗示与启迪,就没有思维的顿悟,灵感也就无从谈起。五是灵活互补性。灵感思维具有高度灵活的互补性,是其思维的重要特征,如潜意识与显意识的互补、逻辑与非逻辑的互补、抽象与形象的互补,等等。

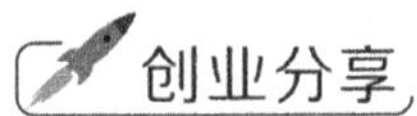

## 创业分享

### 喜茶是怎样走进年轻人心中的

“喜茶”作为网红茶饮,深受时下年轻人的喜爱。那么,喜茶到底是怎样走进年轻人的心中呢?其实,喜茶的品牌策划就是其品牌创新的发展之路。

1.根据年轻消费者的心理进行品牌形象设计

喜茶的产品营销,追求的是极致的创意设计和灵感。从产品包装到线下每家门店的设计,从图案设计到文案写作,都在诠释灵感与禅意,喜茶甚至引领了整个茶饮行业门店装修的潮流。喜茶的营销活动并不直接追求销量结果,而是希望通过不同的层面让更多人了解喜茶品牌的初心,让他们了解喜茶可以带给他们一个怎样的世界、一种怎样的体验,而不是直接让消费者来购买新出的产品。喜茶希望给用户提供最有趣、有创意的活动。

2.产品是品牌强大的保障

喜茶被捧红的功劳在于它的芝士奶盖茶,由于现在的年轻消费群体都爱高品质,并且有尝试新事物的心理,喜茶正是通过一系列高大上的描述,便成功占据了消费者心智。另外,喜茶借助低脂的概念,更是让女性消费群体爱不释手。喜茶还不断地研发新产品,其中有一些与地方特色结合的产品,既有当地特色,口感又好。比如在成都,喜茶有融合五粮液的饮品;在武汉,喜茶又结合了小龙虾包等一些当地特色研发了一些新品,从而不断给消费者带来新的感受。

3.跨界营销,吸引更多目标受众

喜茶深知年轻消费者所爱,与各大品牌商家合作,从而实施它的跨界营销策略。如喜茶在与W酒店的合作时,就联合设计了行李牌、礼盒、手袋与调酒器,既方便了消费者,也宣传了自己的品牌。喜茶会很看重跨界合作品牌的内核是否与喜茶相一致,并且很看重对方品牌能否和喜茶平等合作,如和百雀羚的合作。

4.针对不同的消费者展示品牌形象

消费者需要新鲜感,喜茶也不断在产品和品牌方面为消费者带来惊喜。喜茶不断尝试和不同品牌之间的跨界合作,每一次跨界做的周边和呈现内容都是不一样的。喜茶希望每一次活动都能够让消费者看到喜茶的不同面,给大家带来不一样的灵感和新的体验。

资料来源:韩燕霞.创新基础[M].北京:高等教育出版社,2021:21-22.

# 第二节　创新思维与创业

彼得·德鲁克曾在《创新与企业家精神》中指出:“创新是企业家特有的工具。他们凭借创新,将变化看作是开创另一个企业或服务的机遇。……企业家必须有目的地寻找创新的来源,寻找预示成功创新机会的变化和征兆。他们还应该了解成功创新的原理,并加以应用。”创新思维和创业虽然是两个不同的概念,但是这两个范畴却存在着本质上的契合、内涵上的相互包容和实践过程中的互动发展。

## 一、创新思维与创业的关系

创业的灵魂就是创新。经济学家熊彼特曾提出,“创业包括创新和未曾尝试过的技术”。创业者只有在创业的过程中,具有持续不断的创新思维和创新意识,才可能产生新的富有创意的想法和方案,才可能不断寻求新的模式、新的思路,最终获得创业的成功。

1.创新思维是创业的原动力

大学生创业者的创新思维水平高低同其创业能否成功有重要关系。创业活动的整个过程与创新有密切联系,如:必须在市场中发现新的机遇和盈利空间,必须想出新的产品或服务内容,必须创造新的与众不同的盈利模式,必须有新的营销策略……这些环节无不都在要求大学生创业者运用创新思维,思考出与众不同的点子、思路或模式。一个缺乏创新意识和创新能力,不善于运用创新思维,而只能按照传统思维墨守成规、按部就班地思考和经营的人,是不大可能成功创业的。企业因不创新而失败的例子比比皆是:曾经风光无限的手机巨头摩托罗拉、诺基亚、爱立信在苹果和三星智能手机创新大潮的冲击下逐渐淡出了人们的视野。相机胶卷巨头柯达也在数码相机的冲击下走下神坛,渐渐没落。

真正能够成功的公司主要源于创业者有创新思维，创业者的理想适应不断变化的用户需要，从而让世界变得更美好。作为大学生创业者，更需要有创新意识、创新思维、创新技能、创新品质，才能在严酷的市场环境下开辟创业之路。

2.创业是创新思维的载体

从一定程度上讲，创新的价值就在于将潜在的知识、技术和市场机会转变为现实生产力，实现社会财富的增长，造福人类社会。而实现这种转化的根本途径就是创业。创业者可能不是创新者或发明家，但必须具有发现潜在的商机和敢于冒险的精神；创新者也并不一定是创业者或企业家。但是创新的成果则要经由创业者推向市场，使潜在的价值市场化。此时，创新成果才能转化为现实生产力。

同时，创业可以推动新发明、新产品或者新服务的不断涌现，创造出新的市场需求，从而进一步推动和深化各方面的创新，提高企业乃至整个国家的创新能力，推动经济的增长。

因此，如果创新离开了企业这个载体，创新的成果只能是闭门造车，必将最终被束之高阁。

3.创新思维与创业相辅相成

创业和创新思维是两个不同领域的概念，但将二者放在一起强调，是因为二者是一对"孪生兄弟"，关系密切。创业不等于创新，创新也不等同于创业，两者各自都有明确的边界，但却并非相互独立，而是有着不可分割的内在联系。首先，创新是建立一种新的生产函数，是引进生产要素的"新组合"；而创业则是这种"新组合"的市场化或产业化实现过程。其次，创新是创业的源泉，也是创业的动力，持续创新必然会推动和成就创业，企业没有创新，也就成了没有生命力的载体，最终会消亡；创业是创新的载体，没有企业，再好的创新找不到实现的可能。再者，创业与创新正呈现出越来越显著的融合趋势，这种融合是一个动态整合、集成与优化的过程，并非只发生在新企业启动或创建阶段，而是伴随着整个创业和企业成长的过程。在这一过程中，创新精神、创业能力和市场意识始终是创业成功和企业持续成长的内在动力。创业与创新，你中有我，我中有你。

古诗云："问渠那得清如许，为有源头活水来。"在新常态下，大学生创业者要想在一个行业里扎根并有所发展已非易事，要想通过快速发展并抢占行业制高点，更需要依靠创新思维。大学生创业者可以通过培养创新思维，使所开拓的事业生存、发展并保持持久的生命力，可以说，创新思维是大学生创业者实现创业的核心要素。

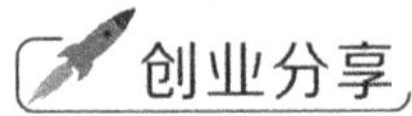

## 创业分享

### "时尚奶奶团"：老年达人的"时尚"之路

何大令是一名90后小姑娘，爱好旅游、摄影。2019年6月，她和另一位90后的合作伙伴一起从北京几支老年模特队中挑选了几位优秀者，经过几个月的策划和对奶奶们的精心打造，"时尚奶奶团"的视频一炮而红。两年后"时尚奶奶团"全网粉丝已超过1500

万，跻身中老年网红头部IP行列，曾受邀在上海的日本大使馆、菲律宾大使馆、法国大使馆和明星走秀，也曾经多次受邀参加伦敦、纽约的时装周，国内很多电视台也都给她们递过邀请函。

数据显示，2021年“银发经济”总体市场规模将达到5.7万亿元，其中文娱消费市场前景最广，相较于2018年，同比增长21.8%。随着互联网行业的迅猛发展，老年人开始走入社交网络。据《2020老年人互联网生活报告》显示，我国60岁以上的老年用户日均使用互联网时长达到64.8分钟，高于平台用户平均水平。

以抖音为代表的短视频社交平台，一方面不断试图拉动老年用户群体走入短视频生态，以突破6亿DAU的“天花板”；另一方面，平台内部也开始“野蛮生长”，“末那大叔”“只穿高跟鞋的汪奶奶”“耀杨他姥爷”等时尚、搞笑类“银发红人”的走红，意味着老年群体同样需要“意见领袖”来告诉他们，老年人的生活同样可以丰富多彩。

以此为前提，何大令组建的“时尚奶奶团”，以最能被受众直观感受的“美”为切入点，从引起轰动的“三里屯旗袍首秀”，到“穿着旗袍游世界”，“时尚奶奶团”的走红，在表现跨越年龄的美的同时，也试图对时尚进行重新表达——精致外表之外，时尚更是一种积极向上、超越自我，以及永不言弃的生活态度。

资料来源：杨睿琦，https：//m.1905.com/m/news/zaker/1528119.shtml.

## 二、创新思维在创业中的体现

创新思维可为企业的发展作贡献，是经济发展的新动能。创新思维不是毫无目的冥思苦想，或纯学术的研究发明，而是要落实在商业化上实现应用。创新的领域可包含产品创新、服务创新、组织创新、市场创新和商业模式创新等。尽管这些创新领域之间相互联系又相互影响，但是任何一个创新领域都可作为一个独立的体系存在。

### （一）产品创新

产品创新是品牌发展的根本，不断地推陈出新是满足目标消费者的有效手段。产品具有创新性主要表现为：一方面是全新产品创新，指创造一个全新的产品以满足市场的需求；另一方面是改进产品创新，指对老产品的翻新，即把以前某种产品形式加以适当的改变，从而适应消费者当前或以后的需求。为使新创企业在市场中生存发展，产品创新要有的放矢，符合市场需求。一个新产品如果不被用户认可，没有销售市场，那么新产品的开发就是失败的。大学生创业者在进行产品创新时，需要重点抓住以下三个关键点。

1.遵循市场的供需关系

产品创新应考虑市场的供需关系，避免“以自我为主”的产品思维，在产品研发过程中进行市场调研和产品互动至关重要。特别是大学生创业者在创新时，应注重产品创新。若忽视产品研发前期和中期的市场调研，而只是在产品出来后做一些产品微调和试销活动,那么产品可能很难卖出去。在个性化的移动互联网时代,新产品层出不穷,企业更应该坚持"需求决定产品"的原则,否则,再好的营销策划都可能无助于产品的销售。比如微信以即时沟通需求为导向,抓住了消费者希望免费使用的需求,从而实现了口碑传播,使之迅速发展,甚至让人们产生依赖。因此,即使是大学生创业者也同样要遵循市场需求原理,只有这样才能拥有竞争力,开拓出更大的市场。

2.找准消费者的痛点和产品的诉求点

随着市场发展与变化,产品创新的难度越来越大。即便是好的创意产品,如果没有高水准的营销策划,也不一定能卖得好,而找准痛点就是营销策划活动中常用和有效的手段之一。所谓痛点,就是大部分用户普遍存在的关键问题。这些问题是客观存在的,谁能最先发现并解决这些问题,谁就有可能在市场上获得先机。许多企业进行产品创新时,都期望抓住目标消费者的痛点,并将其转变为产品差异性"卖点",然后在动态的竞争过程中,通过差异化来提高自己的市场份额。不过企业应把握并利用好痛点,绝不能盲目而为。在进行品牌传播时,企业还需要聚焦产品的核心诉求点,要知道如何告诉消费者产品的创新优势。为此,企业在产品创新时应尽量融合消费者的痛点和产品的诉求点,这样才容易赢得消费者的认可,营销才能借势借力、顺水推舟。

3.把握市场和产品的发展趋势

很多企业进行产品创新时没有把握好市场和产品的发展趋势,要么过于超前,要么切入时机不当,从而造成创新失败。比如,大多数手机品牌厂商在模拟机转2G手机和2G手机转3G、4G手机的过程中,不断跟进创新;当触屏时代到来时,他们不固守物理按键;当全屏幕时代降临时,他们又争先恐后地推出自己的全屏幕产品。相反,有一些反应迟钝的手机品牌厂商却因循守旧,一步步丧失了竞争力。因此,进行产品创新时把握市场发展趋势很重要。

### (二)服务创新

服务创新就是使潜在用户感受到不同于从前的崭新内容,指利用新设想或新技术手段来转变或改进服务方式或服务内容。

服务创新属于理念创新,是贯彻以消费者为导向服务理念的重要内容。消费者的需求和期望是不断变化的,企业要坚持以消费者为导向,不断地进行服务创新,力求以新的服务适应消费者新的需求和期望。消费者往往购买的不仅仅是商品,更多的是商品的附加价值和服务体系。

服务创新是针对服务活动进行的创新,服务创新能够改善企业与消费者的关系,其创新的内容包括:产生全新功能的服务创新、针对同样功能的不同实现方式的服务创新,以及以提高效率、降低成本为目的的服务创新等。当前服务创新大多集中在市场竞争比较激烈的行业,如家电、电子商务等与互联网相关的产业。

企业在进行服务创新时,可从以下六个方面考量。

1.消费者期望是创新的焦点

现在的消费者比以往掌握了更多的知识、信息与技能,也更热衷于学习与创新尝试,在日趋宽泛的产品选择中享有越来越多的主动权。随着交易的重复和消费经验的积累，消费者对产品和服务的期望值越来越高。消费者的期望揭示了消费者需求的现状和趋势，是消费者做出消费决策的依据。只有当消费者感知产品或服务的价值大于或等于期望值时，消费者才会满意，从而变得忠诚。因此，企业要认真听取消费者的反馈以及关于改进的建议，甚至消费者的抱怨往往也是改善服务的直接指引或契机。

2.顺应时代开展个性化服务

在移动互联网时代，企业与消费者的沟通机制越来越健全，个性化服务日趋受到企业的重视。个性化服务是企业根据消费者所表达的需求来提供的，企业利用大数据等技术手段和各种渠道对资源进行收集、整理和分类，从而向消费者精准地提供和推荐相关服务，以满足消费者的个性化需求。从整体上说，个性化服务打破了传统的被动服务模式，企业能够充分利用各种资源优势，优化产业链，主动开展以满足消费者个性化需求为目的的全方位服务。

3.企业员工与规则同样重要

以往企业常常存在一个误区，即认为一切服务都是围绕消费者的。其实，为消费者提供服务的是企业员工，优质的服务来源于员工对消费者的尊重以及恰如其分的个性化服务。因此，员工也是企业服务创新的一个重要角色。对于企业而言，为员工提供优质的服务是促使员工向消费者提供优质服务的基础，让员工满意，才更有可能让他们为消费者提供优质服务。

4.在产品设计中体现服务

在产品设计中体现服务也是服务创新的一个思路。这是一种未雨绸缪的创新策略，正如产品创新要从设计开始，服务也要从设计开始。要在产品中体现服务，就必须把消费者的需求体现在产品设计上。要使消费者满意，企业就必须建立售前、售中、售后的服务体系，并对体系中的服务项目不断更新。

5.将“有求必应”与主动服务相结合

不同的企业对服务的理解有所不同。餐饮企业对服务的理解是“微笑待客”，设备销售企业把服务理解为“保修”，银行认为服务就是快捷无差错，商品零售企业认为服务是存货充足和免费送货……这些理解都只是把服务限定在“有求必应”的范围内，满足于被动地适应消费者的需求。而一个企业要想在竞争中取胜，仅仅做到“有求必应”是不够的，还应不断地创新服务，由被动适应消费者的需求，变为主动地关心与探求消费者的服务期望。

6.合理管理消费者期望

不遗余力地满足消费者的需要，无条件地服务消费者，这是现代企业追求的服务理念。但在实际服务过程中，企业有必要合理管理消费者的期望，让服务存在弹性。消费者对服务品质的评价容易受其先入为主的期望值影响，当他们的期望值超过企业的服务水准时，他们就会感到不满；但当服务水准超过他们的期望值时，他们会深感满意。因此，企业有必要严格控制广告和推销员对消费者的承诺，以免消费者产生过高的期望，而在实际服务过程中则应尽可能地超出消费者的期望。

### (三)组织创新

现代企业的组织创新是为了实现管理目的,应用组织行为学的知识和方法,将企业资源进行重组与配置,采用新的管理方式和方法、组织结构及人员比例关系,从而使企业产生更大效益的创新活动。

组织创新是企业有计划、有步骤的系统变革,是企业随着外部环境和内部条件的变化而进行的调整。企业组织的创新活动与企业的外部环境、发展需求及管理需求是密不可分的。当企业出现经营业绩下滑、产品缺乏创新、组织机构臃肿、员工士气低落等不利情况时,领导者就应当及时进行组织诊断,判断企业组织结构是否有开发创新的必要。

任何企业的组织结构都不是一成不变的,只有合理的组织创新才能适应时代的进步和市场的变革,避免企业组织结构老化,从而使企业顺利地成长和发展。进行组织创新,需要遵循以下基本原则:第一,既能适应当前的外部环境要求和组织内部条件,又能满足未来的环境要求和内部条件的变化。这是组织创新的重要前提。第二,参照与外部环境要求和内部条件相适应的规划进行组织创新。第三,应当预见员工的心理和态度发生的变化,以及会带来的产品设计、产品技术和工作流程的改变,从而根据这些变化采取相应的措施。第四,调整组织结构必须建立在提高组织工作效率和员工工作绩效的基础上,从而达到员工个人和组织的目标,并让它们合为一体,相辅相成。

### (四)市场创新

市场创新的内涵与外延比较宽泛,人们一般把开辟新的市场或控制原材料的新供应来源都归纳为市场创新。

企业可以开拓地域意义上的新市场或产品意义上的新市场。地域意义上的新市场,指企业产品以前不曾进入的市场,包括新、旧产品由国内向海外拓展、由城市向农村拓展等。例如,农村淘宝以电子商务平台为基础,通过搭建县村两级服务网络,充分发挥电子商务优势,突破物流和信息流的瓶颈,实现"网货下乡"和"农产品进城"的双向流通。

产品意义上的新市场,指利用市场上已有的产品,通过创新将其变为在价格、质量和性能等方面具有不同档次与特色的产品,从而满足或创造不同消费群体、不同消费层次的需求。例如,汽车企业变换汽车的配置和样式,以求向消费者供应不同档次与价位的汽车。

在信息时代,企业还可以通过不同的营销手段实现市场创新。例如,利用不同的营销工具与手段,向不同的消费群体推销产品。

### (五)商业模式创新

在全球化浪潮冲击、技术变革加快以及商业环境变得更加不确定的时代,决定企业成败的重要因素不是技术,而是商业模式。在某种程度上讲,商业模式是企业的鲜明旗帜,是企业核心竞争力的坚实基础,是企业长远发展的有效保障。

商业模式是一个比较宽泛的概念，如运营模式、盈利模式、B2B模式等，主要是指企业整合资源、进行战略规划，从而充分用创业机会，最终实现利润目标的内在逻辑。通俗地说，商业模式就是企业如何赚钱的方式，但商业模式并非仅限于企业盈利的方法或过程，而是一个整体和系统工程。例如，亚马逊网上书店仅用短短几年时间就发展为世界上较大的图书零售商，给传统书店带来了严峻挑战，新型商业模式显示出的强大生命力与竞争力可见一斑。

盈利是每个企业都必须考虑的首要问题，也是创业者最感兴趣的话题。盈利之道，即盈利的方法与思路。那么，企业经营之路该怎么走？鲁迅先生曾说过："世上本没有路，走的人多了，也便成了路。"同样，企业在成长过程中，也要积极努力，勇于探索，开辟道路。在所有的创新当中，商业模式的创新属于本源的创新，商业模式必须根据客户需求的变化，以及融资方式和市场竞争形势的演变等多方面因素，及时做出调整和更新。

一般而言，商业模式的创新和再造流程包含以下六个方面。

第一，通过量变扩展现有的商业模式。即在现有商业模式的基础上，要么将业务引向新的领域，进而增加客户量，要么调整价格或增加产品线和服务种类，从而在原有商业模式基础上增加回报率。

第二，对已有商业模式的独特性进行更新。这种方式注重的是企业向客户提供的价值新颖，借以抵消价格竞争带来的压力。

第三，将成功模式复制到新的领域。用现有的运营方式向新市场推出新产品，在新的条件下，复制自己的商业模式。

第四，通过兼并来增加新的商业模式。通过购买或出售业务，重新为自己的商业模式定位。

第五，突破现有的能力限制，尽可能创造出新的商业模式。利用企业在当前商业模式中积累的能力、知识和关系，创造出一系列成功的商业模式。

第六，本质上改变商业模式。这种情况在IT、互联网+等行业尤其多见。虽然大学生创业起点较低，创业资源相对稀缺，但是大学生创业也有一些优势，如知识含量丰富、新颖独特的创意构思等，从而让初创企业迅速发展。如饿了么的创业，引领了新的商业模式。

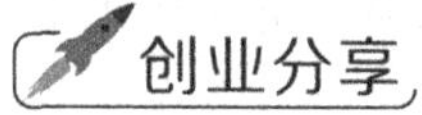


**先人一步，宁德时代的创新进化**

2021年的福布斯全球富豪榜上，一家总市值超过万亿元的新能源科技公司超越谷歌和Facebook成为全球造富之最，开启了这个时代的造富新篇章；在最新的福布斯2021年最具创新力企业榜上，这家公司又连续第四年入选，它就是宁德时代。

"我们不做Me too的事情。"在接受采访时，宁德时代创始人兼董事长曾毓群说，"宁德时代将业务聚焦于三大市场：以可再生能源和储能为中心，替代固定式化石能源；以动力电池为核心的移动式化石能源替代，减少石油使用；以电动化＋智能化为核心的应用场景，例如无人矿山、电动重卡、电动船舶等。我们希望真正造福人类，但实现这一切，有赖于我们的核心竞争力——创新。”

锂电池充放电的过程，本质是一场生动的化学反应。但在这肉眼不可见的纳米级世界里，并非所有物质反应都对电池有益，例如气体的排放就给工程师带来长期困扰。在外部造成的极端情况下，无序的化学反应可能在瞬间产生大量气体，如无法及时排出，不断聚集的压力将导致电池变形，严重则可能引起爆炸，威胁汽车使用者的生命。工程师们深知其中危害，因此在电池的关键位置设计了防爆片，但如何设定气压值，平衡电池的安全与使用寿命成为新的难题。从实验室环境论证，到实际生产、运输、装配与应用场景，工程师们不断探索材料、改进结构，将小小防爆片的设计精细到一个刻痕，最终实现完美平衡。

防爆阀中的极致工艺只是宁德时代践行创新的一个缩影。曾毓群说，经过多年积累，公司逐渐形成四大创新体系——材料体系创新、系统结构创新、极限制造创新和商业模式创新。这些构建起宁德时代产品创新和成本控制两大核心竞争力，建立起全球市场领先地位和规模优势。

企业创新理论的提出者熊彼特将创新定义为一种革命性变化，它不仅仅是尖端的技术和精巧的设计，还在于寻找解决世界难题的方案。曾毓群说，宁德时代现在更多的是渐进式变革(incremental change)，这种变革可以让公司成为一家优秀的企业，但无法成为伟大的公司。“我们希望朝着优秀的公司和伟大企业的方向前进。”在曾毓群看来，优秀的公司是基本功，但还要有些想象力，有神来之笔。“我希望宁德时代有具备根本性改变的想法，因此成立了21C实验室。无钴体系只是一个渐进式变革，又没镍又没钴才能让宁德时代成为伟大公司的根本性改变。”宁德时代的21C实验室聚焦能源存储转化领域的前沿基础问题研究。这也标志着公司在新能源领域的前沿科技探索进入全新阶段。

宁德时代的创新体系不止于此，人才体系的创新也有其独特之道。早在上市之初，宁德时代便拿出部分股权用于员工激励，此后每年都会向作出突出贡献的中层管理人员及核心骨干授予股权，让员工成为事业的共同体。自2018年6月宁德时代登陆创业板后，累计超过9000人获得公司股权激励，仅2020年参与股权激励的员工就达4573名。对在21C实验室从事前沿基础研究工作的科研人才，宁德时代制定了更为灵活的考核激励机制，鼓励创新。公司将成果转化价值的部分直接授予研发团队，让研究人员享有科技成果转化价值的有限分配权，实行既享受事业编制又享受企业待遇与发展红利的创新人才机制。这是属于创新的时代，也是属于人才的时代。

资料来源：福布斯中国.先人一步，宁德时代的创新进化，https://www.forbeschina.com/business/55851.

## 三、创新思维在创业实践中的飞跃

大学生创业者仅仅具备创新思维还远远不够，因为创新思维只是为创业成功提供了可能性和必要准备，但如果脱离了创业实践，缺乏一定的创业能力，创新思维也就成了无源之水，无本之木。创新思维所具有的意义，只有作用于创业实践活动中才能更好地体现出来，也才有可能迎来最终创业的成功。大学生创业者要想实现由创新思维到创业实践的飞跃，首先要摆脱思维定式。

思维定式是指人们从事某项活动时预先准备的心理状态，它可能影响后继活动的趋势、程度和方式，是进行创新思维的最大阻碍。构成思维定式的因素，主要是认知的固定倾向。认知的固定倾向是一种习惯，而习惯却是一种因循式的思维形式，它会让人们对已经熟练掌握的事物不假思索地做出反应行为和适应行为，经常使人们不饥而食、不困而眠、不愠而吼。因此，要提高思维能力，就必须从冲破思维定式开始。

常见的思维定式包括经验定势、从众定势、权威定势、自我定势及书本定势等五种类型。只有突破思维定式的限制，克服思维惰性，积极开阔视野、广纳新知，才能培养和增强大学生的创新思维能力，为他们认识问题、解决问题提供有效的方法和途径。

### (一)摆脱经验定势

经验定势思维是一种以日常生活的经验为依据，判断和处理各种问题的思维。人们在社会实践中总会遇到各种各样的问题，在处理完这些问题之后，就具备了处理类似问题的经验。于是，人们在思维实践中就形成了经验定势，以后再有类似问题，就可以凭经验办事。但经验只是人们在实践活动中取得感性认识的初步概括和总结，并未充分反映出事物发展的本质和规律，具有较大的偶然性。而且，有些经验还可能成为创新思维的障碍物和绊脚石。

要摆脱经验定势，就必须对经验有正确的认识。无论是他人或是自己以往所取得的经验，既可能具有一定的借鉴价值，但也可能具有只适用于某些特定时间或场合的局限性。创新思维要求拓宽思路，创业者一旦形成唯经验定势，就要主动破除，冲破经验的狭隘眼界。因此，在所思考的问题上，对某一经验是否会妨碍或束缚创新的探索，大学生创业者需认真细致地加以鉴别。

可以说，唯经验定势是创造发明的大敌，它会削弱大脑的创造力，造成创新思维能力的下降。因此，有志于创业的大学生缺少经验是局限，也是“有利时机”，关键是要学会突破时空及主体的狭隘性，对偶然性问题多加思考。

### (二)摆脱从众定势

从众是指个体在社会群体的无形压力下，不知不觉或不由自主地与多数人保持一致

行为的社会心理现象。通俗地说，就是“随大流”。从众定势思维的产生是由于人类群居性所要求的“一致性”。个体基于群体压力及从众心理，为了产生归属感和安全感，在自己的知觉、判断、认识上表现出符合公众舆论或多数人的行为方式。

在创新活动中，大学生创业者如何突破这种从众定势呢？首先，要弱化思维的从众倾向，相信真理往往掌握在少数人手里，要时刻保持清醒的头脑，不要人云亦云。其次要敢于保持自我见解的独立性，增强在思考问题时的反潮流精神，不必以众人是非为准，这样才能真正打破封闭，开阔思路。正如哥白尼反对传统“地心学”而提出“日心说”那样，只有敢于摆脱从众定势，才能获取新事物或新观念。

### (三)摆脱权威定势

在成长过程中，人的创造天性随着年龄增长，在经历了反抗—服从—反抗—再服从等磨炼过程之后，逐渐形成了一定的权威定势。大学生创业者要打破权威定势的思维枷锁，敢于对所涉及的“权威”进行严格审视，例如审视权威的专业性、地域性和时间性，敢于怀疑并提出异议，因为发明创造往往就是一个不断推翻、否定权威的过程。突破了权威定势，往往就意味着创新。例如：李四光克服阻力，在曾被权威定论为贫油的中国发现了石油。

### (四)摆脱自我定势

在日常思维中，人们往往会自觉或不自觉地按自己的观念和立场去考虑问题，从而产生自我思维定式。其本质特征是以自我为中心。

要跳出自我定势的圈子，大学生创业者可以进行以下三方面的训练。第一，多一点同理心。即要培养自己感受和认同他人情绪或思想的能力，去理解自我之外的许多观念和事物。第二，从思维中跳出“自我”这一中心枷锁，换个角度看问题。第三，创造理解与宽容并存的和谐氛围，避免产生误解、偏差、冲突和矛盾。

### (五)摆脱书本定势

书本定势是指过于相信某种理论或书本知识，即使在面对完全不适合该理论或知识的实际情况下，仍然不懂得灵活变通，而固守该理论知识的原则。当然，绝对脱离知识的思维是不存在的，也是不现实的。但是，如果一切尽信书，一切从书本出发，以书本为纲，无视真理的相对性，那么，一个人始终局限在已有的知识范围内推演知识，也是难以创新的。

为了突破书本定势，大学生创业者要树立创新理念，敢于质疑，乐于比较，善于辨识。一是要树立创新理念，就是要既承认“知识就是力量”，但决不读死书、死读书。只有打破书本定势才能摆脱束缚，做出创造发明。二是要敢于质疑，就是不轻易相信书本。三是要乐于比较，即将书本的知识与现实中的实际进行比较。四是要善于辨识，即将自己的认识与他人的认识通过反复争辩，在争辩中加深理解、明辨是非，达到认识真理、坚持真理的目的。

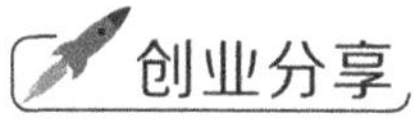

## 小保罗的创新思维

在美国伊利诺伊州的哈佛镇，有一群孩子经常利用课余时间到火车上卖爆米花。一个10岁的小男孩也加入了这个行列。他除了在火车上叫卖外，还往爆米花里掺入奶油和盐，使其味道更加可口。结果，他的爆米花比其他任何一个小孩卖得都好。这是因为他懂得如何比别人做得更好，创优使他成功。

有一次，一场大雪封住了几列装满乘客的火车，这个小男孩赶制了许多三明治拿到火车上去卖。虽然他的三明治味道一般，但还是被饥饿的乘客抢购一空。这是因为他懂得如何比别人做得更早，抢占先机使他成功。

当夏季来临时，小男孩又设计出一个能挎在肩上的半月形箱子，在边上刻出一串小洞，刚好能放蛋卷，并在中部的小空间里放冰激淋。结果，他的这种新鲜的蛋卷冰激淋倍受乘客的欢迎，生意火爆一时。这是因为他懂得如何比别人做得更新，创新使他成功。

当火车站上的生意红火一阵后，参与的孩子越来越多，这个小男孩意识到竞争愈加激烈了，便在赚了一笔钱后果断退出了竞争。结果，孩子们的生意越来越难做。不久，车站又对这些小生意进行了清理整顿。他却因及时退出而没有受到任何损失。这是因为他能保持清醒的头脑，懂得一件事在大家都看好时及时抽身出来。及时规避风险使他成功。

后来，这个小男孩果然成了一个不同凡响的人，他就是摩托罗拉公司的创始人保罗·高尔文。

资料来源：郭强.创新能力培训全案[M].北京：人民邮电出版社，2011：27-28.

# 第三节 大学生创业者的创新思维训练

我国著名的教育家陶行知认为："天天是创造之时，人人是创造之人"，创新虽然重要，但不神秘。只要加强训练，大学生创业者的创新思维能力是可以培养和提高的。当然，创新思维的培养不是一朝一夕就可以完成的，而是要在创业实践中不断学习和运用，持之以恒，才能达到预期的效果。

# 一、创新思维的训练方法

微视频:4.1 创业大咖对创业者的建议

2019 年,得克萨斯大学奥斯汀分校研究人员发表在《自然》杂志的一项研究表明:人的大脑就像肌肉,在经过严格的学习训练之后,大脑中的神经元会形成新的、强有力的联结,长久下去,人会变得越来越聪明。大学生创业者的创新思维训练方法主要包含发散思维、联想思维、逆向思维、灵感思维等的训练方法。

## (一)发散思维的训练方法

发散思维是创新思维的核心,也是创新过程中的"先行军",它是从一点出发,向四面八方拓开的一种思维方法。发散思维的训练对于提高大学生创业者整体素质有着十分重要的作用。增强发散思维的方法主要有以下四种。

一是考虑所有因素。尽可能周全地从各个方面考察和思考一个问题,这对问题的探索、解决特别有意义。

二是预测各种结果。思考一个问题时,应考虑各种"后果"或最终可能出现的结局。这有利于对事物的发展有较明确的预测,并从中寻求最佳的结局模式。

三是尝试思维跳跃。当解决某个问题遇到困难时,可以采用思维跳跃的方法,即不从正面直接入手,而是另辟蹊径,从侧面突围。

四是寻求多种方案。思考问题时,快速"扫描"事物或问题的各个点、线、面、立体空间,寻求多种方案并深入思考,从而找出全新的思路和方法。

发散思维的训练最重要之处在于引导自我培养发散思维能力,即把发散思维能力的训练作为自己一项自主自觉的行为。在此过程中,大学生创业者要重视广泛涉猎各种书籍,同时自觉学习各种发散性思维方法,并且灵活运用发散性思维方法,从不同的角度分析问题存在的原因,做出正确的判断,从而解决问题。

## (二)联想思维的训练方法

联想是揭示事物相互关系,形成新概念的一种思维方式。联想思维的训练可从以下两方面着手。

一是自由联想训练。自由联想指的是思维不受限制的联想,可以从多方面、多种可能性中寻找问题的答案。自由联想是由芝加哥大学的心理学家们首先提出并开始实验的。实验要求受试者尽快想出事物与现象,如由飞机立刻联想到机身、机翼、航空港等,联想到火箭、宇宙飞船、地效飞行器、真空管道、磁悬浮火车等等。实验的追踪研究发现,自由联想能力越强的人,其创新的可能性也就越大。大学生创业者在进行自由联想训练时,可以随意找一个词起头,在规定的时间内快速联想,要求想到的词组概念越多越好,这是训练思维联想的速度。

二是强制联想训练。强制联想是指把思维强制性地固定在一对事物中，并要求对这对事物产生联想，从而提高人们大脑思维的跨度。强制联想法为运用强制性连接方式以产生创造性构想的方法，其执行方式是先选择欲改善的焦点事物，多方罗列与焦点无关的事物，然后强行列举事物与焦点对象结合，最后选择最佳方案。确定目标 A(如：椅子)，随意挑选与椅子风马牛不相及的事物 B 作刺激物，列举事物 B 所有属性，以 A 为焦点，强制性地把 B 的所有属性与 A 联系起来产生强制联想。例如，完成“如何宣传储蓄”这一任务，最后必须达到的要求就是“储蓄”，它就是“输出”，而宣传储蓄的出发点却是可以任意考虑的。假定该地常有洪水发生，那么可以考虑把“洪水”列为宣传储蓄的出发点，即“输入”，然后先从“输入”方面入手进行自由联想，想出来的办法或思路要尽量和“输出”联系起来。如果联系上，那么就可以从“输出”这个角度倒过去自“输入”那方面去联想。这样反复几次强制联想，然后把联系得上的关系全部汇集起来，再从中选择可用的东西，例如上例“洪水”同“储蓄”的关系可以作这样的联想：洪水→房屋被淹→房屋家具损坏→房屋家具需要修理或新购→需要有钱支付修理与购买的开支→有备不发愁→储蓄。

大学生创业者在进行强制联想训练时，可以随机找两个不相关的事物，要求自己尽可能多地想出它们之间的相关联系或相同点。比如，大海和羽毛球有什么联系，有哪些相同点等。

### (三)逆向思维的训练方法

逆向思维就是唯物辩证法在思维领域的体现。与常规思维不同，逆向思维是用绝大多数人没有想到的思维方式去逆向思考问题和处理问题，实际上就是以“出奇”去达到“制胜”的目的。逆向思维训练的方法主要有以下三种。

一是反转型逆向思维法。这种方法是指从已知事物的相反方向进行思考，产生发明构思的途径。具体而言，可以从事物的功能、结构、因果关系三方面做反向思维。1820年，丹麦哥本哈根大学物理教授奥斯特(Hans Christian Oersted)通过多次实验发现电流存在着磁效应。英国物理学家法拉第(Michael Faraday)怀着极大的兴趣重复了奥斯特的实验。果然，只要导线通上电流，导线附近的磁针会立即发生偏转，他深深地被这种奇异现象所吸引。当时，德国古典哲学中的辩证思想已传入英国，法拉第受其影响，认为电和磁之间必然存在联系并且能相互转化。他想，既然电能产生磁场，那么磁场应该也能产生电。他从 1821 年开始做磁产生电的实验，经过 10 年不懈的努力，他于 1831 年提出了著名的电磁感应定律，并根据这一定律发明了世界上第一台发电装置。法拉第成功地发现电磁感应定律，是运用逆向思维方法的一次重大胜利。二是转换型逆向思维法。在解决问题时，如果遇到障碍，大学生创业者不妨尝试换一个角度去思考问题，从而使问题能够得到顺利解决。如历史上被传为佳话的司马光砸缸救落水儿童的故事，实质上就是一个用转换型逆向思维法的例子。

三是缺点逆用思维法。缺点逆用思维法是一种利用事物的缺点，将缺点变为可利用的东西，化被动为主动、化不利为有利的思维发明方法。这种方法并不以克服事物的缺点为目的，相反，它要化弊为利，找到解决方法。例如金属腐蚀是一种坏事，但人们利用金属腐蚀原理进行金属粉末的生产，或进行电镀等其他用途，无疑是缺点逆用思维法的一种应用。

总之，逆向思维需要的是反过来想，突破正向思维的逻辑模式，获得突破的观念。大学生创业者学习逆向思维方法就是要形成一种观念，即在思维的过程中，并不是只存在着一条明显的思维道路，对客观事物也可向相反的方向分析、思考，这样可以跳出传统的立意范式，产生全新的见解。

### （四）灵感思维的训练方法

灵感思维与创新创业可以说是休戚相关的。灵感不是神秘莫测的，而是人在思维过程中带有突发性的思维形式，是长期积累、艰苦探索的一种必然性和偶然性的统一。灵感从思维表面看似乎是突发的、巧合的，但实质是长期不懈的思考得来的结果。灵感的出现丝毫离不开知识素材的积累，积累是量变，灵感的产生是质变。大学生创业者要想获得灵感思维，重点可以从以下四方面进行训练。

第一，要了解激发灵感的客观依据，了解产生或激发灵感的心理、生理机制，有意识地去激发灵感。

第二，要不断思考才能激发灵感，灵感是对艰苦劳动的奖赏，只有对问题进行长期思考，对目标执着追求，才会“功到自然成”。有灵感的人，必然是对问题的解决抱有浓厚的兴趣和强烈的愿望，将解决问题的思维转入潜意识里，这样才能在突然有某种事物触发的时候产生灵感。

第三，要善于捕捉稍纵即逝的灵感，最好的方法就是随时把新想法记下来。

第四，要借助新的环境激发灵感。长时间的紧张思考后，换一个环境，自我放松一下，往往会有意外收获。

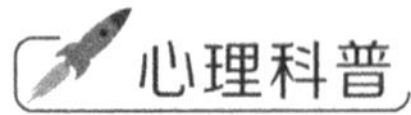


#### 六顶帽子法

六顶帽子法是英国剑桥大学思维基金会主席爱德华·德博诺博士(Edward de Bono)开发的一种思维训练模式，是一种引导人们进行“平行思维”的工具。六顶帽子法强调的是“能够成为什么”，而非“本身是什么”，使团队中毫无意义的争论变成集思广益的创新。

具体来说，所谓“六顶帽子”，是用六种不同颜色的帽子来比喻六种不同的思维角色或思维风格。

(1)蓝色帽子代表概括和结论。蓝色是天空的颜色，覆盖万物。蓝色帽子代表人们思维的控制者，它控制着整个思维过程，就像是乐队中的指挥家一样组织着人们的思维。

(2)白色帽子代表事实。白色象征中立和客观。白色帽子所承担的角色只负责提供事实信息，不做任何价值判断。

(3)黄色帽子代表正面价值。黄色象征温暖明亮。黄色帽子所承担的角色负责通过逻辑分析提供正面、乐观的观点，以帮助人们探求价值和利益，发现机会。

(4)黑色帽子代表负面价值。黑色象征冷静、悲观。黑色帽子所承担的角色是通过谨慎、冷静的反思，以探索事物的真实性、适应性和合法性为焦点，发现事物的负面情况，帮助人们控制风险。

(5)绿色帽子代表创新。绿色是春天的颜色，象征着变革和生机。绿色帽子所承担的角色是通过发散思维，寻找更多的可能性，从而获得全新的、与众不同的价值。

(6)红色帽子代表感觉、直觉和情感。红色是最富于感情的颜色。红色帽子所承担的角色是通过发挥人们情绪、情感和直觉的功能，对事物形成直觉性的预感或判断。

根据具体情况，这六项帽子工具可以被灵活地排列和组合，从而形成某种特定的思维程序。在进行团队讨论时，团队成员按照程序要求轮流扮演这六顶帽子的角色，并按照帽子的要求思考问题。在脑海中，训练的人可以想象自己戴上了“帽子”，并且一顶一顶地换上，从而相对容易地做到集中注意力，按照帽子的要求来定向自己的思维。比如，一个典型的六顶帽子决策过程可以按以下步骤进行：

①陈述问题事实(白帽)

②想出如何解决问题的建议(绿帽)

③列举并评估建议的优点(黄帽)

④列举并评估建议的缺点(黑帽)

⑤对各个备选方案进行直觉判断(红帽)

⑥总结陈述，得出最后结论(蓝帽)

六顶帽子法自发明以来，得到了广泛认可。很多跨国公司都选择六顶帽子法对其员工进行思维训练，并取得了显著效果。

资料来源：郝宏伟.大学生创业心理拓展[M].广州：广东高等教育出版社，2015：78-79.

## 二、创新思维的提升途径

创新思维是指通过突破常规思维的界限，以超常规甚至反常规的方法、视角去思考问题，提出与众不同的解决方案，从而产生新颖的、独到的、有社会意义的思维成果。在创业过程中，大学生创业者要通过以下途径来提升创新思维。

1.热爱创业，全情投入

大学生创业者要提升自己的创新思维，最基本的途径就是要热爱自己从事的创业活动，并且全情投入。创业者要让自己的大脑沉浸在创业中，不断积累同创业有关的信息、知识和经验，不断思考、琢磨创业中碰到的各种问题。当经验积累多了，思维训练多了，大学生创业者的创新思维自然就会不断提升。

2.谦虚谨慎，自我反思

大学生创业者要提高创新思维水平，就要先克服妄自尊大的倾向，养成自我反思、谦虚谨慎的习惯。一个骄傲自大、以自我为中心、自以为是、不善于自我反思的人，必然会使自己停留在一种固定思维模式中，变得封闭、僵化、保守。这样的人是不可能创新的。因此，大学生创业者要经常用批评的眼光看待自己和所从事的工作，不断反思自己的行为后果，从而促进创新思维的发展。

3.加强学习，开阔视野

大学生创业者要养成学习的习惯，时刻关注社会各个方面的新知识、新信息和新动态，不断拓宽自己的视野。在各种新信息的启发下，人脑自然而然就容易擦出一些新火花，出现一些新思路，创新思维也会因此而得到不断提高。思维训练的环境是广泛的，在大学的生活和学习中都可以找到思维训练的机会。例如，大学生创业者可以在各类实践环节、各种课内课外的学习和活动中，尤其是在科技作品竞赛、创业大赛中经受磨炼，提高创新能力。

## 创业分享

### 大学生创新创业赛事介绍

大学生创新创业大赛主要有“挑战杯”全国大学生系列科技学术竞赛、“互联网＋”大学生创新创业大赛等。

1.“挑战杯”系列竞赛

“挑战杯”系列竞赛被誉为中国大学生科技创新创业的“奥林匹克”盛会，由共青团中央、中国科协、教育部和全国学联共同主办，竞赛官方网站为 www.tiaozhanbei.net。“挑战杯”竞赛共有两个并列项目，一个是“挑战杯”全国大学生课外学术科技作品竞赛（简称“大挑”），另一个则是“挑战杯”中国大学生创业计划竞赛（简称“小挑”）。这两个项目的全国竞赛交叉轮流开展，每个项目每两年举办一届。一般来说，奇数年举办“大挑”，偶数年举办“小挑”。参赛对象要求为在当年 6 月 1 日以前正式注册的全日制非成人教育的各类高等院校在校专科生、本科生、硕士研究生（不含在职研究生）等。

“大挑”设置主赛道，分为自然科学类学术论文、哲学社会科学类社会调查报告和学术论文、科技发明制作三类。此外还根据需要开设各专项赛道，例如 2021 年为庆祝建党 100 周年，引领青年大学生感受党的百年光辉历程、百年伟大成就和宝贵经验，开设的“红色专项活动”；以及为培养青年科创意识和能力，引领青年聚焦突破“卡脖子”技术，开设的“黑科技”专项赛。

“小挑”借用风险投资的运作模式，要求参赛者组成优势互补的竞赛小组，提出一项具有市场前景的技术、产品或者服务，并围绕这一技术、产品或服务，以获得风险投资为目的，完成一份完整、具体、深入的创业计划。例如，2022 年“小挑”聚焦创新、协调、绿色、开放、共享五大发展理念，设乡村振兴和产业发展、城市治理和社会服务、科技创新和未来产业、文化创意和区域合作、生态环保和可持续发展五个组别。

2.“互联网＋”大学生创新创业大赛

“互联网＋”大学生创新创业大赛是由教育部与政府、各高校共同主办的一项技能大赛。大赛旨在深化高等教育综合改革，激发大学生的创造力，培养造就“大众创业、万众创新”的主力军；推动赛事成果转化，促进“互联网＋”新业态形成，服务经济提质增效升级。

参赛对象为普通高等学校在校生(可为本专科生、研究生,不含在职生)、职业院校(含职业教育本科、高职高专、中职中专,不含在职生)学生、国家开放大学学历教育学生(不超过30周岁),毕业5年内的毕业生。大赛主要设置有高教主赛道、青年红色筑梦之旅赛道、职教赛道、萌芽赛道等。

大学生可以通过参加以上这些创新创业大赛,增加展示自己的机会,同时也可以借此检验自己的创业项目。

资料来源:https://www.sohu.com/a/344027935_99905110.

4.广交朋友,加强交流

大学生创业者要广交朋友,与各种各样的人交流,从不同的人那里得到不同的启发,扩大自己的信息量,从而激发自己的新想法,锻炼和提高自己的创新思维。

5.健全人格,提升素质

大学生创业者要有意识地修炼自己,不断加强科技教育与人文教育的统一、个性培养与责任感培养的统一的认识,使自己成为具有良好的身心素质、高尚道德情操和完整人格的人。

## 三、创新思维训练的注意事项

联合国教科文组织国际教育发展委员会曾在《学会生存》报告中指出:“教育具有开发创新精神和窒息创新精神的双重力量。”在当前瞬息万变的商业环境中,大学生创业者需要培养良好的创新能力,才能应对可能突如其来的变化。然而,创新能力的培养不是一朝一夕就能完成的,它需要慢慢培养。大学生创业者在进行创新思维训练时,应注意以下三方面问题。

1.选择合适的思维训练方法

国内外的思维训练方法种类繁多,良莠不齐,训练题也是数不胜数。大学生创业者在开发思维的过程中,要学会加以分辨。例如各种脑筋急转弯、智力大冲浪等,可能只是游戏而已。

2.重点关注思维训练方法的掌握

认清思维训练是工具,掌握思维方法才是真正的目标。在进行思维训练的过程中,大学生创业者应重点关注思维方法,而不是关注得到唯一正确的答案。如果不重视方法的学习,那么思维训练只能是低水平的重复,劳而无功。因此,大学生创业者要把思维训练完全融入思维方法的学习过程中。

3.克服思维训练重结果轻过程的弊端

只重结果的训练,容易陷入应试教育死记硬背的问题,与开发创新思维背道而驰。真正的思维训练是既关心结果,更关注思维过程。因此,大学生创业者在训练过程中,要注重训练过程,关注如何寻找答案的过程才是更重要的。

创新是人类的希望,民族的希望。从钻木取火到蒸汽机的发明,从烽火台的狼烟到现代互联网技术，一部人类文明史，就是一部不断超越、不断创新的历史。新时代的中国是一个创新的时代，大学生创业者应顺应时代潮流，把握创新机遇，充分发挥优秀创业者朝气蓬勃的激情以及初生牛犊不怕虎的精神。在掌握丰富理论知识的前提下，无论是在高技术含量的创新领域还是在文化服务领域，大学生都可以积极调用所听、所看和所学，通过创新来帮助创业。“用智力换资本”是大学生创业的特色和必由之路。

## 创业心理训练营

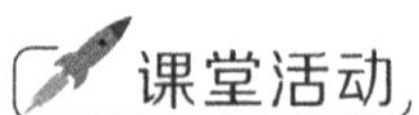

### 课堂活动

**神奇的砖头**

1.活动目的

(1)训练大学生的发散思维能力。

(2)让大学生体验头脑风暴活动，积累相关经验。

2.活动准备

建筑用的普通砖头若干块，黑板1块，粉笔1支(或白板和白板笔)。

3.活动流程

(1)教师进行简要的开场白，介绍头脑风暴活动。

(2)活动以小组为单位进行。各小组成员围成一圈坐好，中央放一块砖头，教师宣布本活动的内容就是围绕“这块砖头有什么用途”这一问题进行头脑风暴。要求每个组设立一位秘书，把大家的观点全部记录下来。

(3)15分钟后，活动结束。进入集体分享阶段：每个小组派一位代表上台将本组的所有答案写在黑板上。

(4)教师邀请全体同学对各组的答案进行评定，根据答案的数量和创新性，评出最优秀者，并予以表彰奖励。

4.大学生分享的要点

(1)如果你一个人想，你能在同样时间内想出这么多答案吗？

(2)你觉得头脑风暴法有什么好处？

(3)本活动对你有何启发？这种启发能运用在创业中吗？

5.活动启示

(1)集体的创新思维能力远远大于个人。

(2)头脑风暴法发挥作用的关键在于不限制、不批评和相互启发，这一原理运用在人际交往中有利于改善人际关系，运用于团队管理中，有利于激发团队的积极性。

(3)创业同样要尽量发挥集体的智慧。

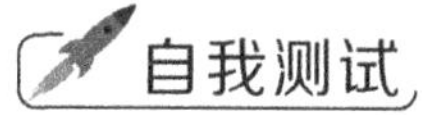

## 自我测试

### 逆向思维自我测试

下面的测试可以帮助大学生创业者评估自己的逆向思维能力。请对下列各题做出最适合自己的选择。每题单选。

1.你通常如何分析事物？

A.通常从正反两方面　B.有时从两方面进行　C.一般从一方面进行

2.你是否有反过来思考问题的习惯？

A.通常都会有　B.有时会有　C.很少有

3.当你思考如何解决某一问题的思路受阻时，你会持怎样的态度？

A.变换思考的角度　B.坚持下去，终会有结果　C.知难而退，等待灵感出现

4.你如何看待事物所具有的缺点？

A.一定条件下就是优点　B.与优点是相对而言的　C.缺点应当避免和改正

5.你是否能够把不利因素转变成有利因素？

A.经常能做到　B.有时能做到　C.很少能做到

6.你如何看待"鱼与熊掌不可兼得"？

A.鱼与熊掌并非不可兼得　B.需要根据具体情况而定　C.不可改变的真理

7.你是否能够从反面发现事物的多重用途？

A.通常能发现　B.有时能发现　C.很少能发现

8.当你身处逆境时，你如何看待？

A.说不定会存在机会　B.逆境只是一种自我认识　C.坚持，等待转机

9.当常规方法受阻时，你是否能从反方向找出解决问题的途径？

A.总是能　B.大部分情况可以　C.很少能

10.你如何理解逆向思维能力？

A.是决策思维的重要方式　B.具有一定的逻辑性　C.就是非逻辑思维

**解析：**

请把你的测试结果与下面的分析进行对照。

选A得3分，选B得2分，选C得1分。

得分在24分以上，说明你的逆向思维能力很强，请继续保持和提升。

得分15～24分，说明你的逆向思维能力一般，请努力提升。

得分在15分以下，说明你的逆向思维能力很差，急需提升。

# 第五章 创业压力管理

案例导入

**春雨医生创始人张锐心肌梗死，曾因资金压力经常失眠**

北京春雨天下软件有限公司（春雨医生）创始人兼CEO张锐先生因突发心肌梗死，不幸于2016年10月5日晚在北京去世，享年44岁。

2011年，张锐创立春雨医生。对于跨行业进入医疗领域，张锐曾表示："我们不懂医疗是福气，不是弱点。因为我们不懂，所以不知水深水浅，可以无知者无畏地去干事。"彼时，移动互联网大潮正在袭来，春雨医生从远程问诊做起，涉及健康咨询、家庭医生、预约挂号、健康资讯等多重服务。在资源相对固化的医疗领域，春雨医生一度作为医疗改革者出现在众人面前。

春雨医生早期投资人蓝驰创投合伙人陈维广多次表示，期待中国移动医疗出现百亿美元级别的巨型公司。2014年中，春雨医生获得C轮5000万美元融资，并宣布拥有3000万用户、4万名医生，每日问诊5万次。

然而，医疗行业资源分布的错综复杂，让春雨医生的发展受到质疑。2015年10月份，春雨医生被爆出倒闭传闻，张锐出面回应称：移动医疗是一个全新的行业，没有可学习、可抄袭、可模仿的对象，都得自己磕。

2016年6月，春雨医生完成12亿融资Pre-IPO环节，2015年线上问诊业务实际收入1.3亿元，盈利3000万，计划分拆打包上市。同时期，春雨医生也公布了运营数据：平台迄今集聚了9200万名激活用户，拥有41万名公立二甲医院以上的专业医生，每天33万个医疗问题。

创始人张锐倔强姿态的背后是身体状态的滑坡，在接受媒体采访时，张锐曾表示自己身体有诸多不适，且面临着资金链和公司发展等各种压力。以下是2015年张锐接受博客天下杂志专访时的一段采访内容，不得不说，张锐真的太拼了。

2012年B轮融资的时候是最难熬的两个月，张锐常常失眠，半夜两三点给人发邮件，探讨产品设计或者商业模式。一大早，他又跑到各大投资现场，激情四射地跟人阐述春雨医生的商业价值。同样的内容，他每天至少要讲两遍，还要回答各种八竿子打不着的问题。

“我确实很焦虑，”他说，“每天吃不好睡不好，晚上睡前会担心资金链断了，早上又打起精神鼓励自己说，自己的产品解决了那么多人的痛苦，这么有价值，一定会拿到钱，只是‘缘分不到’。”精神上的压力很快反馈给身体，其中最明显的变化是他两边的鬓角全白了。从医多年的父亲跟他说，这是自主神经紊乱。

在张锐的理解里，创业如果需要咬牙切齿地坚持，那一定是不对的，他更信奉内心的驱动力。后来渡过难关的张锐自比创业就像是打麻将和抽烟。以前，他不理解母亲打麻将一打打到半夜两点，坐得腰酸背疼，他看着都嫌累，母亲却高兴。后来他说：“创业也是这样，很累，但很爽，你说抽烟有什么好，这么难闻，对身体不好还花钱，但是我高兴。”

对春雨医生而言，张锐的突然离世意味着什么还很难判断，但是却给所有创业者都敲响了警钟。

（有改动）

资料来源：https://www.tmtpost.com/2496226.html.

## 请你思考

1.创业者的压力主要来源于哪些方面？

2.创业者的压力真的比普通劳动者更大吗？

3.创业者如何在创业过程中实施压力管理？

## 单元目标

1.了解压力的概念以及压力与创业的关系。

2.掌握压力的基本规律。

3.通过训练，进一步提高压力管理技能。

现代社会人们愈来愈忙碌，生活步调也愈来愈快，以往那种“日出而作，日落而息”“采菊东篱下，悠然见南山”的生活意境已难以复得。压力成为现代人最普遍的心理、情绪和情感上的体验，成为创业者面临亟待解决的问题之一。每个人的生活都有压力，只是压力大小不同而已。适度的压力是好事，可以让创业者保持投入、专注和积极向上；但太大的压力就值得引起创业者的注意和重视，它会使人吃不好饭，睡不好觉，效率低下，缺少幸福感，甚至可能摧毁创业者。

对大学生创业者而言，创业要担心和操心的事情特别多，因此大学生创业者很容易压力过大。能否管理好压力极大影响着大学生创业的成败。

# 第一节　压力及基本规律

压力与人们的生活和工作息息相关，近年来，社会学、医学和心理学等领域关于压力的相关研究越来越多，人们对压力的认识也越来越深入。

## 一、压力的概念

压力可以是一种刺激、一种反应，或者一种交互作用。对压力概念的界定源于不同的理论基础。

### （一）压力的定义

关于压力研究最具代表性的学说主要是汉斯·塞利（Han Selye）和理查德·拉扎勒斯（Richard S. Lazarus）两人分别提出的研究理论模型。

1.塞利的基本观点

塞利是第一个使用术语“stress”（压力）的人，他将压力定义为一种外界刺激，随后将其视为人体的生理反应。塞利对压力研究的一个重要贡献是提出了压力适应机制模型，即压力是个体为抵御外界刺激而引起的一种非特异性反应，表现为一般适应综合征（general adaptation syndrome，GAS）。这种反应可以抑制人体维持体内平衡的能力（人体内部生物机制的平衡状态）。换句话说，当人暴露在压力源之下时，人体会启动一种反应机制，帮助其恢复平衡状态。不管人们给自己施加了什么样的压力，这种生物反应基本上都是相同的，只是所需的反应大小不同。

2.拉扎勒斯的基本观点

拉扎勒斯提出了压力与应对模式，认为压力是人与环境相互作用的产物。当人们认为内外环境的刺激已超过自身的应对能力及应对资源时，就会产生压力。因此，压力是由于内外需求与机体应对资源的不匹配而破坏了个体的内部稳定态势所致。根据拉扎勒斯的观点，压力给躯体带来的反应更多地依赖于个体对环境威胁的感知、个体的易感性和个体对压力的应对能力，而不是压力事件本身。拉扎勒斯和苏珊·福尔克曼（Susan Folkman）将心理压力定义为“个体与环境之间的交互关系，当个体将这种关系评估为超出其能力资源或会危害其幸福感时，即为压力”。

拉扎勒斯的压力与应对模式，一方面强调了压力是人与环境交互性和互动性的产物，另一方面强调了人对“人—环境”关系进行评估的重要作用。同时，这一模式还强调，只有当人对情境评估后，认为威胁、挑战或伤害存在时，压力才会产生。例如，创业对一些人来说意味着机遇和挑战，而对另一些人来说可能就意味着巨大的压力。

### (二)压力的分类

按照压力概念所涉及的范畴，压力可以分为狭义和广义两种。狭义的压力范畴主要包含工作压力、生活压力和学习压力等；广义的压力指日常生活中环境发生的任何变化对人体心理和身体造成的影响。对压力的感受是人类的一种本能，主要通过大脑的不同部位感受到，因而有些可以被及时准确地识别出来，而有些则并不一定以能意识到的形式表现出来，因而可能被误解。压力与人们的生活密切相关，我们每个人从每天早上睁开眼睛到晚上闭眼睡觉之间都与压力有关，而并非有些人认为的“自己并没有压力，压力与自己无关”。压力根据强度的不同，可分为如下三类。

1.一般单一性生活压力

在日常生活中，人们不可避免地会遭遇各类生活事件，这些事件是人们在生存和发展过程中无法回避的，如入学考试、完成困难的任务，以及恋爱、婚姻、就业、失业、亲人亡故、迁居、旅游等。如果人们在某一时间段内经历着某一种事件并努力去适应它，且强度不足以使其崩溃，那么这一压力便为一般单一性生活压力。经历一般单一性生活压力对于承受人来说，其影响并不完全是负面的。在适应这类压力的过程中，个体虽然付出了许多生理和心理的资源，但是只要在衰竭阶段没有崩溃，并且没有引发其他负面事件，那么，他自身的适应能力一般都会得到改善和提高。许多研究证实，经历过多种压力而未被击垮的人，可以积累许多适应压力的经验，从而有利于应对未来的压力，正如所谓“吃一堑，长一智”。人们的日常经验也可以证实，自幼处境困难的人，成人之后往往更能吃苦耐劳，其应对各种压力的能力也相对较高。

2.叠加性压力

叠加性压力是极为严重和难以应对的压力，给人造成的危害很大。有的人可能在“四面楚歌”中倒下，有的人在衰竭阶段被叠加的压力击垮，所谓“祸不单行”。在生活中，人们经常会遇到这样的情况：很多事情在同一时间或一段时间内蜂拥而至，都等着自己去处理。面对堆积如山的事件，人们会感觉头皮发麻，一片茫然，无从下手，好像顾了这件却又失了那件，结果可能全都处理失当。因而生活一时间变得乱糟糟的，工作也因此压力倍增。

3.破坏性压力

破坏性压力又称极端压力，包括战争、地震、空难、遭受攻击、被绑架、被强暴等。在实际生活中，此类压力并不罕见。早在第一次世界大战期间，心理学家就发现了“战场疲劳症”。患有这类疲劳症的人，会出现心理麻痹，对外界反应减少，情绪沮丧或过度敏感，失眠、焦虑，等等。越南战争之后，人们将这类“战场疲劳症”纳入“创伤后应激障碍”谱系(post-traumatic stress disorder，简称 PTSD)。人在经历战争带来的极端压力之后，心理问题症状是多方面的。情绪方面以沮丧为主，常因战友战死而自己获救产生罪恶感，易激惹、暴怒；同时伴有攻击行为，与亲人变得疏远；对当时的记忆丧失，长期注意力难以集中，等等。除战争外，其他强烈的破坏性压力也能造成“创伤后应激障碍”。如女性被强暴后

变得呆痴，丧失记忆，回避社会活动，失去安全感等。此外，强大的自然灾害后，人们的反应有时也近似于"创伤后应激障碍"。这类情况被利夫顿(Lifton，1968)和埃里克森(Erikson，1976)称为"灾难症候群"(disaster syndrome)。

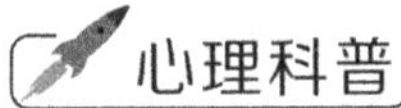

## 心理科普

### 压力的产生机制

人脑中有一个非常重要的器官叫做杏仁核，它负责加工人的负面情绪，所以应对压力一个特别简单的策略就是要抑制杏仁核的活动。

另外一个应对压力的器官叫做 VTA(中脑腹侧被覆盖区)，是大脑的奖赏中枢，这个地方负责释放各种积极的神经化学递质。VTA 释放各种积极的神经化学递质，容易激发出人类快乐、期待、学习、利他等等各种各样的积极情绪。

目前发现的积极神经化学递质主要有四种，分别是多巴胺、催产素、内啡肽、血清素。那么，如何才能获得这些积极神经化学递质呢?

(1)多巴胺。做自己爱做的事，庆祝自己的成功，都会刺激人的多巴胺分泌。一个聪明的人，一定要让自己的快乐延续一段时间。快乐的感觉如果延续 4 分钟以上，大脑就会形成对这个快乐体验的记忆，从而形成一个快乐的神经网络。以后即使人们没有实际参与，但当看到别人做这件事情的时候，也能激发其快乐神经，带来同样的兴奋和快感。如果一个员工工作做得很好，老板会发奖金，伙伴会给拥抱，让这样的快乐体验持续 4 分钟以上，那么员工就会形成积极的大脑记忆：如果自己做得好，就会得到类似的成就和快乐。

(2)血清素。2020 年诺贝尔生理学奖获得者迈克尔·霍顿教授发现人类的血清素能够振奋人的心情。当人们意识到自己有帮助别人、成全别人的优势，感受到自我价值的时候，大脑便会分泌出血清素让人们感到振奋。反之，当感受不到自身的价值时，血清素水平则会严重降低。影响血清素的另一个方面是自尊心是否得到了呵护。现在已经发现晒太阳能够刺激产生血清素，这也解释了困惑了心理学家很长时间的一个问题：为什么自杀率在春夏之交的四五月份最高? 原因是冬天没有晒够太阳，消耗了大量的血清素；而到了春天，因为血清素不够，人们便会心情低落。

(3)内啡肽。内啡肽是一种非常特别的激素，它只有在人感到身心痛苦的时候才会释放出来，起到减痛作用。所以，有规律的运动能产生内啡肽，特别是很"酸爽"的时候，人们会"痛并快乐着"，这背后都有内啡肽的作用，如烧脑的幽默，或一个要思考过后才能领悟的笑点，且过程越痛苦，得到答案之后就越快乐。

(4)催产素。催产素也是应对压力的一个天然解药。笑脸、拥抱、夸奖和赞美、富有同理心的对话、陪伴家人等，任何能够增强人们的爱、归属感和信任感的人际互动行为，都会让人们分泌催产素，感受到快乐和开心。

(有改动)

资料来源：https://36kr.com/p/1315074355382788.

## 二、压力的来源

压力的来源是现实生活要求人们去适应的事件。一般而言，几乎任何生活中的改变都有可能成为压力的来源。这些压力的来源都可以称为压力事件，主要包含以下四类。

1.重大生活事件

重大的生活事件，如丧偶、离婚、失业、移民等生活方面的突然变动，是造成压力的主要来源。所谓"天有不测风云，人有旦夕祸福"，由于变动过于突然，因而人们很难在短时间内一一处理妥当。而且，即使是令人兴奋的改变，也会对个人的身心造成重大影响。

2.生活小困扰

日常生活中的小困扰，如约会遇到塞车、付账时发现钱包不见了、考试时笔写坏了等，是任何人皆可能遭遇却又无法完全避免的琐事，这些琐事经日积月累之后，也会成为压力事件。每件琐事的严重程度虽不足以构成危害，但累积的压力则有可能对人的身心造成不良影响。拉扎勒斯(1981)研究指出，根据100个中年男子(白人)的调查结果，生活小困扰的多少与身体健康有着密切的关系。

3.灾难事件

灾难事件既可能是自然灾难也可能是人为灾难，两者都会造成不同程度的压力或创伤。灾难的发生往往突如其来、不可预料，给灾难的幸存者甚至参与救援工作的医护人员之后的生活造成重大影响。

4.心理困扰

除外在关系因素可能成为压力源之外，个人内在心理、动机行为的挫折(frustration)也是压力的重要来源。有些人自我要求甚高，凡事认真负责，力求完美，律己甚严，但也易构成自我压力与紧张。如果其内在的冲突与挫折加剧，则容易罹患"紧张性头痛"，这种病人在神经内科门诊占据半数以上(陈于妫，1985)。这类患者在个性上有个普遍的共同点，他们是完美主义者，由于好胜心切，因而比较挑剔，整天患得患失，很有责任感，且不只要求自己，也希望别人和他一样好，常常把原本单纯的事情复杂化，承受着很大的压力。换言之，根治紧张性头痛的根本办法就是调整心态，设法脱出僵硬的思想圈子，重新审视自己。要承认自己力量有限，太过机械化的一丝不苟，或处处和别人暗中较劲，到最后只会让自己伤痕累累。

当然，现实生活中纯粹的单一性的压力源是极少数的，多数压力源都包含两种以上因素，这些因素有时是以浑然一体的状态出现的。

## 三、压力的影响

当今社会压力似乎无处不在。人们常常也会想：什么时候才能过上没压力的日子呢？然而，真的一旦没有了压力，生活就失去挑战，人也将失去更好地运用大脑、提升能力的机会。事实上，压力对于人们的影响有积极的方面，但也有消极的方面。

### （一）压力的积极影响

美国加州大学伯利分校的丹妮拉·考费尔（Daniela Kaufer）教授的研究团队发现，中等强度、短期的压力刺激对人类是有益的，这种压力会改善人们的警觉性和表现力，提高记忆力。

丹妮拉·考费尔教授的团队研究小白鼠在压力下大脑海马部位干细胞的生长情况。他们发现，当小白鼠被暴露在中等强度的压力（如几小时内被固定住不能动）刺激下时，短期内它们海马区域的干细胞受到刺激，会形成新的神经元或其他脑细胞。数周后，小白鼠的学习和记忆力得到了改善。这一研究表明，在压力刺激下，大脑会重新形成一些特定的、新的细胞。然而，当小白鼠被暴露在慢性压力中，或受到较大压力刺激时（如被固定住不能动，却又感觉到有捕食者前来），海马区域的干细胞生长就会受到抑制，从而影响重新生成的脑细胞的数量。

科学家们认为人类也存在类似的情况。当压力强度处于人类能够处理的强度范围内时，这种强度的压力会提高人类的警觉性、表现力和记忆力。这些在自然界的动物身上也能理解，假设一只动物遇到捕食者后成功逃脱，记住什么时候在哪里遇到了捕食者是非常重要的，因为这可以有效避免它再一次身陷相似的危险中。对人类来说也是如此，比如一个人正在走路，突然有劫匪袭击了他，他便会记住在哪里和什么时间遇到劫匪，以避免未来在同样的地方遇袭。相反，如果大脑持续地对压力做出反应，如强度较大的压力或慢性压力，就会对人造成不良的后果。

适当的压力是好事，有些压力不仅能让人们保持机警状态，还能让人们在执行任务时表现更加突出。美国心理学家罗伯特·耶克斯（Robert Yerkes）和约翰·多德森（John Dodson）最早对这一观点进行了科学分析。他们测量面对挑战时人们的表现，发现人脑和身体会因任务变得机警，或者被唤醒。所谓的唤醒是一种状态，大量激素分泌增加了身体的肌紧张、心率和感受性，这些是当身体在生理和心理方面遇到挑战或者有压力时达到的状态。他们的研究结果总结为一个简单的唤醒与表现关系曲线，也被称为耶克斯一多德森定律。从图5.1的曲线可看出，最好的表现由中等程度的唤醒达到，而没有唤醒、唤醒过少或者唤醒过多，都会产生不良的表现。高水平的压力不仅会减少表现力，还会让身体产生痛苦或疾病。一般在中等程度的唤醒状态下，人类功能表现良好，甚至会从压力中获益，被称为良性应激反应。

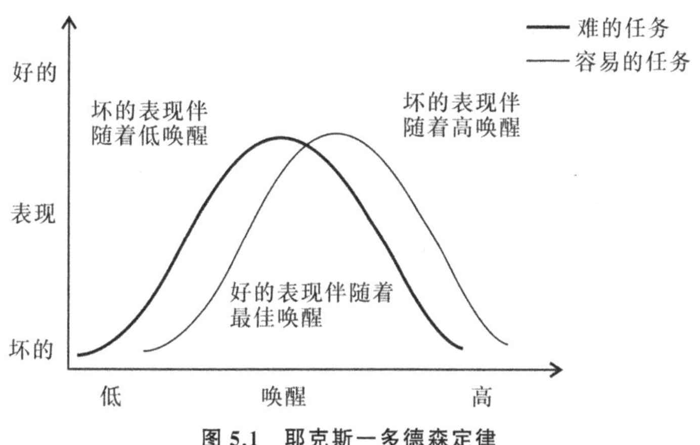


图 5.1 耶克斯—多德森定律

## (二)压力的消极影响

根据美国哈佛大学的生理学家沃尔特·B.坎农(Walter B. Cannon)和心理学家塞利(Selye)等人研究发现,压力过大会给人带来生理、心理等方面的不良反应。

1.压力下的生理不良反应

压力的生理不良反应可分为两种:一种为遭遇突发状况下所发生的反应,另一种为长期处在压力下所产生的反应。

(1)突发状况的不良生理反应

20 世纪 20 年代,坎农开始研究人类与动物对危险事件的反应,这可以说是人类有史以来第一次用科学方法来探讨身体对压力反应的研究。他发现,当人处于危险状况时,神经与腺体就会进行一系列活动,使个体产生充分的能力来准备对抗或逃跑,坎农称这个压力反应为“反击或逃跑”反应(“fight or flight” reaction)。这种压力反应的管制中枢是大脑的下视丘(hypothalamus),下视丘与许多情绪反应有关,因而也被称为“压力中心”(stress center)。在紧急状况时,人的下视丘有两个功能:控制自主神经系统(autonomic nervous system)的活动和促进脑下腺(pituitary gland)的分泌。

人在突如其来的威胁性情境面前,在产生情绪经验的同时,生理上也会自动产生一种类似“总动员”的反应现象,使人立即进入应急状态,以维护生命安全,故称为应急反应(emergency reaction)。应急反应由个体行为表现于外时,有两种可能途径:一为反击对方,二为逃离现场。

(2)长期压力下的不良生理反应

塞利曾研究持续高压对身体的影响,他认为,人除了对某特定压力来源会有特定反应(例如遇冷血管会收缩)外,长期性的高压会使身体产生一种非特定性(nonspecific)的适应性生理反应,塞利称这种行为模式为“一般适应症状”(general adaptation syndrome, GAS)。他认为这一症状包括三个阶段:警觉反应阶段(alarm reaction stage)、抗拒阶段(resistance stage)和耗竭阶段(exhaustion stage),一般适应症状三个阶段的表现如图 5.2 所示。

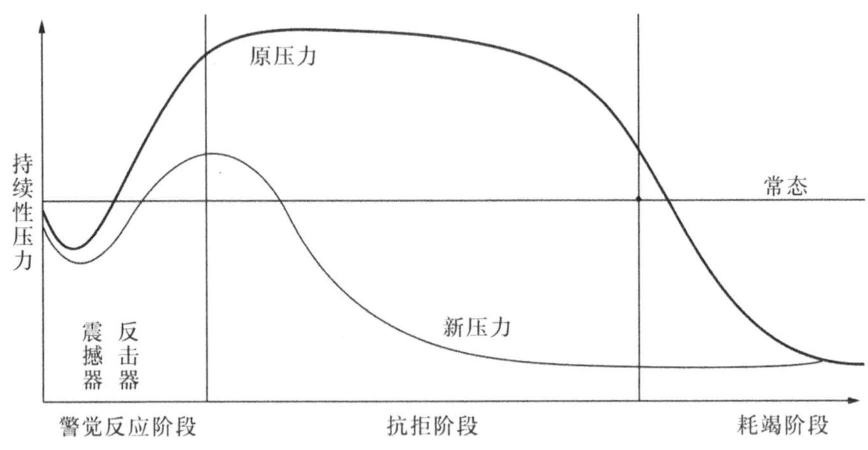


**图 5.2 持续压力下的一般适应症状**

资料来源：Selye，1956.

2.压力下的心理不良反应

压力的生理反应是相对自动与不可预测的，而且在一般情况下，人是不能用意识来控制的。但心理反应却不一样，它是学习来的，而且常常受人的知觉以及对事件的解释与处理能力的影响。心理反应主要包括三个方面，分别为：情绪反应，如忧郁、崩沮、创伤后异常心理等；认知反应，如在压力状况下，人的知觉范围缩小，思想刻板、固着，所以很难会有创意的反应；行为反应，如面对不同程度的压力时，人常会表现出不同形式的特殊行为。

创业分享

**任正非的 200 万**

众所周知，华为是一家世界 500 强企业，其创始人是任正非，他在创立华为之前，曾经历过一段最低谷时期。20 世纪 80 年代，任正非在深圳南油集团下属的一家电子公司当经理。为了报答公司，他辛勤工作，谈下了一笔 200 万的大单，从签合同到最后交货这一系列流程都由他亲自把关。

他原本以为这笔订单会给自己带来荣耀，但没想到带来的却是灾难。当他把货发过去后，钱没汇过来，对方公司的人再也联系不上。任正非这才意识到自己被骗了，但为时已晚，他给集团造成了 200 万的损失。在那个人均月工资不足 100 元的年代，200 万可算是一个天文数字。面对如此巨大的损失，公司毫不犹豫地把他开除了，妻子也和他离了婚。

于是，任正非在 43 岁那年坠入了人生谷底，英雄落难欲哭无泪，任正非患上了严重的抑郁症。他想过自杀，但上有老母亲要赡养，下有孩子需哺育，他必须振作起来，走投无路之际只能选择创业，他和妹妹们在深圳一间破旧的棚屋里创办了华为。时过境迁，现在的华为如日中天，但人们真的很难想象任正非那段日子是怎么熬过来的，是怎么直面惨淡的人生，是怎样正视淋漓的鲜血，是怎样变成一个勇士的。

（有改动）

资料来源：根据《财料》等网络资料整理，https://baijiahao.baidu.com/s? id=1632209837677749363&wfr=spider&for=pc.

# 第二节 创业压力评估

在非洲大草原上，每天清晨，羚羊睁开眼睛所想的第一件事就是：我必须跑得比最快的狮子还快，否则我就会被狮子吃掉。而就在此时，狮子从睡梦中醒来，闪现在脑海里的第一个念头是：我必须跑得比最慢的羚羊要快，要不然我就会饿死。于是，几乎是同时，羚羊和狮子一跃而起，迎着朝阳跑去。生存的压力，使羚羊成了奔跑"健将"，狮子成了草原"猎手"。在创业过程中，大学生创业者面临着类似像羚羊和狮子那样的生存压力，正是这样的压力，使其不断进步和成功。然而，压力是一把双刃剑，在作为大学生创业者成长进阶石的同时，也给他们带来了负面影响。因此，正确地认识创业压力的表现和来源，科学地评估创业压力，合理地分析创业压力的影响因素，是进一步做好创业压力管理与调试的前提和基础。

## 一、创业压力的来源

创业压力始终渗透于创业复杂多变的动态环境中，大学生创业者会面临很多压力，如经营处于低潮怎么办？客户纠纷怎么处理？员工工作不称职怎么办？现金流中断怎么办？遇见突发事件怎么办？这一切都可能让大学生创业者产生压力感和挫折感，从而痛苦难眠。他们会觉得创业怎么这么累，这么烦，有时候甚至想放弃。严重的压力感和挫折感还有可能影响其判断能力和决策能力，使大学生创业者工作效率低下，甚至影响身体健康。同时，创业还面临一定的风险，有可能遭遇失败，甚至辛辛苦苦筹集的资金都打了水漂，心理遭受沉重的打击。

博伊德(Boyd)和贡佩尔特(Gumpert)最早提出创业压力(entrepreneurial stress)这一概念，并研究了创业压力对创业者的影响。他们对美国450位中小企业的创业者进行了研究，发现创业者存在一种因为创办企业而产生的、区别于工作压力的全新压力，他们将这种压力称为创业压力。通过访谈，他们得出了创业压力产生的四个原因：(1)孤独。创业者在企业创立期间需要花大量时间与供应商、经销商、员工、律师等各类工作关系的人员相处，因此没有足够时间与家人相处，也很难找到能够倾诉创业烦恼的对象，因此会产生比较强烈的孤独感。(2)沉迷于业务。创业者要花费大量精力使业务量得以上升,他们在为此欣喜的同时,也会因为业务的增长而花费更多的时间在工作上,从而形成恶性循环。(3)人际问题。创业者常常为如何处理同经销商、供应商、员工、政府部门等复杂的关系而头疼。(4)成就需要。不少创业者属于A型人格,他们非常渴望成功并且容易急躁,也容易体验到压力。阿坎德(Akande,1992)通过访谈研究,也得出了相同的结论。

罗伯茨(Roberts,1985)认为,创业者之所以存在较大压力,是因为他们面临多种风险,主要包括四种类型的风险:财务风险、职业风险、家庭和社会风险以及心理风险。越等(Yue et al,1993)对创业者和普通职员进行比较研究后发现,两者对压力的感知是相似的。他们认为这可能是因为创业者虽然在创业中过程中投入更多精力,但是也会因为创业成功的喜悦而抵消创业压力的负面效应。帕里克(Pareek,1994)提出了创业角色压力的概念,瓦苏摩蒂等(Vasumathi et al,2003)在此基础上提出了创业角色压力(Entrepreneurial Role Stress)的三维度结构,认为创业压力由成就需要、权力需要和发展需要三个维度构成。赛顿等(Saidun et al,2014)对马来西亚中小企业的创业者进行研究后发现,创业压力由工资负荷、资源需求、工资生活平衡、工作关系、工作保障等五个维度构成。

对于创业压力源,中国学者也进行了相关研究。龚志周(2005)对北京、上海等地区的12家处于典型网络创业企业进行了半结构化访谈,通过探索性分析和验证性分析,得出了电子商务行业创业压力的11个维度:信息处理压力、建立关系网络压力、全球化竞争压力、物流管理压力、自我激励压力、创新竞争压力、信息安全管理压力、虚拟信任压力、网络客户管理压力、多重角色压力和虚拟沟通压力。周雪明(2007)认为,创业压力由工作适应、系统管理、市场竞争和角色压力四个维度构成。韦雪艳、王重鸣等(2009)对19家来自不同行业的民营企业家进行了半结构化访谈,之后对289位民营企业家进行了问卷调查,发现民营企业家创业压力共包括八个维度:声誉风险、竞争强度、创业卷入、角色管理、知识储备、资源需求、工作与家庭冲突和管理责任。陶劲松(2010)以韦雪艳的研究成果为基础,对上海、义乌等地的8家新创企业的主要创业者进行了半结构化访谈,并在此基础上设计了创业压力源调查问卷,结果支持创业压力源的“六维度模型”:资源需求、成就需要、管理责任、竞争强度、知识储备、创业卷入。苏海泉(2017)对辽宁省862位返乡创业者调研后发现,创业压力由缺少社会支持、创业文化缺乏、人际关系复杂、个人情感问题、家庭负担重5个维度构成。

总而言之,在这个高度发展、竞争激烈的快节奏时代,大学生创业者面临着巨大压力。创业对未来需求的不确定性及不可预测性更加加深了这一应激反应。有些大学生创业者因为面临压力而不堪重负,最终选择了放弃梦想,或者无法接受失败所带来的打击而酿成各种不良后果。

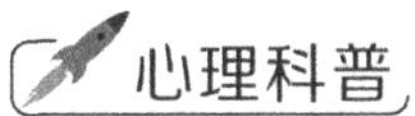


**创业者每天工作时间超过12小时，压力来自哪里？**

创客们到底有多忙？他们出现过什么压力？又该如何排解？2018年，商报记者设计了一份创业者压力调查问卷，对重庆部分创客进行了调查。本次调查共发放问卷1000份，回收有效问卷968份。

他们究竟有多忙？

50％的创业者每天的工作时间在12～16小时，还有3.85％的人达到16小时以上。每天工作8～12小时的创业者占比38.46％。

他们的压力来自哪里？

受访创业者中，常常感到有压力的占65.38％，感到处于极度压力中的达到23.08％，偶尔感到压力的占11.54％。其中，来自心理方面的压力占比最大，达到42.31％；来自经济方面的压力占34.62％，环境造成的压力有19.23％，还有3.85％的创业者认为家人和朋友的不支持造成了压力。

在创业具体环节中，73.08％的创业者在市场开拓方面遇到了很大压力，65.38％的创业者资金周转出现过问题。同时，人事变动、技术瓶颈和产品研发都分别给创业者带来过压力。

他们如何排解压力？

参与调查的创业者中，五成以上处于亚健康状态，还有3.85％的人被查出患有严重疾病。26.92％的创业者经常心情压抑，有的甚至患有严重的抑郁症。

创业者在面临压力时，也会找合适的方式排解。选择与大自然亲近和运动发泄的人最多。有四成创业者会找生意合伙人商量，有两成创业者会找朋友或家人倾诉。也有30.77％的创业者什么都不做，选择自己默默承受。采取这些排解压力的方式后，近九成创业者认为有用。

（有改动）

资料来源：https://cq.qq.com/a/20180209/002227.htm.

## 二、创业压力的评估

科学的压力自我评估是压力管理的前提。创业压力的评估分为压力水平评估和压力源评估两部分。通过评估，大学生创业者可以及时掌握自己的压力水平，了解自身压力的具体来源，以便制订科学、专业、有针对性的压力调节方案，从而有效维护和促进自身的身心健康。创业压力评估主要分为两个阶段（Lazarus，1981）。

微视频：5.1 创业压力过大会如何

1.评估创业压力来源的严重性

大学生创业者要考虑“发生了什么事？”“对我是否好？”“是否很有压力？”。答案如果

是肯定的，接着继续评估"伤害已经产生没有？""如果没有产生，是否要有所行动？"。

2.评估应对创业压力的可应用资源

大学生创业者要评估"对于这个压力情境，有什么个人与社会资源可以应用？""哪一种行动最恰当"等。如果问题解决了，压力就消失；如果没有解决，压力还存在，再继续尝试新的解决方案。如果一直失败，就会产生所谓的慢性压力(chronic stress)，即个体知觉到内外资源不足以应付压力来源而产生的持续性的紧张状态。

压力来源会对大学生创业者产生威胁，但因其不同的生活状况、该事件对其重要性不同、其处理能力及评估能力不同等，压力来源的威胁程度呈现出较大差异。因此，认知评估是压力来源与个体反应间的中介变量，对于大学生创业者的认知经验、适应策略的选择以及成功率的认定都有一定影响。有时，认知评估所评的威胁程度比真正压力来得更大。在做一件事时，如果人们认定这个压力来源是无法应付的，就会产生"自我应验"现象，认为自己一定会失败，即使事实上自己是有能力处理的。当大学生创业者认为这个压力源会带来成就感及自尊时，那么这种评估就会导致很好的经验。

## 三、创业压力应对方式的影响因素

大学生创业者在创业过程中持续不断地尝试以不同策略来处理各种问题和各种压力，这些尝试大都属于应对方式。应对通常指的是人们在处理负面问题和情绪时所使用的策略。一般而言，影响创业压力应对方式的因素主要有以下两类。

### (一)个人应对资源

拉扎勒斯和福尔克曼将健康和能量视为一种应对压力的最重要资源。健康的、充满能量的个体比虚弱、劳累、患病的个体更能较好处理来自外部或内部的压力。第二种重要资源是积极的信念，当人们相信会有积极结果时，就能更好地应对压力。第三种重要资源是问题解决能力。第四种重要资源是物质资源。第五种重要资源是社交技能。第六种资源是社会支持。

所谓社会支持是指来自他人的一系列物质支持和精神支持。社会支持水平高的个体通常具有广泛的社会网络和社会接触。社会支持影响压力的途径有很多。例如，一个正饱受创业压力折磨的创业者，在得到社会支持系统中他人的安慰后，压力会明显减轻。社会支持不仅能帮助个体树立克服压力的信心，还能削弱甚至抵消压力带来的负面影响。

此外，个人控制感也是影响大学生创业者应对压力的另一个重要因素。个人控制感，即控制周遭能够影响生活的事件的信心。足够的个人控制感能帮助大学生创业者更好地应对压力和疾病。那些相信生活更多是由命运或其他外界因素掌控的人，相对于那些相信生活更多由自身掌控的人更难改变自身行为以应对压力。

## (二)个人应对策略

压力应对的策略都具有一定的有效性,其中以问题导向和情绪导向的策略最为有用。例如,采取行动以避免问题产生是问题导向的策略,寻求和接受他人的援助来帮助自己解决问题同样也是问题导向策略。感到沮丧于是发泄情绪,属于情绪导向的应对;寻求亲朋好友的陪伴和安慰以及抗拒接受压力情境,也是通过管理负性情绪来应对压力的策略。压力应对成功的关键在于,大学生创业者要学会根据不同情境,灵活选用适合自己的应对策略。

1.问题导向的应对策略

问题导向的应对策略关心的是解决问题,努力争取以最有效的方式将负面压力转为正面动力。问题解决过程的基本步骤如下:第一,积极的态度;第二,分析压力事件的性质;第三,确认自己对问题的处理能力;第四,积极寻求资源及支持系统;第五,有计划、有步骤地拟定解决计划;第六,讲究策略,并脚踏实地,立即行动。

一般说来,问题导向的应对策略比其他策略都更加有效。因为问题导向策略的核心是解决问题,改变压力源,有主动改变情境的可能性,因此可能削弱情境所带来的压力。但如果有些问题虽已尽全力却仍在短时间内无法克服,则表示问题本身的难度甚高,有可能需要长期奋斗不懈,那么,此时除了培养坚韧不拔的斗志之外,大学生创业者可能还需要其他的精神力量支持,如求助或者选择放弃。

2.情绪导向的应对策略

情绪导向的应对策略聚焦于管理与压力相关的负性情绪。人往往不是被事情本身所困扰,而是被其对事情的看法所困扰。如果不能改变引起自己压力的事情,大学生创业者不妨改变一下自己对这些事情的认知。大学生创业者要学会积极正向的思维方式,养成辩证思维的习惯,例如可以努力达成以下认知:“也许事情原本并没有想象中那么糟糕”“还有很多可以回旋的余地”“即使是一败涂地,也还有重新站起来的机会”。下面是一些有效的以情绪为中心的应对方法。

(1)获得社会支持。研究证明,朋友和家人的安慰可以降低大学生创业者的压力强度。

(2)冥想。对于大学生创业者而言,练习自如地运用冥想方法,可以有效提高其情绪的稳定性。

(3)写作。如写一篇感恩日记,有助于改善大学生创业者的情绪。

(4)寻求心理咨询师的帮助。适当的心理咨询有利于缓解压力。

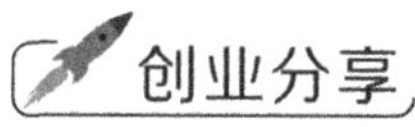

### 创业分享

**放松是为了更好地努力**

1985 年出生的雷祎是重庆启鹅传媒科技有限公司的总经理,20 岁大学毕业后他先是在一家网站服务公司工作了一段时间，后出来创业，从给中小企业申请域名开始，逐步发展到提供网站建设、企业互联网一站式营销、易扫挪车等多个项目。

2008年10月10日，雷祎和团队正式成立公司，一人投了1万元，帮中小企业注册域名。但眼看1个月快过去了，还没有一个客户找上门，三人慌了神，于是动用自己的所有资源，试图找到第一个客户。11月4日，终于有个客户上门了，经过半个多小时的推销，客户被打动，下了单。

之后，公司便一帆风顺，一直处于盈利。但3年后的冬天，公司把曾经的盈利全亏完了，紧接着，40人的团队几乎全部走光，仅剩7人。

从低处往高处走往往比较轻松，抬头能看到终点，纵然艰难险阻，只需一步一步往上爬，就能站上去。可从高处跌到低处就痛了，再出发往哪里走？如果走以前的路，路上竞争对手林立，又将是一片争抢厮杀。如果另外再开拓一条路，从零开始，或许已没了激情。

面对困境，在上清寺附近的办公室里，雷祎一支接着一支地抽烟，眼睛里布满血丝，头发一夜之间白了十几根。晚上，他把团队剩下的7人聚集在安全通道，说："从头再来。"

此后半年，他又从销售干起，办公室里出现最多的是电话铃声。他描述当时的情景："7个人每天打电话10小时以上，打给中小企业，推销自己的产品。很多企业一听是推销马上就挂了，但不能放弃，还得继续打，至少让一部分人知道我们公司，知道我们的产品。"

压力最大的时候，雷祎喜欢打游戏，以前在电脑上打，现在用手机打一个小时《王者荣耀》，放松一下，再投入工作。每当家人问起公司的事情，他总是报喜不报忧。

如今，管理着500多名员工的雷祎对企业文化很看重。员工生日，公司会送上礼物；员工家里遇到困难，公司代表会主动帮助，嘘寒问暖。他永远是最后一个下班的，现在，公司像个大家庭一样运行着。

（有改动）

资料来源：https://cq.qq.com/a/20180209/002227.htm.

## 第三节　大学生创业者的压力调适与训练

创业不是一夜暴富的黄粱美梦，稍有不慎，便有可能导致整个创业项目失败。在选择创业之前，大学生创业者要做好面对压力的心理准备，否则不要轻易创业。对于大学生创业者而言，持续高压状态会对身心造成严重伤害，同时也会减少成功创业的概率，因此，大学生的创业压力管理很有必要。

## 一、创业压力管理原则

所谓压力管理，是指人们在感受压力可能造成的伤害时，运用一些方法与技巧去应对，以减轻压力带来的消极影响。压力管理对促进健康、提高生活质量都具有重要作用。因此，大学生创业者可采取良好的创业压力管理措施，有针对性地进行创业心理调适和训练，从而将压力控制在适宜范围内，以更加积极的心态去应对各种创业风险。大学生创业者在压力管理时可遵循以下四个原则。

1.自我检测原则

一般而言，创业者进行压力管理的前提是对压力状态的自我检测和自我觉察，通过反观自身在生理、情绪、精神、行为等方面的情况，结合他人的反馈以及有关压力测验和专业评估，可以对自己的压力状况有更加客观的认识，进而形成足够的压力应对意识。

2.平衡性原则

大学生创业者在压力管理时需要保持动态平衡，当集中心智于创业太久或长期处于竞争状态时，可通过机体的放松来释放内在的压力。在创业的过程中，工作与生活可能难以兼顾，因此大学生创业者要学会取舍，掌握时间管理的能力，凡事分清轻、重、缓、急，事先规划好工作和生活。事实上，总是处于紧张的工作节奏并非一件好事，要学会适当打破固化的工作模式，从而让自己保持头脑清醒，这样一来，看问题也会更加全面。更好的生活，是为了更高效的工作。

3.方法多元化原则

大学生创业者在进行压力管理时要充分发挥自身潜能，逐步形成自身应对压力的方法与策略，运用多种方法灵活地处理压力。常见的方法主要有：写压力日记、肌肉放松训练、冥想、自我催眠、听轻音乐、运动、短期旅行，以及寻求来自亲友的社会支持，等等。大学生创业者合理地运用这些方法，可以有效地达到减缓压力的目的。

4.积极心态原则

创业者经常要面对一些难以解决的棘手状况，需要用积极心态来面对问题，这对企业建设至关重要，尤其是创业初期阶段。乐观的心态能营造出愉悦的氛围，从而把人才和资源吸引到身旁，为成功奠定基础。创业者要想营造“乐天派”的形象，首先要意识到保持乐观态度是一种必然的选择。生活中的人和事会影响感受，但究竟怎么想、怎么做，最终决定权还是在自己手里。乐观的思维方式能正面引导个人成长，还有助于在创业过程中获得周围人的支持。

具体而言，大学生创业者可从两方面努力。第一，做情绪的主人。当大学生创业者带着积极态度迎接挑战，他们会发现这个世界充满着各种难以想象的机遇和可能性。当然，人们心里不可避免地也会产生一些负面想法，遇到这种情况就应先停下来，提醒自己，这些沮丧无助的感觉只是暂时性的。第二，行动创造未来。创办企业的过程肯定会遇到各种问题，大学生创业者应冷静面对、认真分析、逐项解决，而避免过于浮躁、怨天尤人。调整心态就是要从容不迫地对待每一件事，专心致志地做好每一件事，避免“欲速则不达”。在这个过程中，大学生创业者如果可以认真审视自己的缺陷，形成对外部世界的正确认识，积极寻找解决方案，在逆境中调整好心态，那么其获得成功的概率也会更大。

## 二、创业压力的自我训练

微视频：5.2 创业中的压力如何调节

创业毕竟不是适合所有人，也不是一锤子的买卖。李嘉诚在没有成为首富之前只是一个跑堂的，王石在没有创立万科之前也只是一个卖饲料的。谁也不是生来都会创业的，每一个创业者都需要经受磨砺和考验。没有波折、没有起伏的创业是虚幻的。大学生创业者想要成功就要学会正确地应对创业路上的各种压力，充分运用放松训练、认知行为疗法等行为干预方法，让自己更好地调适创业压力。

### (一)放松训练

放松训练是大学生创业者可采用的最为简单且最为有效的方法之一。身心放松训练主要包括以下方法：呼吸放松法、肌肉放松法、正念放松法、冥想放松法等。前两种属于身体训练，后两种属于意识放松。这些方法对于身心调节都有较显著效果，可以有效帮助大学生创业者应对各种创业压力和焦虑。

1.呼吸放松法

科学家们研究发现：人的肺细胞平展面积有两个足球那么大，但大多数人在一生中只使用了其中 1/3 的功能。美国健康学家的一项研究表明，一半以上城市居民的呼吸方式是不正确的。可见，人们并没有完全将自身的呼吸功能充分发挥出来。人们平时的呼吸方式，可称为鼻腔(口腔)呼吸法。这种呼吸方法的最大特点是呼吸浅表化，即让空气只经过了鼻腔(口腔)，这使得只有一部分新鲜空气到达肺叶，但尚未深入肺叶下端就被排出去了。也就是说，空气的有益成分没有得到最充分的利用。

呼吸浅表化与生理需求有关，人的生活时刻需要吸入新鲜空气，一般情况下需要多少就会呼吸多少。但是，当人处于压力下时，就需要更多氧气参与能量代谢。为了加大氧气摄入，几乎所有人都不自主地降低呼吸深度，加快呼吸频率。比如，即将上台表演或被上级催要工作计划时，人的呼吸就会不规律、不平缓。再如，当遇到突发事件，出现了恐惧和愤怒情绪时，人的呼吸就会急促，甚至瞬间无法自控地大口喘气，同时伴随心跳加快，甚至眩晕。当然，有部分抗压力强的人在急性压力反应过程中呼吸可能一如平常，但是在多数情况下，人会被压力牵着走，人的呼吸会屈从于压力反应。因此，呼吸训练对创业者来说是一种简单易行的应对压力的方法之一。

(1)腹式呼吸法

腹式呼吸法是将空气吸入腹腔，而不是胸腔，这种呼吸方法能最大限度地发挥肺的功能，充分利用空气中的有益成分。相对于平常的胸部快速呼吸法而言，这种方法的特点就在于呼吸得更深入，呼吸时横膈膜会上下移动。由于吸气时横膈膜会下降，把脏器挤到下方，因此肚子会膨胀而非胸部膨胀；吐气时横膈膜将会比平常上升，吐出较多易停滞在肺底部的二氧化碳。通过腹腔压力的规律性增减，腹内脏器活动加强了，氧气的摄入量和利用率也提高了，从而达到缓解压力的效果。以即将上台演讲为例，演讲者如果在上台前多做几次深呼吸，就会感到身体紧张明显缓解，情绪松弛。

腹式呼吸法主要要领是：闭目，保持直立后靠的坐姿或者平躺（也可以放松腰带）。一只手放于腹部，另一只手放于胸部。用鼻子缓慢均匀吸气，吸气时间至少维持 4 秒，当看到自己腹部的那只手抬到最高，屏住呼吸 1～2 秒，在这个过程中，胸部不能出现鼓胀。接着，用嘴巴均匀呼气，呼气也要缓慢，时间维持 5 秒钟以上。腹部上的那只手降到最低时，屏住呼吸 1～2 秒，腹部在这个过程中不能有反弹。

如此反复地进行，每天练习 10 次，每次至少 1 分钟。这样的练习不必拘泥于特定的场合和时间，在等电话、电脑启动、会议开始前，都可以进行腹式呼吸训练，不过一天中效果最佳的时间是在早晨、傍晚或午餐休息时。当感觉恐慌即将来临时，腹式呼吸法能够有意识地预先控制情绪。经常这样锻炼对日常的呼吸方式会也有所改善。

（2）瑜伽呼吸法

瑜伽呼吸法是通过专用语音或音乐导引练习呼吸，让心思空无一物或达到“无我”的境界。训练方法有以下八种：

①随息法。意念呼吸自然出入，心息相依，意气相随，不加干涉。

②数息法。即数自己的呼吸次数，一吸一呼为一次。吸气时，开始默数“1”，直到吐完气为止。第二次吸气、吐气时默数“2”，每个吸气、吐气循环计数一次，只有吸气时才计数，直到数完“10”为止，再回到“1”重新计数。过程中意识到自己分心走神时，重新专注呼吸继续数息就好，如果忘记数到哪儿了就从“1”开始重新数。

③听息法。两耳静听自己的呼吸声，排除杂念。

④观息法。如旁观者一样，去观察和体会自己的呼吸。

⑤止息法（也称胎息法）。通过以上任何一种方法的练习，久练纯熟，形成一种柔、缓、细、长的呼吸，呼吸细若游丝，若有若无。

⑥禅语入定法。呼吸时联想“独坐小溪任水流”的意境。

⑦松静入定法。吸气时默念“静”字，呼气时默念“松”字。

⑧观心自静法。用自己的心去观看、体察、分析自己的思绪杂念，任杂念思绪流淌，不加干涉。

2.肌肉放松法

当大学生创业者面临压力时，不仅情绪会波动，而且身体也会表现出呼吸急促、肌肉紧绷等问题。此时，放松肌肉就是一种为了平复外在压力的放松方法。

尽管有的大学生创业者试图通过强制的方式让自己情绪有所放松，但往往无法放松下来。对压力的努力控制，本身就是压力。相反，通过减缓躯体反应来实现压力的缓解，从而达到情绪的放松则是有可能实现的。渐进式肌肉放松法就可以有效减缓躯体反应。

渐进式肌肉放松法，就是有步骤地、一部分一部分地放松躯体的所有肌肉群。渐进式

肌肉放松法的一个完整循环,一般需要10～15分钟。它的步骤和操作要领主要是:开始肌肉放松之前,做几次舒缓的深呼吸。脖子伸直,平躺或坐着。闭上眼睛,将意念集中在每组肌肉的感觉上。此时可以想象自己躺在外面,阳光从脚跟开始,一点点地照遍全身。一个肌群一个肌群地进行收紧→保持→舒张的操作。如果是坐着,就按从头部到脚趾的顺序进行;如果是平躺着,就按相反顺序进行。进行收缩舒张的动作,以感觉到有暖流涌向肌群为达标,其中,每个肌群的收缩状态要维持10秒。

这些肌群及相应的收缩动作是:头皮——抬眉毛;额头——皱额头,注意不同于皱眉;脸——眯眼、紧闭双眼、皱鼻子、噘嘴,大张口;脖子——坐立时,让头部向前下垂,任凭重力往下拉,最后背部乃至腰部都会有拉伸感,完成这个动作后,恢复颈部直立姿势,再向后倾斜,如果是平躺,可以将头部向两肩倒歪,尽量以耳朵接近肩胛为宜;肩膀——耸肩,两侧肩胛往中间挤;胳膊——握拳,屈前臂接近肩膀;背部和腹部——腹部凹陷,直抵脊椎;臀部——相互挤压;大腿——把大腿肌肉全部压向膝盖,收缩股四头肌(大腿前面的肌肉,后的是股二头肌),做这个动作的同时要收臀;小腿和胫部(小腿的前面)——脚尖绷直;反勾脚尖,脚后跟向下蹬;脚和脚趾——弯曲脚趾。

在所有这些肌群中,颈部放松对于情绪放松显得特别重要。颈部位于中枢神经系统的中间位置,连接着大脑和脊椎。各种情绪反应都是内在激素的分泌和传递,这些激素是由躯干里的脏器分泌的,它们引发颈部以上的情绪反应,必然要经过颈部。放松颈部能有效降低这些物质的冲击,甚至中断其传递。

另外,打哈欠也有助于肌肉放松。哈欠不只是疲惫和厌倦的表现,也可以作为平复心情的一种方式,因为人通过这一动作呼进了更多的氧气。可以说,打哈欠就是一次深呼吸进而促进血液循环,放松肌肉,缓解大脑压力。因此,有哈欠时一定要打出来,不要克制。打哈欠这个动作,当然也有肌肉的参与,而且是肌肉的拉伸。

在上述渐进式肌肉放松法中,平躺最好,因为它可以有效拉伸体表,尤其是肌肉。肌肉拉伸开后可以促进血液流动,使僵直的身体重新得到调整。肌肉放松法是全身的,需要时间比较长。因此,大学生创业者也可以进行局部的肌肉拉伸训练,这样的局部伸展,15秒一次就可以。如可以选择以下两三个项目,2秒一组,每天做几组拉伸放松:哈欠伸展、背部伸展、弓步压腿、小腿伸展(脚尖在台阶上,脚跟悬空)、变换坐姿伸展。

3.正念放松法

正念是对当下不加评判地觉知,无论发生什么,都把关注点聚焦于当下。正念适用于任何情况。简而言之,正念包括对身心的觉知和生活在此时此地的觉知。正念是一种学习如何与当下的生活建立联结的方式,主要包括两种方式:正式的和非正式的。正式练习是指每天抽出时间,特意采取坐姿、站姿或躺姿,去关注呼吸、感觉、声音、想法或情绪。非正式练习是指把正念觉知引入日常活动中,如吃东西、运动、做家务、与他人沟通等。基本上任何活动中都可以进行正念练习,而且不限场所。无论在工作单位、家里还是生活所在的任何地方,大学生创业者都可以进行正念练习。

心理学家加里·施瓦茨(Gary Schwartz)提出的健康反馈回路模型表明,如果人们没有感觉到内在的压力反应,并且不知道压力是如何以想法、感觉和情绪来表达的,那么这意味着人们与这些内在体验失去了联结，可能导致身心失衡。相反，正念觉知能够与内在的体验建立联结，帮助人们感知自己内在的体验，从而采取必要措施，重新恢复到平衡状态。大量科学研究表明，正念练习能够使大脑的健康状况发生改变。正念能够降低压力关键激素皮质醇的水平，调节自主神经系统，减轻压力反应，改善情绪，全面提高人的幸福感。而且更为重要的是，伴随着这些变化，大脑的电流活动也在变化，比如左侧大脑的前额叶区活动显著增加。而这部分大脑区域与积极情感和情绪调节有关，该脑区活动更活跃的人在遭遇压力事件后，能够更快地复原。长期的正念训练不仅可以改变脑电活动，而且可以改变大脑的结构，比如可以使负责注意力和综合情绪的大脑皮层变厚，而与恐惧情绪有关的杏仁核变小，活动降低；脑岛也会增厚，这部分区域与感受内部知觉和思维有关，是情绪感受知觉的关键结构。

由于正念可以使人清楚地感觉到内在体验，因此它可以帮助大学生创业者更多地了解压力是如何影响自己的，有助于其选择一个更有效的应对方式。通过正念放松法，大学生创业者可以成为一个更积极的参与者，参与到自己的健康、幸福以及任何经历中。当大学生创业者感觉到自己情绪失衡，并逐渐了解到一些无意识的习惯倾向时，就应该做出一些新的选择，来促进自己的心理健康与平衡。

正念包括以下八种态度，它们是正念练习所必需的。这些态度互相依存、彼此相互影响。

(1)初学者之心。这种觉知品质是将事物看作新鲜的，就像初次接触一样，带着好奇感。

(2)不评判。这种觉知品质是在培育对于任何体验都进行中立的观察——不对任何想法、情绪或感觉标以好坏、对错、公平与不公平的标签，而只是对每一刻的想法、情绪或感觉加以注意。

(3)确认。这种觉知品质是指知晓并承认事物的本来面目。

(4)无为。这种觉知品质是指不贪婪抓取，不嗔恨变化，或者意味着无论此刻呈现什么都不会远离。换句话说，无为意味着除了当下所在之处，不试图去其他任何地方。

(5)平等心。这种觉知品质涉及心态的平衡和智慧的培育，能对变化给予深刻的理解，能够带着更深入的洞察力与慈悲心同发生的变化共处。

(6)顺其自然。这种觉知品质是指无论当下出现什么，仅仅任由事物如其所是的存在，不必努力放下。

(7)自我信任。这种觉知品质是指靠自己的体验理解自己，无论真实与否。

(8)自我慈悲。这种觉知品质能培养对真实自我的关爱，不自责与批评。

正念身体扫描是一种对当前身体体验的深入探察。在身体扫描中，大学生创业者要按照一定顺序把注意力放在身体上，从左脚开始并且终止于头顶。在这一过程中，练习的人可能会注意到各种身体感觉：痒、疼痛、耳鸣、轻松、沉重热、冷等，或许还有一些中性的感受。这些感觉可能会伴随着某些想法或者情绪而存在。当练习身体扫描时，这些多种多样的感觉和内部体验可以归结为三种基本感受：愉悦、不愉悦或者中性。因为身体是一个经常变化、能动的有机体，所以不会有完全一样的两次身体扫描。身体有它自己的智

慧，如果大学生创业者能仔细聆听，那么这种扫描便可以指出自己身体紧张的部位，也可以传递出身体中的想法和情绪。这种对身体感觉、想法和情绪的探索有时被称为"觉知三角"，可以将其视为深入人整体体验的一次旅行。

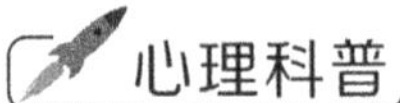

心理科普

**每天冥想 10 分钟，大脑竟会这样变化！**

早前人们普遍倾向于认为，成年后大脑的发育就停止了。但近年来神经学学者们通过研究发现，大脑可以被重塑，而方法就是冥想。冥想是种神奇的力量，它能帮助我们排除一切外部的杂念，回归最原始的内心世界。

冥想何以提升大脑效率呢？英国研究学者彼得·马里诺夫斯基(Peter Malinowski)认为，每天冥想 10 分钟能够帮助我们集中注意力。不仅如此，根据法国《回声报》介绍，冥想还有助于提高大脑的"工作记忆"能力，提高大脑工作效率。

为了探寻静心沉思对日常生活中重要认知功能的影响，英国利物浦约翰穆尔斯大学与德国奥斯纳布吕克大学的研究人员合作进行了控制变量研究。在实验过程中，研究人员将 34 名实验对象随机分成两个小组参与"多对象跟踪实验"。参与者需要对在电脑屏幕上移动的 16 个目标中的 2 至 5 个目标进行跟踪观察。

在实验的 8 周时间内，两组人员分别参与了"冥想"以及"肌肉放松"训练。研究结果显示：消除无关因素的影响后，冥想小组跟踪目标的准确性增加了 9%；相反，另一组参与人员的表现没有任何改变。

哥伦比亚大学和克木尼滋工科大学的研究团队从 20 个相关研究中收集的数据证明，冥想训练可增加脑部的灰质密度，增强信息处理能力。核磁共振扫描显示，大脑中至少有 8 个不同区域的效率得以提升，包括眼窝、前额和海马区等，这些都是保持专注力、培养积极情绪、保持稳定情绪的部位。

此外，冥想对年长者大有裨益。国际权威期刊《神经影像》报告显示，50 岁以上人群，每冥想 1 年，大脑就会年轻 1 岁。

通过一系列分析，研究人员认为，冥想是对脑部网络的一种训练，在受到多次重复刺激后，大脑的网络结构会越来越高效。在被信息充斥的环境中，能够保持注意力的集中、准确区分重要信息与干扰信息并进行记忆是一个至关重要的能力。那么，还在等什么呢？快开始冥思之旅吧！感受空气从鼻尖滑过，紧紧环绕在四周，不做任何判定，任凭所有想法、声音、感觉一逝而过。

资料来源：https://zhuanlan.zhihu.com/p/391678044.

### (二)理性情绪行为疗法

理性情绪行为疗法是 20 世纪 50 年代由美国临床心理学家艾利斯(Albert Ellis)创立

的。这是他在多年临床实践中逐步发展起来的有独特性的、生动的、指导式的心理咨询和心理治疗方法。因该方法也采用行为疗法的一些方法，故被称为一种认知行为治疗的方法。

由于理性情绪行为疗法的浅显易懂以及治疗的短程性，它对人们的日常生活也产生了一定的启示作用。大学生创业者可以利用理性情绪行为疗法中的观点与方法，改变自己的心理状态，从而更好地应对创业过程中的各种压力，更健康快乐地生活。

1.基本理论

理性情绪行为疗法的理论假设是：人的问题并非来自外部的事件或环境，而是来自人对外部事件的观点信念，也就是人的情绪来源于他对事件的信念、评价和解释。通常人们会认为人的情绪及行为反应是直接由诱发性事件 A 引起的，即是 A 引起了 C。但理性情绪行为疗法则认为，诱发性事件（A）只是引起情绪及行为反应的间接原因，而人们对诱发性事件所持的信念、看法、解释（B），才是引起人的情绪及行为反应的根本直接的起因。因此，理性情绪行为疗法也称为 ABC 理论的应用。在 ABC 理论模型中，A 是指诱发性事件；B 是指个体在遇到诱发事件之后相应而生的信念，即他对这一事件的看法、解释和评价；C 是指在特定情景下，个体的情绪及行为的结果。因此，艾利斯认为，人的情绪在本质上是一种态度、认知的过程，所以一个人的情绪不仅源于个人的哲学信念，而且会因为这些信念的不改变而持续下去。因此，人们可通过改变想法来改变和控制情绪，即人们可以通过改变非理性的想法和内在自我语言，从而有效减少自我贬低的负性情绪，并减少情绪困扰。

2.操作步骤

理性情绪行为疗法即以理性代替非理性，帮助大学生创业者以合理的思维方式代替不合理的思维方式，以合理的信念代替不合理的信念，最大限度地减少不合理的信念给情绪带来的不良影响，以此减少他们的情绪障碍。

大学生创业者在运用该方法进行自我心理调适的过程中，具体可以遵照四个步骤。第一步，深入了解理性情绪行为疗法的基本原理，了解情绪困扰产生的过程、原因；第二步，理解其情绪困扰之所以延续至今，不是由于生活中发生的事件本身带来的，而是由于自身存在的非理性信念导致；第三步，通过与不合理信念进行辩论，认清其不合理性，驳倒自己的非理性信念，或者寻求他人意见，从非理性信念中跳出来，进而放弃这些非理性的信念，从而改变某种认知层次。这是最重要的一环；第四步，不仅要认清并放弃某些特定的非理性信念，而且还要从改变自身常见的非理性信念入手，学会以合理的思维方式代替不合理的思维方式。

在这个过程中，对非理性信念进行觉察、与之辩论以及加以改变是最关键的步骤。大学生创业者在运用理性情绪行为疗法的过程中，只有真正找到了不合理的信念，才能做到有的放矢，否则可能只在外层转圈子而难以深入。具体来说，不合理信念主要有三个特征。

第一，绝对化要求。它是指人以自己的意愿为出发点，对某一事物怀有认为其必定会发生或不会发生的信念，通常与“必须”，“应该”等这类字眼连在一起，如“我这次创业必须获得成功""别人必须很好地对待我""创业应该是很容易的"等。怀有绝对化信念的人极易陷入情绪困扰中，因为客观事物的发生、发展都有其规律，是不以人的意志为转移的。就某个具体的人来说，他不可能在每一件事情上都获得成功，而且他周围的人和事物的发展也不可能以他的意志为转移。因此，当某些事物的发生与其对事物的绝对化要求相悖时，他们就会感到难以接受、难以适应，并陷入情绪困扰。理性情绪行为疗法就是要帮助他们改变这种极端的思维方式，认识其绝对化要求的不合理、不现实之处，帮助他们学会以合理的方法去看待自己和周围的人与事物，以减少他们陷入情绪障碍的可能性。

第二，过度概括化。这是一种以偏概全、以一概十的不合理思维方式的表现。艾利斯曾说过，过度概括化是不合逻辑的，就好像以一本书的封面来判定其内容的好坏一样。过度概括化的一个方面是人们对其自身的不合理评价。例如，当面对创业失败时，有的创业者会认为自己"一无是处""一钱不值"等。以自己所做的某一件事或某几件事的结果来评价整个人、评价自己作为人的价值，其结果常常会导致自责自罪、自暴自弃的心理，以及焦虑和抑郁情绪的产生。过度概括化的另一个方面是对他人的不合理评价，即别人稍有差错就认为他很坏、一无是处等，这会导致一味地责备他人，以致产生敌意和愤怒等情绪。按照艾利斯的观点，以一件事的成败来评价整个人无异于一种理智上的法西斯主义。他认为一个人的价值就在于他具有人性，因此他主张不要去评价人本身，而应代之以评价其行为、行动和表现。这也正是理性情绪行为疗法所强调的要点之一。因为在这个世界上，没有一个人可以达到完美无缺的境地，所以每个人都应接受自己和他人的弱点。

第三，糟糕至极。这种想法认为，如果一件不好的事发生了，那将非常可怕、非常糟糕，甚至是一场灾难。这种想法将导致人们陷入极端不良的情绪体验之中，如耻辱、自责、自罪、焦虑、悲观、抑郁，从而恶性循环，难以自拔。当一个人认为什么事情都糟透了的时候，往往意味着碰到的是最最坏的事情，是一种灭顶之灾。艾利斯指出，这是一种不合理的信念，因为对任何一件事情来说，都有可能发生比之更好的情形，没有任何一件事情可以定义为是百分之百糟透了的。但是，当一个人沿着这条思路想下去，认为遇到了百分之百糟糕的事情，或比百分之百还糟的事情时，他就是把自己引向了极端的不良情绪状态之中。糟糕至极的心理状态常常与人们对自己、对他人以及对周围环境的绝对化要求相联系而出现，即当绝对化要求中所认为的"必须"和"应该"的事情并没有像人们所期望的那样发生时，他就会无法接受这种现实，甚至会会走向极端，认为事情已经糟到了极点。非常不好的事情确实有可能发生，但大学生创业者要努力适应现实，有可能的话应尽力改变这种状况；当状况不可能改变时，则要学会在这种状况中生活下去。

大学生创业者在创业过程中或多或少地都可能产生这三种不合理的信念。艾利斯指出，理性情绪行为疗法倾向于采用多样化的技术方法，运用于理性情绪治疗的框架之中。但大学生创业者在运用这些方法进行自我调适的过程中，应把重点放在改变自己的认知上，而不是改变自身的情绪和行为上。

综上所述，理性情绪行为疗法的整体模型可以总结为 ABCDE 理论，即：A(activating events)——诱发性事件；B(beliefs)——由诱发性事件 A 所引起的对该事件所持的信念、解释和评价；C(emotional and behavioral consequences)——情绪和行为的后果；D(disputing irrational beliefs)——与非理性的信念辩论；E(new emotional and behavioral effects)——达到新的情绪及行为的效果。在创业过程中，大学生创业者要经常使用这样的方法，以更为合理的思维方式代替不合理的思维方式，让自己较少受到非理性信念的困扰，从而更从容地处理各种情绪问题。

3.基本方法

微视频：5.3 创业积极心态之乐观

理性情绪行为疗法是一种认知行为疗法，其基本方法包括认知改变技术、情绪改变技术、行为矫正技术等，这些方法均可应用于大学生创业压力调适中。

一是认知改变技术。主要指用来处理生活中那些绝对化"应该"信念的技术，帮助大学生创业者区分事件的糟糕程度与自身想象的糟糕程度之间的不同。与非理性信念辩论是认知改变技术的核心，辩论的方法主要有：解说、苏格拉底式辩论、幽默、创造性说服、自我暴露等。

二是情绪改变技术。主要是指用于区分"价值偏好"与"必须"信念之间差别的技术，帮助大学生创业者做到心理上的分化。方法主要有：想象消极事件、体验预期事件、标签法、角色扮演等。

三是行为矫正技术。主要是指大学生创业者通过正负强化达到行为矫正目标的技术，帮助大学生创业者改变自身不恰当行为，强化其适应行为。在这个过程中，家庭作业、满灌疗法、惩罚、练习并强化积极的认知等是有效的策略。

当然，每个人的心理特征都独具个性，其耐压程度不同，具体的经历也不尽相同，所面临的压力源亦有所不同。因此，具体的创业压力管理的方法也必然要因人而异。大学生创业者需要重视压力管理，有意识地学习压力管理的相关知识，并结合自身实际情况，找到最适合自己且行之有效的创业压力管理途径。

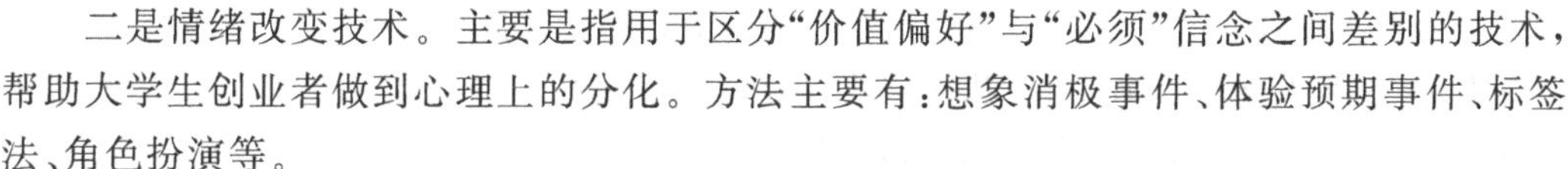

## 创业心理训练营

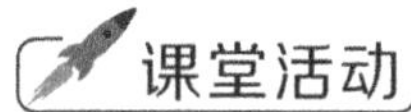

### 课堂活动

**史上可能是最倒霉的连环创业客——美团网 CEO 王兴的创业故事**

他创办过校内网、海内网、饭否网等数个拥有百万粉丝的网站，却都连连夭折，直到美团网的成功，他紧绷的神经才舒展成由衷的笑容。他屡战屡败、屡败屡战的传奇创业故事被业界称为史上最倒霉的连环创业客，但他凭着那股越挫越勇的劲头在美团网这步棋局中下赢了。创业十年，他却只有 30 岁，他就是美团网 CEO 王兴。

**勇敢支撑他一路前行**

创业之路没有不艰辛的，但他比别人都勇敢，甚至可以用无畏来形容。2004 年，王兴中断学业毅然回国创业，先后创立多个网站。但命运好像一直在捉弄他，他辛苦创建的网站因为资金问题，没有等到收益就不得不拱手相让。但失败从来不能将他的热情击退，每次他都能再次崛起，为二次创业做准备。

2009年，王兴创立的“饭否”网已经拥有百万粉丝，却被意外关闭。他四处辗转打听，却不知道“饭否”的明天会怎样？其固执使他陷于团队和事业的双重压力，男儿创业的艰辛终于化为心酸的眼泪。2009年的年会上，王兴哭了。为什么说他固执，因为他坚持用自己的方式做事，却不会随波逐流。他的固执显得那么不合时宜，但他仍旧无法将就自己的内心。他错了吗？其实他是在用自己的方式向世界证明：我可以。

**不懈追求自我价值与商业市场的无缝接轨**

“饭否”的挫折对王兴来说着实是沉重一击，但他也因此而改变。他开始努力学习传统商业的管理规则，将自我的极客思想与商业市场融合。这一次他选择了以一种更加成熟的方式来实现未完成的目标，“美团”的成立又给了他无限激情。他一边不忘初心地不停创业，一边努力学习产品之外、从融资推广运营到管理的一整套商业智慧。努力的人生总不会白费，他厚积力量，只为时机成熟时的喷涌而出。

王兴终于走出了融资困境，但他学会了将每一分钱都花在刀刃上。随着中概股危机和资本寒冬，美团从拉手网、窝窝团等千团大战中存活下来，他骄傲地晒账户余额（6192.2122万美元），宣称他终于用自己的方式赢得了掌声。

**坚持不服输的创业路使得人生更精彩**

如今，美团网估值已达近百亿美金，至上市，市值可达150亿～200亿美金。而王兴作为美团网的最大股东兼CEO，个人身家已超过京东CEO刘强东。他的创业故事告诉广大创业者，创业失败并不可怕，可怕的是你被困难吓住再也站不起来。创业不易，二次创业更要重走艰辛路，多次创业就更别提了。但只要我们笃定内心，选好创业项目，并坚持不懈地走下去，说不定一不小心就创业成功了呢！祝福天下敢于坚持自我并不断努力的创业人都能创业成功！

（有改动）

资料来源：企业品牌策划 http://www.haohead.com/.

请结合以上案例进行分析：

1.王兴为什么能连续创业？

2.大学生创业者如何缓解创业压力？

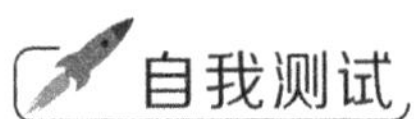

## 自我测试

### 焦虑自评量表系统(SAS)

请仔细阅读每一条陈述，然后根据自己最近一星期的实际情况在适当的选项上画“√”，一共有4个选项：A.没有或很少时间；B.小部分时间；C.相当多时间；D.绝大部分或全部时间。

| 选　项 | 没有或很少时间 | 小部分时间 | 相当多时间 | 几乎全部时间 |
|---|---|---|---|---|
| 1.我觉得比平时容易紧张或着急。 | A | B | C | D |
| 2.我无缘无故感到害怕。 | A | B | C | D |
| 3.我容易心里烦乱或感到惊恐。 | A | B | C | D |
| 4.我觉得我可能将要发疯。 | A | B | C | D |
| 5*.我觉得一切都很好。 | A | B | C | D |
| 6.我手脚发抖打战。 | A | B | C | D |
| 7.我因为头疼、颈痛和背痛而苦恼。 | A | B | C | D |
| 8.我觉得容易衰弱和疲乏。 | A | B | C | D |
| 9*.我觉得心平气和,并且容易安静坐着。 | A | B | C | D |
| 10.我觉得心跳得很快。 | A | B | C | D |
| 11.我因为一阵阵头晕而苦恼。 | A | B | C | D |
| 12.我曾晕倒,或觉得要晕倒似的。 | A | B | C | D |
| 13*.我吸气呼气都感到很容易。 | A | B | C | D |
| 14.我的手脚麻木和刺痛。 | A | B | C | D |
| 15.我因为胃痛和消化不良而苦恼。 | A | B | C | D |
| 16.我常常要小便。 | A | B | C | D |
| 17*.我的手脚常常是干燥温暖的。 | A | B | C | D |
| 18.我脸红发热。 | A | B | C | D |
| 19*.我容易入睡并且一夜睡得很好。 | A | B | C | D |
| 20.我做噩梦。 | A | B | C | D |

**解析:**

正向计分题 A、B、C、D 按 1、2、3、4 分计。

带“*”号的题目表示反向计分题,按 4、3、2、1 分计。反向计分题号为:5、9、13、17、19。

总分乘以 1.25 取整数,即得标准分,分值越小越好,分界值为 50。

资料来源:心理卫生评定量表手册,中国心理卫生杂志,1999.

# 第六章　创业团队建设

案例导入

**携程四君子创业团队**

携程是我国领先的在线旅行服务公司，它的创建团队充满了传奇色彩。

携程的四位创始人分别是：季琦、梁建章、范敏和沈南鹏，他们在创业之后都活出了非常精彩的人生。这个团队很善于合作，能将团队的力量放大数倍。他们这种融洽的关系不是一种激情的、热烈的、横冲直撞的状态，而是内敛的、彼此宽容与成熟的状态，正所谓"君子和而不同"，这也正是这四位创始人达到的一种境界。

季琦是一个普通农民家庭的孩子，考到上海交通大学之后，他没有走普通人的职业规划，而是受到当时经商潮流的感召，成为一个经营电脑的专业户。20世纪90年代初期正值计算机在中国普及，季琦抓住这个机会，迅速成为交大校园里骑着三轮车送电脑的一员，很快他便挣到了人生的第一桶金。

梁建章则不需要通过卖电脑来实现人生价值。他从小就有一个称号：大头神通。听这个名字就知道，他的智商绝对碾压众人。13岁那年他就写了一个作诗的程序，被上海电视台报道；15岁跳过高中直接被复旦大学少年班录取；一年后考入佐治亚理工学院学习计算机，很快就拿到硕士学位，后来顺利地进入了甲骨文公司。

这两个人中，季琦属于行动派，而内敛、沉稳、理性的梁建章则是一个思想者。这两个人虽然背景不同，但是对一件事有着高度的共识，那就是互联网最大的商机应该在中国。两个人有了共同的创业目标之后，还需要资金的支持，于是他们拉拢了当时的朋友沈南鹏。

沈南鹏的背景同样毫不逊色，他曾就读于上海交大的数学系，之后又去了哥伦比亚的数学系，后来退学进入耶鲁大学的商学院，毕业之后他成了中国最早一批进入华尔街的金融从业者，在花旗银行开启了他传奇的职业生涯。沈南鹏在美国时就已经深深感受到互联网的能量，并且也发现了中国这个潜力无穷的市场。于是，在季琦、梁建章两人找到他的时候，他很快就答应了。就这样，携程旅游网诞生了。

在成功组队之后，他们发现，虽然三个人的背景和性格很互补，但是他们缺少一个真正的行业人才，那就是懂旅游的人。范敏就是他们寻找的人才。作为四个人中年龄最大的一个，范敏同样也是交大毕业，之后进入一家老牌的国企新亚集团，并逐渐成长为集团下上海大陆饭店的总经理。他曾经做过旅行社，并且在瑞士进修过酒店管理。三人一致，认为范敏就是他们要找的人，于是在季琦无数次的“软磨硬泡”之后，范敏终于跟着他们“下水”了。

显然，加入一个强大的团队，和优秀的人一起工作，要比一个人奋斗更容易成功。携程公司在季琦的带领下顺利走出了初创期；当公司需要更加精细化的管理时，2001 年季琦主动让位给了更加细腻、理性、更懂得现代企业管理的梁建章；2006 年梁建章也主动归隐，由范敏开始执掌携程帅印。与不少在权力更迭时出现混乱的公司相比，携程的每一次领导交替都显得非常平静。合伙人之间的默契与信任是携程能够一直走下去的动力。可以说，从上到下，携程的成功都好像是被设计出来的一项完美计划。

一个团队如果不依靠权威，而是依靠平等的伙伴关系以及契约精神来共同合作，那他必将取得持续的成功。从某种程度上来说，这才是一个创业公司能够组建的最好团队。

（有改动）

资料来源：第二内参，https://www.163.com/dy/article/CSH6M0KA0512HSIO.html.

### 请你思考

你的创业团队是如何构成的？

### 单元目标

1.了解团队的概念与构成。

2.掌握创业团队组建的基本规律。

3.通过训练，组建合适的创业团队。

## 第一节　团队的概念与构成

华为创始人任正非指出：“一个人不管如何努力，永远也赶不上时代的步伐。只有组织起数十人、数百人、数千人一同奋斗，你站在这上面，才摸得到时代的脚。我放弃做专家，而是做组织者。我越来越不懂技术、越来越不懂财务、半懂不懂管理，如果不能充分发挥各路英雄作用，我将一事无成。任何一个企业的生存与发展和团队的力量都是息息相关的。人不是神，取众人之长，补众人之短，扬长补短需要的不仅仅是一两个人的力量，只有借助团队力量才能更容易成功。”每一个职业人无论自主创业还是从事什么样的工作，其实都处在一个团队当中。这个团队中的每一个人各司其职，才使得大家的努力都可以获得收益。团队的命运和利益包含了每一个成员的命运和利益，没有一个人可以使自己的利益独立于团队之外。因此，大学生创业者有必要了解团队、融入团队，在创业时组建一个高效协作的团队。

## 一、团队的内涵

微视频:6.1
自己一个人
创业可以吗

团队是由基层和管理层人员组成的一个共同体,它合理利用每一个成员的知识和技能来协同工作,解决问题,达到共同的目标。1994年,斯蒂芬·罗宾斯(Stephen P. Robbins)首次提出“团队”的概念,即为了实现某一目标而由相互协作的个体所组成的正式群体。此后,关于“团队合作”的理念风靡全球。当团队合作是出于自觉自愿时,它必将会产生一股强大且持久的力量。

一般而言,根据存在的目的和拥有自主权的大小,团队可分为四种类型。

1.问题解决型团队

问题解决型团队是指团队成员就如何改进工作程序、方法等问题交换看法,对如何提高生产效率等问题提出建议。团队的工作核心是为了提高生产质量,提高生产效率,改善企业工作环境等。例如,企业中的生产车间、班组等,都是问题解决型团队,是团队建设的一种初级形式。

2.自我管理型团队

自我管理型团队也称自我指导团队,它保留了工作团队的基本性质,但运行模式具有自我管理、自我负责、自我领导的特征。这种团队通常由10～15人组成,其责任范围很广,决定工作分配、步骤、作息等。自我管理型团队的周期较长,自主权较大。例如,一条生产线上的员工就组成了最基本的自我管理团队,组长负责管理这个团队。

3.多功能型团队

多功能型团队,由来自不同领域、不同层面的员工组成,成员之间交换信息、激发新的观点,通常用于解决面临的重大问题,如任务突击、技术攻坚、突发事件处理等。这种团队工作范围广、跨度大,团队周期不确定。多功能型团队在一些大型的企业组织中比较多。例如,麦当劳有一个危机管理团队,由来自营运、训练、采购、政府关系部等部门的一些资深人员组成,重点负责应对突发的重大危机。

4.职能型团队

职能型团队是指由一个管理者及来自特定职能领域的若干下属所组成的团队,通常团队成员为同一个职能部门的同事。在传统意义上,一个职能团队就是组织中的一个部门,比如公司的财务分析部门、人力资源部门和销售部门,每个团队都要通过员工的联合活动来实现特定目的。

## 二、团队的构成要素

作为团队的领导者,要善于运用领导力促使各成员目标趋于一致,建立和巩固团队规范,让一群人从一盘散沙逐渐进化为关系和谐、具有战斗力的团队。要建设团队,必须先掌握团队的构成要素。团队的构成要素可总结为5P，分别为目标、人、定位、权限、计划。

1.目标(purpose)

心理学家马斯洛说："杰出团队的显著特征，便是具有共同的愿景与目标。"团队应该有一个既定的目标，才能为团队成员导航。没有目标，团队便没有存在的价值。一个人所在的企业或组织可以说是一个大团队，成员之间有着共同的使命、愿景和目标。同时，组织内部又可以划分为若干小团队，包括常设团队(职能部门)和临时团队(项目部、公关小组)。组织的大目标可以分解成小目标，小团队的目标必须保持与组织的目标一致，小团队的目标还可以具体分解到各个团队成员身上，大家合力实现这个共同的目标。同时，目标还应该有效地向大众传播，让团队内外的成员都有所了解，有时甚至可以把标语贴在团队成员的办公桌上、会议室里，以此激励所有人为这个目标而努力工作。

2.人(people)

目标是通过人员具体实现的，所以人员的选择是团队中非常重要的部分。在一个团队中需要有人制订计划，有人出主意，有人实施，有人协调，还要有人去监督评价工作进展与业绩表现。不同的人通过分工来共同完成团队的目标，所以在人员选择方面，要考虑团队的要求如何、人员的能力如何、技能是否互补、人员的经验如何、性格搭配是否和谐等因素。组建团队时，选择团队领导更是重中之重。俗语说得好："兵熊熊一个，将熊熊一家。"看《亮剑》当中的李云龙，硬是把一支杂牌军打造成能征善战的精锐之师。当然，也有纸上谈兵的赵括，长平之战葬送40万军队，使赵国一蹶不振，直到灭亡。

3.定位(place)

定位包含两层含义：一是团队的定位，即团队在组织中处于什么位置，由谁选择和决定团队的成员，团队最终应对谁负责、采取什么方式激励下属等。二是个体的定位，即作为成员在团队中扮演什么角色，是制订计划还是具体实施或评估等。

4.权限(power)

团队当中领导人的权限大小跟团队的发展阶段相关。一般而言，在团队发展的初期阶段，领导的权限相对比较集中；随着团队越趋向成熟，领导者所拥有的权限应相应减小。在确定团队权限时，团队领导者要考虑组织规模、成员数量、业务类型，以决定授予何种权限及权限大小等。团队权限关系具体包含两个方面，一是整个团队在组织中拥有什么样的决定权，如财务决定权、人事决定权、信息决定权；二是组织的基本特征是什么，如组织的规模有多大、团队的数量是否足够多、组织对于团队的授权有多大、它的业务是什么类型等。

5.计划(plan)

计划有两个层面的含义：一是目标最终的实现，需要一系列具体的行动方案，可以把计划理解成实现目标的具体工作程序。二是提前按计划进行，可以保证团队的顺利发展。只有在有计划的操作下，团队才会一步一步地贴近目标，从而实现目标。

心理科普

### 木桶原理

木桶原理又称短板理论，由美国管理学家彼得(Laurence J.Peter)提出。盛水的木桶是由许多块木板箍成的，盛水量也是由这些木板共同决定的。这块短板就成了木桶盛水量的限制因素(或称"短板效应")。

若要使木桶盛水量增加，只有换掉短板或将短板加长才可以。有人这样说：比最低的木板高出的部分是没有意义的，高出越多，浪费越大；要想提高木桶的容量，就应该设法加高最短的那块木板的高度，这是最有效也是唯一的途径。短板理论也就是我们经常所说的主要矛盾。只有明白事物的薄弱环节，抓住问题的关键所在，抓住问题的主要矛盾，才能抓住解决问题的关键，获得最大限度的成功。

一个水桶的储水量还取决于水桶的直径大小。每个团队都是直径不同的水桶，因此，水桶的大小也不可能完全一致。直径大的水桶，其储水量自然要大于其他直径小的水桶。

每块木板都相同的情况下，水桶的储水量还取决于水桶的形状。学过物理的人都知道，在周长相同的条件下，圆形的面积大于方形的面积。因此，圆形水桶是所有形状的水桶中储水量最大的，它强调组织结构的运作协调性和向心力，围绕这个圆心，形成一个最适合自己的圆。

总之，针对团队而言，团队的每一块资源都要围绕一个核心，每一个部门都要围绕这个核心目标而努力；对团队领导而言，偏颇任何一个部门都会对水桶最后的储水量带来影响。有一句话说得好：结构决定力量。事实上，结构也决定着水桶的储水量。

(有改动)

资料来源：吴吉明，王凤英.现代职业素养[M].北京理工大学出版社，2018：144.

## 第二节　创业团队的组建

在非洲的草原上，如果见到羚羊在奔逃，那一定是狮子来了。如果见到狮子在躲避，那一定是象群发怒了。如果见到成百上千的狮子和大象集体逃命的壮观景象，那就是蚂蚁军团来了。这则寓言让人们看到了蚂蚁作为团队的力量。

创业团队是一种特殊的群体，是由两个以上具有共同的创业理念、价值观和创业愿景，为了共同的创业目标，团结合作，共同承担创建新企业责任而组建起来的工作团队。事实证明：组建卓有成效的创业团队，是创业成功的重要基础。

## 一、创业团队的组建程序

一般而言，创业团队的组建要经历五个阶段，即形成期、成长期、协调期、成熟期、休整期。

微视频：6.2 如何组建你的创业团队

1.形成期

在创业团队的形成期，团队的目标、人数、结构、领导等都还不明确，这个阶段需要完成四项工作。

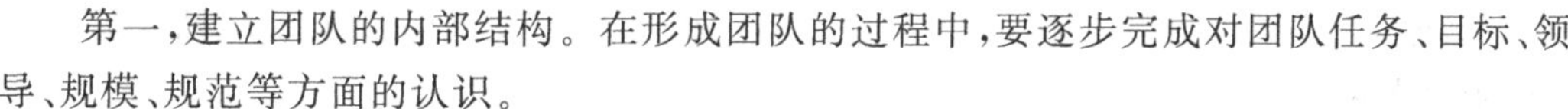

第一，建立团队的内部结构。在形成团队的过程中，要逐步完成对团队任务、目标、领导、规模、规范等方面的认识。

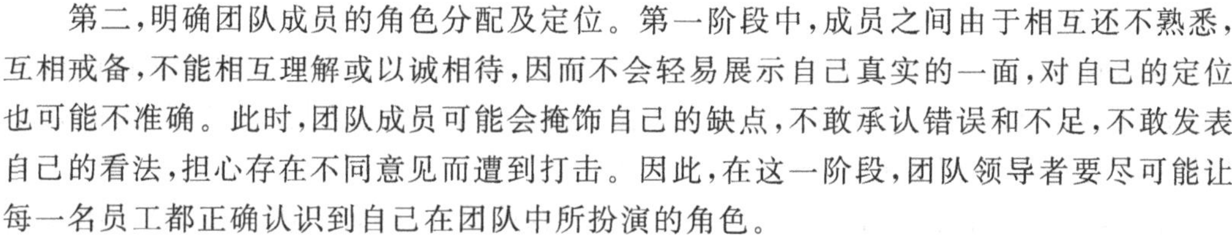

第二，明确团队成员的角色分配及定位。第一阶段中，成员之间由于相互还不熟悉，互相戒备，不能相互理解或以诚相待，因而不会轻易展示自己真实的一面，对自己的定位也可能不准确。此时，团队成员可能会掩饰自己的缺点，不敢承认错误和不足，不敢发表自己的看法，担心存在不同意见而遭到打击。因此，在这一阶段，团队领导者要尽可能让每一名员工都正确认识到自己在团队中所扮演的角色。

第三，明确企业文化氛围。要重视为团队成员创造一流的文化环境，这个文化既包括硬文化，也包括软文化，同时也为团队创造良好的休闲环境，把团队成员的需求放在第一位。

第四，确定合理的团队成员数量。也许很多管理者会尝试把众多员工塑造成一个团队。但是，这种尝试无疑都会以失败告终。在这一阶段，不可能建立一个拥有众多员工的高效团队。团队的成员数量应控制在30人以下比较合适。

2.成长期

团队在进入成长期后，随着团队成员相处时间的增加，隐藏的问题也会逐渐暴露出来，成员之间也会发生不少冲突。此时，团队成员可能会抵触团队给予的约束和规范。这种争执和冲突主要表现为三方面。

第一，随着对彼此逐步的了解，团队成员间会出现较劲、妒忌等现象，人与人之间的不信任会使大家既惧怕冲突，又不可能避免产生争执。此时，团队组建之初的基本规范似乎作用不大，团队极易出现支离破碎的状态。

第二，不仅成员与成员之间，而且在成员与环境之间、当前规范与以往行动之间等方面都会出现冲突的现象。成员之间个性的差异会直接导致冲突，其中对工作目标理解的不一致、责任的不明确是争执的主要原因。

第三，成员与公司的制度之间也会出现矛盾，较多体现在公司的薪酬制度上。因此，在公司内部管理中，绩效管理是重点。绩效目标应作为动态的标准，随企业外在环境的变化而变化。绩效考核的精髓在于沟通，以及增加绩效评估的频次、互动和开放程度。

3.协调期

经过一段时间的成长，团队逐渐走向协调期。团队成员之间的信任度有所增加，关系慢慢变得更为融洽，对团队目标的认同度和对公司的忠诚度都有所上升。这个时期，即使成员间发生矛盾，也会自行解决，达成统一的观点，形成团队的和谐。团队之间形成凝聚力，彼此之间保持积极的态度和相互理解、关心和友爱。团队与新旧制度之间、环境之间的关系也逐步理顺，达到和谐共处的状态。这一阶段的创业团队重点需要从两个方面促使团队更加协调。

第一，融洽的氛围是建立高效能团队的前提和基础。创业团队要重视通过各种方式，如把不同国家、不同语言、不同文化背景、不同饮食习惯的员工安排在一起工作，要他们通过项目合作等机会，主动想办法去沟通和相处。

第二，重视企业文化的打造，更大范围地凝聚人心。公司可以通过“健康一把抓”“时尚代言人”“活力大本营”等文体活动，让员工对公司有新的认同感；又如，可以借助公司的咖文化，把文化与工作融为一体，为团队成员提供和谐、相互交流的场所，让团队成员更加认同企业文化。

4.成熟期

成熟期是团队发展的第四个阶段。在这个阶段，团队成员已基本接受团队目标和团队结构，成员之间的矛盾也在相互理解中冰释。团队已能集中精力投入其目标中去，并对此负责。这一阶段，团队主要表现为三方面特征。

第一，基本达到建立团队的预期目标。所谓“养兵千日，用兵一时”，成熟期的团队成员不会再为一点小事而争吵不止，怀疑、猜忌等态度基本消失，成员已经学会相互理解和相互支持，从而把更多的注意力转移到充满自信地完成手头上的任务上。团队领导者不再高高在上、让人畏惧，而是和团队融为一体。

第二，团队成员为了完成任务，在小组会议上已经敢于发表不同的见解，提出一些建设性的意见。大家在不同的意见中寻求最佳方案，高度信任，彼此尊重，也乐于接受新方法和新理念，敢于面对冲突和各种挑战。

第三，团队成员的责任心增强。从最初的相互推卸责任、不敢发表自己观点转变成有信心承担自己责任，并基本能在无须协助的情况下自己开展工作，甚至可以视工作为自发的兴趣需要，而不仅仅是一种谋生的手段。

5.休整期

团队经历了以上四个阶段后，会进入休整期。这个阶段是一个容易自满而又懒惰的阶段。团队成员在成熟期为公司带来巨大成功，个人获得无数荣誉，圆满完成团队目标的时候，往往容易“躺平”在过去功劳所带来的荣誉中，而不再去更加努力付出或追求更多。该阶段的团队主要表现为三方面特征。

第一，此时的团队成员往往满足于现状，把自己固定在小圈子里，漠视其他团队需求。由于对团队规章制度的极大认同，此时团队已经习惯于旧的制度和程序。

第二，团队的绩效很可能步入一个低迷时期，团队领导可能再一次被团队孤立起来。

第三，团队此时面临两个选择，可能会被解体，也可能会接受新的任务，如原来的成员组成目标不同的新团队。

大学生创业者要明确知道构建团队的五个程序，尽可能快地让团队进入成熟期，并维持在这个阶段。

## 创业分享

### 如何从“创始团队”进化为一个“有职业经理人气质的创业团队”

2021 年让我们对于“大公司”有了一些新的理解。比如 11 月 9 日，全球最大的集团型公司之一 GE 拆分成三个事业部。再比如，几个超大型的中国公司爆雷或者破产重组。这些案例都让我们对于“大”不那么执迷了。

绝大部分创业公司还是走在做强、做大、规模化的路上。但是一些公司到了一定阶段之后，就做不“大”了。这样的创始团队通常有如下四个普遍的特点：(1)创业很久，但核心团队依旧是创始人或者加上一两个早期伙伴，另加几个早期的跟随者；(2)很善于找到从 0 到 1 的机会，所以在第一曲线还没做到 10 的时候就开始探索第二曲线、第三曲线；(3)希望引入大公司职业经理人的经验，但外招的职业经理人存活率不高，也因此有些心灰意冷，甚至对“职业经理人”这五个字都有点反感；(3)公司总是在“折腾”，每年组织架构至少大调一次；(4)建立规则、打破规则、建立新的规则是常态，长期没有沉淀等等。

面对这种问题如何解呢？

0～1 之间的组织与 10～100 之间的组织非常不一样。0～1 的组织实际上还不是个公司，而是个 start-up，即初创公司。1～10 之间是一个初创公司“换挡”的关键期。在这个关键期内，核心的挑战是一号位和领导团队的进化，成功的关键是要从一个“创始团队”蜕变为一个“有职业经理人气质的创业团队”。在 1～10 这个阶段，如果不能实现这样的蜕变，那么即使成功地实现了 0～1 突破的创始团队，也可能逐渐变成一个“伪高管团队”。

为了实现这一蜕变，有三个方面需要特别注意提升。

第一，增强战略落地的能力。这里说的战略能力，其实说的是化愿景为战略的能力。很多一号位的前瞻性非常好，对于市场的洞察也非常强，但是他们口中谈的战略更多是愿景式的战略，如“我要打造 XX 这样的平台”“我要打造 XX 的大学”，这种说法容易走向以自我为中心的“我想要干什么”，而忽略掉“我能干什么”以及“我打算怎么干下去”。一个公司要想在竞争中取胜，光靠有前瞻性的愿景是不够的。所谓化愿景为战略的能力，是既能描绘出战略的地图，又有摸清地形的勇气和动力，把可能的路径选择真实浮现出来。另外，很多创始人有愿景、有洞察，但是不愿意与中高层沟通，这也会大大削弱这些愿景和洞察的力量。

第二，提升专业能力和职业精神。创始团队成员既需要过硬的专业能力，又需要职业精神(作为管理者的角色感)。这两者缺一不可。没有过硬的专业能力，只有职业精神，就变成了只懂管理的管理者，容易演变成官僚；只有专业能力但没有职业精神，就不愿意去承担管理责任，让别人发挥出来，而是老爱自己动手。在这个过程中，一号位以及创始团队的人才审美进化是个关键。没有有意识地进化，创始团队就会系统性地消灭很多重要的能力，导致整个团队无法进化。

第三，建立“横向拉通力”。在创始团队向有职业经理人气质的创业团队的蜕变过程中，高管团队面临的一个挑战就是培养“横向拉通力”，这需要协作精神、全局视角、项目管

理能力等。在一个有职业经理人气质的创业团队中，每个高管既要能领导别人，也乐于被领导。有了这个能力和氛围，在下一个阶段(10～100 的阶段)，公司才能进一步实现从团队到组织的蜕变。

当然，单纯地追求"大"没有任何意义。一个公司想要有质量同时高速地发展，需要在"想做""能做"和"应做"之间保持动态平衡，发展出适合发展阶段的组织领导力。这是创业型高管团队的集体修炼。

(有改动)

资料来源：微信公众号"首席组织官"(ID:COO-STRATEGY)，作者：刘娜。

## 二、创业团队成员的角色定位

微视频：6.3 应该选择和什么样的人一起创业

一条猎狗将兔子赶出了窝，一直追赶它，追了很久仍然没有抓到。一个牧羊人看到此种情景停下来，讥笑猎狗说："你们两个之间小的反而跑得快很多。"猎狗回答说："你不知道我们两个的跑是完全不同的！我仅仅是为了一餐饭而跑，而它却为了性命而跑呀！"这则寓言揭示了一个道理：兔子与猎狗都在拼命奔跑，然而，由于目标不一致，其动力也不一样。创业团队中，团队成员在团队中的目标可能不一致，定位可能不明确，权责也可能不清晰。因此，有必要让所有团队成员都明确自己担当的角色，让不同的团队成员具有明确的角色定位。

曾任剑桥产业培训研究部主任的贝尔宾(Belbin)博士和他的同事们经过多年的研究与实践，提出了著名的贝尔宾团队角色理论，其基本理念是：在团队中，人们除了承担工作角色或功能角色之外，还会承担团队角色。前者多与人们的专业技能和职位水平有关，而后者则是由人们的兴趣、性格以及思维方式所决定的一种特定行为模式。他将团队角色定义为：个体在群体内的行为、贡献以及人际互动的倾向性。如果能利用个人的行为优势创造一个和谐的团队，那便可以极大地提升团队和个人绩效。

贝尔宾团队角色理论认为，一个结构合理的团队应该由 9 种团队角色组成。

1.智多星 PL(plant)

智多星的创造力强，主要充当创新者和发明者的角色，为团队的发展和完善出谋划策。他们通常更倾向于与其他团队成员保持距离，善于运用自己的想象力独立完成任务，标新立异。但由于他们的想法总是很激进，因此可能会忽略实施的可能性。他们是独立的、聪明的、充满原创思想的，但是他们可能不善于与那些气场不同的人交流。

2.资源调查员 RI(resource investigator)

资源调查员角色是热情的、行动力强的、外向的人。由于他们性格开朗外向，所以无论到哪里都会受到热烈欢迎。他们与生俱来是谈判的高手，并且善于挖掘新的机遇，发展人际关系。虽然自己可能并没有很多原创想法，但是在听取和发展别人想法的时候，资源调查员的效率极高。然而，如果没有他人的持续激励，他们的热情就会很快消退。

3.监督评论员 ME(monitor evaluator)

监督评论员角色是态度严肃的、谨慎理智的人。他们与生俱来有着对过份热情的免疫力,具有批判性思维,倾向于三思而后行,总是在考虑周全之后才作出决定。具有监督评论员特征的人所作出的决定,出错率较低。

4.协调者 CO(co-ordinator)

协调者角色最突出的特征就是冷静克制,他们可以凝聚团队的力量向共同的目标努力。在人际交往中,他们能很快识别对方的长处所在,并且通过知人善用来达成团队目标,他们拥有远见的卓识,并且能够获得团队成员的尊重。但协调者并不一定是团队中最聪明的成员,相对而言也较缺乏活跃的思维和创造力。

5.鞭策者 SH(shaper)

鞭策者角色是充满干劲的、精力充沛的、渴望成就的人。通常他们非常有进取心,性格外向,拥有强大驱动力。他们勇于挑战他人,并且关心最终是否胜利,在行动中如遇困难,则会积极地找出解决办法。他们既顽强又自信,在面对任何失望和挫折时,倾向于显示出强烈的情绪反应。但是鞭策者对人际不敏感,好争辩,可能缺少对人际交往的理解。这些特征决定了他们是团队中最具竞争性的角色。

6.凝聚者 TW(teamworker)

凝聚者是在团队中给予他人支持和帮助的成员。他们性格温和,擅长人际交往并关心他人。他们灵活性强,适应不同环境和人的能力非常强。作为最佳倾听者,他们通常在团队中倍受欢迎。但是当面对危机时,他们却可能显得优柔寡断。

7.实干家 IM(implementer)

实干家是典型的将自身利益与忠诚于团队紧密相连、较少关注个人诉求的角色。他们往往是实用主义者,有强烈的自我控制力及纪律意识。然而,他们可能会因缺乏主动而显得一板一眼。

8.善始善终者 CF(completer finisher)

善始善终者角色是坚持不懈的、注重细节的人。一般来说,大多数完成者都性格内向,并不太需要外部的激励或推动,而是由内部焦虑所驱动。他们不喜欢委派他人,无法容忍那些态度随意的人,而更偏好自己来完成所有的任务。

9.专家 SP(specialist)

专家角色是公司中那些专注于工作的人。他们主要专注于维持自己的专业度以及对专业知识的不断探究之上,会为自己获得专业技能和知识而感到骄傲。然而由于他们将绝大多数注意力都集中在自己的领域里,而其他领域所知甚少,因而往往成为只对专一领域有贡献的专家。

贝尔宾的团队角色理论可以帮助大学生创业者明确团队各种角色的优劣势,真正实现因人设岗,依据员工的优劣势进行人岗匹配,并利用团队角色来提升整个团队的效能。

案例分析

**《西游记》团队成员角色分析**

《西游记》中的师徒四人可谓为一个团队，而且是一个成功的团队。从现代企业管理的视角分析该团队的组织架构如下。

唐僧：团队的最高领导，是决策层。在企业里，唐僧就像总经理等高层管理人员，运用自己的强硬管理方式和制度（紧箍咒）来管理团队，并且通过"软权力"和"硬权力"的结合来调动整个团队。正是他领导团队去西天取经，并获得成功。

孙悟空：团队中的职业经理人，具体一点就是部门经理。孙悟空本领高强，到哪里都能混口饭吃，而且社会关系和社会资源极为丰富，就是性格有些"猴急"。从个人素质上说，他是非常优秀的。通常总经理（唐僧）布置的任务，他不仅高效完成，而且处处留下美名，颇有跨国公司职业经理人的风范。

猪八戒：幽默、可爱，充当着团队润滑剂的角色，是关系协调者。作为团队中的一员，猪八戒还是有很多优点的，而且在许多方面对团队具有一定贡献，比如运用公共关系的方法来协调成员之间的矛盾。没有八戒的团队是残缺的，而且也是不完美的。团队中侧重沟通、协调关系的角色都类似于他，也是极其重要的。用一句话来概括：八戒是公司中跨部门沟通的典范！

沙僧：朴实无华，工作踏实，兢兢业业，是劳动的模范。沙僧虽然没有职业经理人的风光与关系协调者的本领，但所做的工作却是最基础的。作为"广大劳动者"，每一个员工都应该学习他，主动承担起自己的责任，努力工作，为团队和组织作出自己的贡献。

当然，在认同他们优秀的同时，我们还是要认识到他们的缺点，比如唐僧本人性格优柔寡断，不明是非；悟空个人英雄主义严重，无视组织纪律和制度；八戒好吃懒做，好色成性，耽误正事；沙僧缺乏主见，工作欠缺灵活性等。只有熟悉自己的优缺点，才能将工作做好。

这个团队最大的优点是互补性。领导有权威、有目标，但能力差点；员工有能力，但自我约束力差，目标不够明确，有时还会开小差。不过总的来看，这个团队还是非常成功的，虽然历经九九八十一磨难，但最终修成了正果。

（有改动）

资料来源：瑞翼教育教学管理团队.准职业人导向训练教程[M].浙江科学技术出版社，2019：111-112.

微视频：6.4 听创业大咖聊创业团队的组建

## 三、创业团队的组建标准

要组建一个具有合作能力的优秀团队，前提是明确优秀创业团队的标准，创建一个优秀的创业团队可重点从以下六个方面努力。

1.要有卓越的领导者指引团队前进

卓越的领导者是团队的核心领导。一个卓越的领导者能够有效带领团队成员朝着既定目标努力，引导和鼓励成员在工作中奋力前行。领导者要有吸引力和感召力。例如，巨人集团的老总史玉柱在企业即将破产的情况下，仍有很多部下愿意追随他，即使不发工资也甘心跟着他干，就是因为史玉柱身上有一种吸引力和感召力，能让员工喷发出激情。因此，大到一个企业集体，小到一个职能部门，或者是一个工作小组，要想组织有力，使团队成员拥有较高的忠诚度，选择一个大家都认可的团队领导人至关重要。

2.要有共同的事业愿景

一个团队能否一起走得更远、更久，归结于这个团队是否有共同的愿景。团队信念是让团队成员排除万难、风雨同舟的前提。中国共产党党员为何在"白色恐怖"下立场坚定，甚至抛头颅、洒热血，归根结底，是因为大家都有一个为大众谋福祉、实现共产主义的信念。正是这种信念促使大家一往无前，无所畏惧。团队在构建共同愿景时，要帮助成员找到团队存在的价值和意义，明确成员职责，描绘未来的前景和"钱景"，才能让大家心有目标，身有行动。

3.要有敬业、互补、团结的团队成员

敬业的团队成员是一个团队的支柱。敬业、忠于目标并且为之不懈努力的团队成员保证了团队任务的有效完成。团队中如果仅有某几个成员做到了敬业，那么可能他们只能创造出自己的价值；如果一个团队中的所有成员都能够做到敬业，有相同的目标以及冲击目标的勇气和信心，那么这样的团队才可能走向成功。因此，敬业的团队成员对于一个团队是不可或缺的。要想保证团队的高效有力，团队成员的组成非常关键。很难想象，如果一个团队都是性格暴躁，或者性格柔弱，或者专业相似，或者都是某一共同领域中的高手，那么这个团队一定无法生存太久。因此，敬业团结并且互补型的成员类型，才是"黏合"团队的基础。

4.要有合理有效的合作竞争机制

在一个团队中，竞争与合作是并存的。竞争离不开合作，竞争的胜利通常总是通过某一群体内部或多个群体之间通力合作的结果；合作也离不开竞争，没有竞争的合作只能是死水一潭。竞争可促进合作，合作也会增强竞争的实力，正是这种竞争中的合作和合作中的竞争，推动着人类社会的不断发展和进步。基于这样的立场，组建的团队既要鼓励竞争、提倡竞争、保护竞争，又要提倡合作，提倡互相关心、互相爱护、互相帮助。既要敢于竞争，又要善于合作。这种既合作又竞争的机制有利于成员不断进行自我创新，改进工作；同时也提高了团队成员的个人能力和参与工作的积极性。

5.要有高效的激励机制

优秀的团队离不开成员的付出与奉献。只要成员为团队作了贡献，哪怕是一点点，领导者都要肯定员工的付出，并且要从不同方面去激励员工，让员工继续保持积极性去完成其他工作任务。

6.要有团队文化

团队文化是团队成员在相互合作的过程中为完成团队共同目标并实现各自的人生价

值而形成的一种潜意识文化，主要包含价值观、最高目标、行为准则、管理制度、道德风尚等内容。团队文化是一个团队的灵魂，成功的团队必定拥有一个优秀的团队文化。团队文化的建设是以全体员工为工作对象，通过宣传、教育、培训和文化娱乐、交心联谊等方式，最大限度地统一员工意志，规范员工行为，凝聚员工力量，为团队总目标服务。

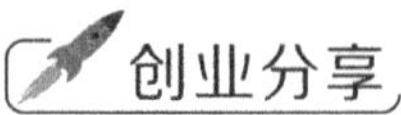
创业分享

### 哪一种创业团队模式比较容易成功？

我已经从事投资行业5年，投资了50多家公司，我花了很多时间思考我投资过的项目，哪些是成功的投资，哪些不是。创业经验、专业经验和行业、产品经验似乎是最重要的三个特征。这三个维度描绘了一个明确的框架和一系列组合或模式，我们以一些成功的例子来对创业的四种模式加以说明。

**模式一："YC模式"**

**初次创业＋有限的专业经验＋行业/产品专家**

我称这种模式为YC模型，因为许多Y-Combinator孵化的团队符合这个模式。职业生涯早期创始人的第一家创业公司，他们具备的编程或产品经验与他们想要颠覆的行业相关。在我们的投资组合中，有两家公司在这种模式中脱颖而出。一是Farmlogs：给农民的软件。两位联合创始人在学校就创办了公司。两人都是黑客，其中一个在农场长大。另一个是Shipbob：简单、快速、便宜地实现电子商务。这两位联合创始人在职业生涯早期都是开发者，一人来自我们投资的另外一家公司，另一人来自德勤。他们在创立Shipbob之前曾涉足电子商务领域，创立Shipbob就是为了解决他们曾经遇到过的问题。

为什么YC模式通常是可行的？早期的职业生涯、第一家公司，这样的团队几乎没有可失去的。他们通常是未婚、没有孩子、灵活的。尽管根据定义，这些团队在工作上有很多需要学习，但早期他们通常不需要或不想要高薪带来的稳定，他们习惯于自己动手。在那些已经开始了职业生涯的团队中（不是直接从高中或大学毕业创业），他们可能是单个的贡献者，而不渴望自己建立大型团队。最后一点，同样重要的是，这些年轻的团队只有足够的经验看到并希望解决一个行业的问题，而不会因为需要改变的规范而受干扰。

因此，YC模式的团队可以有效地找到匹配市场的产品，同时保持资本效率。他们灵活敏捷。不稳定的方面是在招聘、管理和组织机构方面缺乏经验，不了解复杂的市场动态和与投资人合作，他们倾向于在找到匹配市场产品后进行业务扩张。

**模式二："成功创业，再来一次"**

**成功退出了的创业公司＋广泛的专业经验＋行业/产品专家**

这个模式看上去比较无脑。成功做过一次，那就再来一次。我们的投资组合中最好的例子是G2Crowd，B2B软件领域的Yelp。我们投资了一些这种模式的公司，包括Truss，Hubdoc，Lookbook，Catalytic和Upfront Healthcare。虽然这些团队可能会烧更多的钱，但他们在职场上需要学习的东西是比较少的，所以这算是有效的平衡。他们也为投资者赚了钱，因为这样才能获得资本。作为拥有丰富创业历程的创始人，他们也知道如何吸引人才，组织机构，向大客户销售，开拓市场，与投资者合作。最后，如果他们自己名气足够大，他们以前的行业角色可能有助于让业界注意到他们。

然而，这种模式并非没有风险。经验丰富的团队也会犯错误。一个常见失误就是融资过多、过快，估值过高，这会限制公司的选择。如果团队没有达到投资方的要求或者烧钱太多就可能出现问题。

**模式三："CXO 转为创始人"**

**初次创业＋广泛的专业经验＋行业/产品专家**

这是比较难的一种模式。这种团队经常有一堆经理或"领导"，他们从一开始就想要高薪，要员工为他们做所有事情。他们了解很多关于管理现有组织，但这和寻找 PMF(Product Market Fit，指产品和市场需求达到最佳契合点)无关。这些团队烧钱快，经常失败或很快解散，因为他们的财务和情绪不和谐。我们很少在这种模式下看到成功，从中可以看出企业管理者和创业公司领导者之间的一些根本性差异。

**模式四："明星创业者"**

**创业公司成功退出经验＋有限的专业经验＋行业/产品专家**

即使这种类型的团队还很年轻，缺乏经验，但他们经历过成功，而且经常可以再次成功。他们第一次退出可能是体面的，甚至卓越的。但现在他们想要一次更大的成功。这种模式的主要风险是傲慢或错误归因。年轻的成功创始人(以及追逐他们的投资者)可能将成功归为在正确的时间、正确的地点做正确的事情。做正确的事是容易复制的，来自判断和技巧，而不是运气。更成熟的团队往往会避免这种错误归因。作为投资者，这也是评估的关键。

当然，这些只是经验法则，事实上总是会有例外出现。

本文作者：Guy Turner，Hyde Park Venture Partners 的创始合伙人。

资料来源：https://36kr.com/p/1721662849025.

## 第三节 创业团队的管理

高效的团队管理可以显著提高创业团队的运转效率以及企业员工的积极性，是创业得以可持续发展的核心和基础。创业团队的管理主要通过激励措施的设计、团队文化的构建、团队冲突的化解等方法，增强团队的凝聚力，实现对资源的优化整合，使团队得以高效运转，实现高效协作。

## 一、创业团队的激励设计

微视频:6.5 内容为王的员工激励

对一个创业团队而言,尽管员工各自具有一定的能力,但并不一定都会产生对组织有意义的价值。员工能力和天赋的发挥在很大程度上取决于其需求水平的高低。人们加入某个组织,往往会基于不同的需要和动机,如报酬、住房、个人发展等。激励正是通过满足员工的不同需要和动机,来引导其为组织、为团队的目标而作出努力和贡献的过程。

创业团队激励的方法一般有竞争激励、奖励激励和个人发展激励。

1.竞争激励

竞争可以使创业团队的表现越来越出色,可以刺激团队成员的进取心,使他们力争上游,发挥出最大的潜能。需要强调的是,竞争激励是要鼓励先进,促进发展,但不是进行"优胜劣汰",相反要对那些后进者通过合作给予"帮助"。竞争激励的方式主要有以下三种。

第一,优秀员工榜。优秀员工榜是不少创业团队经常采用的一种激励方式。优秀员工榜可以分月评和季评,但绝不是轮流坐庄,否则就达不到预期的效果。对于优秀成员,可以把他的照片粘贴在醒目的位置,从而起到强大的精神鼓励作用。

第二,竞赛。竞赛的方式有很多,例如,设立全业绩排行榜,每个月或每个季度根据成员的销售业绩或生产业绩进行排名,对排名第一的给予奖励。也可以设立"榜主奖",对连续三个月都名列第一的给予重奖。类似的竞赛方式还有销售额比赛、质量比赛、利润比赛、明星大赛等。通过这些竞赛方式,同样也可以起到激励团队成员的作用。

第三,职位竞选。职位竞选也是许多团队在内部实行的一种激励方式。通常,团队在进行职位竞选时,可以通过让成员提供相关的职位方案或进行职位演讲,其他成员进行投票,从而确定团队中最能胜任此项工作的成员。

2.奖励激励

奖励有时要比竞争或压力更能影响人的行为。奖励要恰到好处,过于频繁,或者给予大于应得,则有可能适得其反。奖励激励的方式通常有以下六种。

第一,加薪。加薪是一种较普遍的激励方式。加薪主要有两种形式:一种是加奖金,重点针对短期内表现优秀的员工;另一种是提升基本工资,以奖励稳定的杰出贡献者、努力工作者或服务到一定期限的员工。但是,如果领导者不管成员有何"功绩"而采用过于主观的奖励方式,那么将可能产生负面效应,从而导致团队成员灰心丧气、精神不振,甚至人员流失。

第二,公司股份与期权。分配公司的股份和期权是一种较为普遍的激励方式。这种股权激励的方式可以让成员感觉到自己在团队中的主人翁地位。但由于股权变化比较敏感,有时候代价会很高,操作的难度也相对较大。

第三,旅游。旅游奖励作为一个全球性的管理工具,可以帮助企业达到人员激励进而提升绩效的目标。但是,奖励旅游绝对不能成为传统意义上理解的福利旅游,而是激励员工的一种手段，而且旅游需要员工离开工作岗位，组织起来比较耗费时间和精力，且成本较高。

第四，休假。休假很重要，关系到团队成员的休整放松和生活质量等问题。休息其实也是提升效率的一种极为有用的方式，如实行争取休假时间的竞赛。如果一个业绩目标是由团队所有成员共同完成时，那么目标完成之后适合的奖励就是休假。

第五，津贴和福利。津贴和福利通常是指经济上的奖励，包括优惠的住房、支付各项保险，如意外保险、人身保险和旅行保险等。

第六，其他形式的奖励。奖品、"出其不意的认可"等形式的奖励也已成为激励团队成员的重要方法。这样的激励形式很多，例如，举办"员工狂欢夜"，企业创始人与员工合影，团队共进午餐，重新装饰工作场所，颁发证书，给予特殊成就奖等。

3.个人发展激励

微视频：6.6 胜在过程的员工激励

在团队管理中，最有意义的激励方式就是对成员个人发展的激励。个人发展激励将团队成员自我发展的目标与团队的目标融为一体，具有长久性、持续性和稳定性的特点，有利于团队的长远发展。个人发展激励主要有以下六种方法。

第一，职业发展。职业发展的激励方法是指公布明确的职业生涯发展路径，鼓励成员向更高一级的台阶迈进。大多数团队成员都会关注自己职业生涯的发展，对于高成就动机的成员而言，薪资往往是次要的，相反，他们更看重的是个人未来的发展前景。因此，企业要为员工制订个人的专项职业发展计划，提供相应的便利条件，为他们搭建施展才华的平台或机会。同时还要提醒员工，个人的发展应与团队的战略和方向相一致。

第二，目标激励。在组织制度的设计上，企业要为员工参与管理提供一定条件，从而提高员工工作的主动性。管理者要为每个岗位制定详细的岗位职责和权力，让每一个员工都参与到制定工作目标的决策中来，让他们在工作中享有较大的决策权和自主权，让他们感到自尊和自信，这样，员工的工作热情自然就会高涨。

第三，晋升或增加责任。晋升主要是指团队中的升职和升级。在采用这种激励方式时，要注意晋升制度中的公开、公平、公正的原则，创造科学的人才选拔和竞争机制。增加责任的方法主要有：领导项目任务小组；承担教学或指导工作的任务；给予特殊任务并放手让员工去做；参与重大决策；授予荣誉职务。晋升或增加责任的激励方式如果运用得当，其激励效果非常明显。但该方式有可能受到职位数目的限制，甚至会因为晋升某些人的个人地位反而给团队合作带来副作用。

第四，培训或其他学习机会。培训或其他学习机会也可以作为对具有杰出贡献员工的奖励。挑选优秀员工去参加同行专业或学术研讨会，帮助其学习新的技能，扩大与同行之间的交往，同时也能为团队发展带来全新的视角。安排员工进行培训或攻读学位可使员工承担更大的责任或接受更具挑战性的工作，并为其提升到更重要的岗位创造条件。在许多著名公司里，培训已经成为一种正式的奖励模式。

第五，工作内容激励。用工作本身来激励员工是最有乐趣的一种激励方式。如果能让员工从事他最喜欢的工作，他就能产生工作的激情和兴趣。因此，管理者应该了解员工的特长和爱好，让他将职业和个人的兴趣结合起来，把工作当成事业来做，全身心地投入，

这也是个人价值实现的最理想状态。该方式能够将个人目标、自我发展与团队工作、组织目标联系起来,使员工充分享受工作过程带来的乐趣。

第六,组织荣誉。不管是成为明星个人,还是成为明星团队,都是令人振奋的一份荣誉,由此可有效提升团队的士气。为激励团队成员,有些企事业建立了关于成员出色业绩和成就的表彰体系,如领导者亲自表扬和感谢,在内部刊物上发表贴有成员照片的文章,以广告形式公开表彰,授予团队荣誉称号等。

## 二、创业团队文化的建设

微视频:6.7 组织文化建设与管理

每个企业在创立自己的团队文化时,都需要按照一定程序来进行。创业型团队文化的创建主要有五个阶段,这五个阶段的工作并不是独立进行的,而是交叉进行的,因此构成了一个环形结构。这五个阶段的工作都存在相互的信息反馈和交流,同时每个阶段工作都将根据反馈的信息不断进行调整,从而保障团队文化创建工作的正常进行。

### (一)调查阶段

在创建团队文化之前,首要的工作就是调查。调查的重点是分析团队所处行业的生产经营状况,通过对文化因素进行考察,为创立团队文化提供参考信息。调查可从以下五方面进行。

1.团队机制。团队文化之所以能生成,依靠的是团队内部能够对各种活动信息进行加工的机制。而这种机制在团队中表现出来就是经营机制,也是调查阶段的核心工作。

2.创业者的价值观。创业者在设计创业团队的文化时,主要受到其个人价值观的影响。而创业者的价值观稳定性越大,对整个团队的影响也越大,因此调查阶段应该认真分析创业者个人的价值观。确定一个正确的价值观是团队文化建设的首要任务。

3.团队员工的素质。团队文化是一个团队的全体员工所遵循的价值观、信念的体现。不同的团队文化会塑造出不同素质的员工,同时整体员工的素质高低也影响团队文化水平的高低。创立团队文化还要分析创业团队的人员素质。

4.团队的发展战略。调查分析团队在创建时制定的发展道路,预测将来可能出现的发展道路和远景规划,对团队文化的未来发展作一个战略性的分析。

5.团队的环境。团队文化是在团队所处的内外部环境作用下生成的。在创建团队文化之前需要对团队所处的内外部环境,包括卫生环境、生产环境、经营环境等进行调查和分析。

### (二)总体设计阶段

在创业团队中,创建团队文化需要从总体上设计一个方案,即大学生创业者根据团队目前所处的环境和对未来团队发展的设想,在调查的基础上制定出来的团队文化的总体规划。这个方案应该包括以下四个要点。

1.团队定位。描述创业团队文化的宗旨和意义，从宏观上规划出团队文化的发展方向，对本团队的文化进行定位。

2.团队核心价值观。要让团队的全体成员都能正确理解团队的核心价值观，了解团队文化对员工的要求。

3.团队目标。依据所建立团队的独特个性，提出企业家精神、团队的管理哲学等团队精神文化所要达到的目标。

4.团队管理机制。向同行业成熟团队学习，借鉴相关经验，提出可行性方案，构建出团队制度文化的设想，突出强调对团队员工的约束力。

### （三）试验阶段

这一阶段的任务是对设计出的团队文化方案进行论证考察，可先在个别部门试行，然后根据试行的情况来验证总体设计的可行性。个别试验后即可找出不足之处，然后进行修改，主要进行以下安排。

1.选择适当的宣传工具。在选定的部门介绍设计出的团队文化方案，将精神贯彻到日常工作中，通过实践来检验设计的可行性。

2.收集选定部门员工的意见。主要采用问卷调查法、面对面访谈法、提建议法等各种合理的方式。

3.分析与修改。分析收集到的所有信息，总结出设计的团队文化的亮点和其中不符合实际的部分，将总体设计中不合理的地方加以修正。

4.再次试验。将修正后的团队文化再进行试验，直到团队中的大多数人都认可为止。

### （四）推广阶段

团队文化的推广是在总体设计经过小范围的实践检验，并被大多数团队员工所认同之后，将团队文化向全体部门传播并转化为现实的过程。这一阶段可采用以下方法进行推广。

1.会议宣传。通过会议直接宣传团队文化是一种开门见山的方法，清楚地向员工传达团队的核心价值观和期望。

2.利用仪式。各种各样的仪式和典礼等一系列活动可以表达和强化团队的核心价值观以及团队的目标。

3.实物象征。可以在团队的办公地点、办公设施、生产车间、技术设备上印制实物标志，以体现团队文化。

### （五）调整巩固阶段

团队文化的调整就是团队在面临经营环境发生变化时，根据团队文化的特点，对团队文化的传播执行效果进行检查和衡量，评估其执行的优劣，消除团队文化可能出现的负效应，从而强化团队文化的正效应，保证团队的健康发展。而团队文化的巩固则是在团队文化的调整之后，进一步突出本团队的文化个性，发挥文化对团队的积极影响，以调整之后的文化作为团队前进的新动力，加强团队在市场上的竞争力。

总之，在现代团队竞争环境中，团队力量的发挥需要依靠团队文化的建设。打造出具有高凝聚力的团队，已经被公认为是赢得竞争优势的必要条件。

## 创业分享

### 大学生创业团队如何逃脱“毕业即散伙”的魔咒

创业热潮在校园涌动，创业追梦背后更需冷静思考：中国大学生合伙人如何实现从校园到社会的“生死跨越”，从而在社会上站稳脚跟？

**立足专业领域，各司其职**

华中科技大学计算机博士生范小虎花了3年时间，终于“啃”下了武汉智能家居行业的“硬骨头”。

2011年，范小虎考入华中科技大学计算机学院，结识了谢屈波等三位年龄相仿、志趣相投的博士生同学。3年后，4人决定针对老年群体打造一款智能家居系统，并成立武汉博虎科技有限公司。

“博虎”是公司两位主创——谢屈波和范小虎名字的组合。主创团队4个人各有所长。谢屈波曾将一个创业公司做到了上市；另外两人在国外读博士后，掌握着行业领域前沿动态；而范小虎自称“刘备”，能将一帮“大将”聚在一起战斗。范小虎认为，项目能稳定地运行下去，主要原因在于他们立足专业领域，各司其职，每个人都做自己最擅长的事情。

**找合伙人比找对象更重要**

“有时候一个人单打独斗未必就好，有一群跟你一起打拼的伙伴，在遇到困难时才不会孤立无援。”范小虎一开始就明白得找个靠谱的伙伴一起创业。选择创业合伙人时，他邀请了熟悉的同学，4个人对各自专业能力、为人处事各方面都互相了解。他认为，“找到逆境时出现的朋友”才是创业合伙人的最佳选择。

他算了笔账：每天早上出门前和女朋友说不了1个小时的话，晚上9点多下班后又不到2个小时，中间有8个多小时要和合伙人待在一起。

“找创业合伙人比找对象都重要。”他笑道。

**权责明确，规避纠纷**

范小虎在合伙人的股权分配上有自己的一套办法：“首先，合伙人之间的权责利益一定要明确，白纸黑字红章都要有，并且有动态适应调节机制。”例如，4位股东虽然股权平分，但都有相应的销售任务，完成每单业务都可以单独拿提成，遵循多劳多得的原则。“合伙人之间的利益，只要股份、利润分配合情合理，大家一起合作就会愉快”。

大学生创业团队的合伙人大多是同学、朋友，这些原本很亲密的关系，有的后来反而成为矛盾的导火线。因此，大学生创业要事前定好游戏规则。在股权、表决权设计上制定相应的规章制度，确定核心人物，把握企业管理的规律，形成较成熟的企业架构，从而维系创业团队的良性运转。

大学生创业能否逃脱“毕业即散伙”的魔咒，关键取决于主创大学生的管理智慧。这就要求大学生管理者既具备较强的领导能力，还要有团队建设能力。掌舵人所要具备的业务能力、财务能力以及社交能力是书本上学不到的，这就需要创业大学生拥有足够的信心，社会也有足够的宽容，让大学生创业者在试错中摸索与学习，与团队合伙人共同成长。

资料来源：中国青年报 2019-08-02(10)：17.

## 三、创业团队冲突的化解

当创业团队发展到一定程度，随着团队成员交往的日益频繁，团队中产生一定的冲突也难以避免。但是，冲突并不意味着破坏和毁灭，选择正确的方式化解由冲突带来的负面影响，有时甚至可以从中获取机遇。

微视频：6.8 如何避免团队可能的误区

### （一）创业团队冲突的类型

创业团队冲突可以根据不同的标准分成不同的类别。

1.按产生的原因分为工作冲突和人际关系冲突

一是工作冲突。工作冲突是团队冲突中最容易发生的一种，也是最常见的一种。工作冲突往往发生在一个决策问题的争议中、一场各抒己见的会议上，围绕的冲突议题往往是该怎么把工作做好。这并不是负面的，反而是积极有效，甚至能够促进团队变革的。但是，工作冲突也要注意一定的度，切莫将工作上的冲突延伸到人与人的冲突上去。二是人际关系冲突。影响人际关系的因素很多，一些来源于工作本身，一些来源于其他方面。工作冲突和人际关系冲突在一定条件下可能会相互转换。人际关系冲突较工作冲突往往具有一定的负面性和长期性。人际关系冲突一旦形成，个人应当尽最大努力进行补救，以化解可能带来的负面影响。

2.按发生的形式分为建设性冲突和破坏性冲突

一是建设性冲突。建设性冲突又称作功能性冲突，主要发生在团队发展的过程中，表现为能够激发团队成员的才能，为团队带来创新和变革。建设性冲突往往能够萌发新的思路和做法，但也容易造成管理层和执行层的矛盾。团队成员应该在每一次建设性冲突中积累经验，寻找能够使建设性冲突快速转化为进步动力的方法。二是破坏性冲突。顾名思义，破坏性冲突就是影响团队绩效的冲突。破坏性冲突会在团队中制造成员间的对立态度，导致沟通失败，错误信息萌生，事实真相扭曲，妨碍团队成员的健康发展，损害组织的效能与动力，使团队和个人在经济上和感情上都蒙受较大的损失。

### （二）创业团队冲突的化解模型

如何化解创业团队之间的冲突，主要取决于人们对冲突的认知和理解，以及明确创业

团队冲突化解的具体模型,创业者要结合实际情况采取合适的化解方式。

托马斯·基尔曼(Thomas Kilmann)冲突模型是世界领先的冲突解决方案的评估方法。图6.1是托马斯·基尔曼冲突模型的示意图。

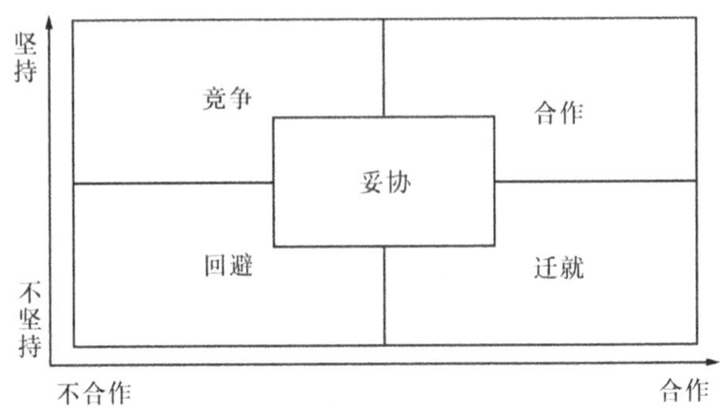


**图6.1 托马斯·基尔曼冲突模型**

托马斯·基尔曼冲突模型认为,冲突发生后,参与者有两种可能的策略可供选择:关心自己和关心他人。其中,"关心自己"表示在追求个人利益过程中个人是否坚持自己的观点或行为不肯放弃,为纵坐标;"关心他人"表示在追求个人利益过程中对冲突的另一方是否能够采取宽容、合作的态度,为横坐标。由此,这个坐标轴就构建了处理冲突的二维空间,由此出现五种不同的冲突处理策略。

1.竞争模式:高坚持—低合作

此种模式下,大学生创业者需要采取相对强硬的措施以保障部分或整体的利益,这意味着可能会牺牲团队中一部分成员的利益。此种模式带有竞争性以及极强的目的性,是一种主张自我意识的交互模式。当情况紧急且重要,需要进行快速决断时,大学生创业者就应当采取此种交互模式。例如货轮在海上倾覆,所载原油泄漏,其处理方案一定各有利弊,但决策者此时就必须采取竞争模式,以大局为重,权衡各类方案的可行性和经济性,迅速做出反应,展开行动。除了紧急事件,例如严格贯彻制度、缩减开支或裁减人员等,也常常被迫采取竞争策略。处理这类强冲突事件需要强执行力,但人们往往不喜欢被强迫,因此管理者通常得不到团队成员的理解。尽管措施本身有利于组织发展,但此类事件往往会损害到部分人的利益,因而处理过程中想得到百分之百的理解或认可较难实现,更多的是伴随着冲突和抵触情绪。如果只为了达到百分之百认可而拖延进度无法决断,那么事件则有可能进一步恶化,同时团队公信力也将受到打击。此种情况下,"力排众议"也就显得尤为重要。

总结言之,采取竞争策略时,大学生创业者要坚持以整体利益为先的原则,迅速决策,建立权威。但是,此种高坚持—低合作的策略也有一定的弊端,即在解决问题时由于只是一家之言,因此可能并未触及冲突的根本。这种治标不治本的模式,很难让执行者心服口服,同时强迫执行也不一定能够达到预期的效果。

2.迁就模式:低坚持—高合作

所谓迁就模式,即在遭遇冲突时,一方愿意牺牲个人利益,以对方的利益为重,合作为先，以维持较为和谐的交互关系。迁就，意味着放弃个人目的，牺牲个人利益。比如，当发觉自己认识有局限性时，应该放弃对错误观念的坚持，不应固执己见；当员工只是一时失误并未造成严重影响时，管理者也不应追究到底，而应当给其改正的机会；当事情的结果对于对方来说更为重要时，不妨退一步，也许还能建立长久的合作关系；如果坚持己见无法取得进展或可能导致合作关系破裂时，就应采取迁就策略以保证目标的达成。特别对处于建设初期的团队来说，此时团队和谐积极的氛围比争取胜利更为重要，因此当面临困难和挑战时，成员们应多表现一些宽容和迁就。

虽然采取迁就策略有正向作用，不易树敌，但有时过分迁就也会被当成一种软弱。因此，虽然迁就模式具有一定化解冲突的作用，能调节氛围、保持和谐的交互，但在迁就过程中也易忽视一些原则性的问题，这可能会成为合作关系中的一枚“定时炸弹”。

3.回避模式：低坚持—低合作

所谓回避，是指当冲突发生时，其中一方选择采取忽视或放弃的态度，以消极态度对待与对方的合作，或为了维护自身利益，采取一躲了之的办法。低坚持—低合作的回避方法对冲突双方都没有强制性要求。在一些特别的情况下，不妨采用回避模式：当冲突事件重要性较低，或者问题严重到短时间内无法寻找到解决方案时，则不妨听之任之；当合作对象情绪失控时，或不具备解决问题的条件时，不妨做短暂性回避，给双方以冷静的空间，以寻找解决冲突的条件；当团队其他成员有更好的解决问题的策略时，也可以采取回避态度，让更合适的人出面解决。坚持作为化解冲突的主导方，可能会进一步激化冲突，导致问题往更严重、更复杂的方向发展。

不可否认的是，采取回避的方法对于解决问题并没有太多帮助，仅仅是延缓了冲突的发生。然而，短暂的和谐并不能对组织的正向发展起到积极推进作用，只能是缓兵之计。

3.合作模式：高坚持—高合作

合作是一种主动坦诚的交互方式，双方开诚布公，共同寻找互惠互利的解决方法，在不需要任何人做出让步的情况下，努力使双方的利益都达到最大化。合作策略认为，各方的需求都是重要且合理的，任何一方都不应该也不需要放弃，双方互相支持并尊重对方的原则。适合采取合作策略的情形有：当双方的利益无法区分孰轻孰重，而且又无法折中处理，必须寻求达成一致的解决方案时；当需要从多角度考虑多方利益的时候；为了获得他人的承诺，或是当满足对方利益后可以争取到整体的更大利益的时候。

虽然“双赢”是合作双方都希望达到的局面，普遍受到大家欢迎，但也有无法回避的缺点，即耗时较长。采取合作策略以达成一致，需要进行漫长的谈判和协议。合作策略不一定适用于解决思想冲突。思想问题的解决多半是一方的思想占主导，因此思想问题更适合采用竞争模式来解决。

4.妥协模式：中坚持—中合作

当双方发生冲突时，两方均赞同各退一步，并且共享解决冲突后的收益或成果，此种模式即为妥协模式。在合作中常常无法协商出完美的解决方案，此时合作双方固执己见，不如退而求其次，其结果是能够快速得到一个双方都可以保有底线的方案。在此种模式中，没有明显的输家和赢家。以下场合适用妥协模式：当冲突不涉及原则性问题，目标的重要程度不高时；冲突双方难分胜负，不存在绝对优势、劣势，或难以得到两全其美的方案时；问题时限将近或问题十分复杂、棘手，没有充足的协商时间以策划出合适的解决方案时。

诸如以上种种情况，在双方利益、时间、成本、关系等各个方面无法取得较好平衡时，建议采取妥协模式解决冲突，虽然这不一定是最好的解决方法。

需要说明的是，解决团队矛盾的办法有一个隐含的原则，即以达成团队目标为前提，而不固执于解决冲突根源。合作中产生的冲突往往具有临时性，而解决方案多数情况下未能解决核心问题。因此，作为团队管理者，除了在冲突发生时做到“治标”外，还应当寻找导致冲突发生的根本原因，挖掘组织深层次的管理问题，系统性“治本”，才能清除隐患，使组织健康有序地发展。

## 创业心理训练营

### 创业团队建设之快乐大转盘

1.活动目的

(1)在 IT 行业里，进入一个刚刚成立的团队，成员彼此之间的相处是很重要的。有些技术人员在这方面相对不注意，久而久之，往往就会在不经意间发现，自己与团队越来越疏远。所以我们首要的任务是打破拘谨，熟悉团队，建立融洽亲近的关系，在这个基础之上，培养团队成员之间的默契，促进团队工作。

(2)交往是团队中的重要话题。和谐相处，和同事、朋友交往密切均可促使标的达成。

(3)在互动中找出让别人接受我们的方法，还要用一颗宽容的心去接纳别人。

2.参加人数：偶数，且人数越多越好。

3.时间：20 分钟。

4.道具：无。

5.活动规则

(1)老师让学生围成两个人数相等的同心圆，两圈的人面对面相对而立。

(2)由老师宣布转盘规则：①对你面前的人，你可以有三种选择：与对方微笑、握手或拥抱。当你想向对方微笑时，伸出一个手指高举至肩；当你想与对方握手时，伸出两个手指高举至肩；当你想与对方拥抱时，伸出三个手指高举至肩。如果对方的手指数与你一样，你们就可以按照你们的选择进行微笑、握手或拥抱。如果你们双方的手指数目不相等，你和你面前的人就什么也不要做。每个人与对面的人只有很短的时间选择。当选择结束后，老师会高喊："向右迈一步。"所有人听到命令后就向右迈一步，然后与站在你面前的新人重复以上动作。

(3)老师询问大家是否已经明白游戏规则，如果已经明白，就宣布正式开始。

6.注意事项

(1)如果人数众多，场地则要很大，请考虑场地的充足性。(2)老师可自行决定是否完整地转完一圈才结束。

7.相关讨论

(1)与人为善，自己得善。(2)有开放的心态，就会有很多朋友。(3)每个人都可能被人拒绝，但重要的是进行尝试。

资料来源：瑞翼教育教学管理团队.准职业人导向训练教程[M].浙江科学技术出版社，2019：118-119.

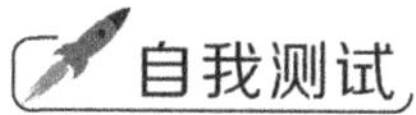

## 自我测试

### 贝尔宾团队角色测试问卷

本问卷共有七部分，每部分有十项陈述。每部分的总分是10分。请将10分分配给你认为可以最准确描述你行为或感觉的项目上。

你可以自由分配这10分，你认为哪一项越能反映你的行为或感受，就给这一项一个较高的分数；这10分既可以分配给几项，也可以只分配到一项上。注意：每一部分的总分必须是10分。

请将答案写在"答题表"中，并参考"贝尔宾团队角色确定工具"完成第一步至第四步，以确定自己的角色类型。

**一、我认为自己能为团队做出的贡献是：**

A.我能很快地发现并把握新的机会

B.无论在一般或特别的问题上，我的建议都易于被他人接受

C.我能与不同类型的人融洽地合作做事

D.我总有许多点子

E.我善于发掘对实现团体目标有价值的人

F.我可使别人放心地将任务交托给我

G.技术知识和经验通常是我的主要财富

H.为创造有益的结果，我愿意承受寂寞和冷淡的对待

I.通常我能判断某些计划或主意是否适用在某种特定情况

J.我能理由充分而且不带偏见地提出可供选择的方案

**二、如果我在团队中存在某些缺点，这可能是：**

A.如果会议安排不合理、缺乏控制并不能顺利进行，我就感到不自在

B.我一向迁就那些观点颇有价值但却得不到足够关注的人
C.除我所熟悉的题目外,我不愿发表自己的见解
D.每当转入新的话题时,我都喜欢大发议论
E.我倾向低估自己意见的重要性
F.我一向客观,难以主动、热情地与同事配合
G.当处理重要问题时,人们有时认为我武断、专横
H.我发现难以领导他人,这也许因为我太在乎团队气氛了
I.我太注重捕捉头脑中的一闪念,而忽视了眼前的事情
J.对不完整的建议,我不愿意发表自己的观点

**三、当跟他人共同完成一个项目或计划时:**

A.我不需要施加压力就能影响别人
B.我善于防止因大意而引起的错误或遗漏,保证计划的成功
C.我会尽力使会议不浪费时间或者偏离主题
D.我善于提出崭新的见解
E.我乐于支持为了大家利益的好建议
F.大家可以相信我的真心实意
G.我能很快洞察新主张中可能发生的变化
H.我努力维持自己专业的形象
I.我相信自己的判断能力能带来正确的决定
J.别人会信任我用有条理的方法来满足工作的需要

**四、我处理团队工作的特点或方式是:**

A.我会耐心地进一步了解同事们
B.我会先肯定再提出建议
C.我会向不同观点提出质疑,即使处于少数地位也能保留自己的意见
D.我通常能发现争论的线索,以反驳不好的建议
E.当一个计划付诸实施时,我有能力把事情顺利进行
F.我会避开研究浅易的问题,而去求索没被探讨的题目
G.我总想把自己承担的工作做得更加完美
H.我喜欢为团队或组织跟外界建立联系
I.我喜欢工作中社会交往的方面
J.尽管我有兴趣听取别人的观点,但当作决定时我会当机立断

**五、我在工作中获得满足是因为:**

A.我喜欢分析形势,权衡各种可能的选择
B.我喜欢发掘解决问题的实际方法
C.我感到自己能够促进团队的工作关系
D.我对决策权有重大的影响力
E.我有机会接触到持有新见解的人

F.我能使人们在关键问题和目标上达成共识
G.我感到自己有一种能使自己聚精会神地投入工作的素质
H.我能找到展开自己想象力的机会
I.我感到可以尽情发挥自己的特长及技能
J.我通常找一份能发挥自己所长的工作

**六、如果突然接受一份紧迫并且需要跟不熟悉的人合作的任务时：**

A.不管环境如何，我通常会成功
B.我将尽量多地阅读有关方面的资料
C.我会自己先行设计解决方法，然后努力将它向团队推销
D.我愿意与表现得积极的人一起工作，即使他可能难以相处
E.我会根据不同的人的长处，寻求减轻工作量的办法
F.我天生的紧迫感能确保我们按时完成任务
G.我相信自己会保持冷静并能理智思考
H.尽管有冲突的压力，我还是能将该做的工作向前推动
I.如果团队工作没有起色，我会带头发挥作用
J.我会公开讨论某观点，从而激发起新的主张，推动工作进展

**七、与团队一起工作时遇到问题时：**

A.当别人进度缓慢时，我会作出过激的反应，显得不耐烦
B.一些人批评我太注重理性分析
C.别人并不欢迎我希望确保每一重要细节都准确无误的态度
D.如果我不能积极参与激励别人，我就会觉得无聊
E.当工作目标不明确时，我发现我很难开始做事
F.有时我面对棘手的问题时会感到无能为力
G.当我不能独立完成任务时，我会主动寻求他人的帮助
H.我发觉别人不给我足够的机会让我畅所欲言
I.我觉得自己时常浪费时间，但我希望将其改善
J.在难以应付或在重要人物面前，我总是不愿直接表达自己的观点

**选项填写步骤如下：**

第一步，请将贝尔宾团队角色测试问卷中一至七题各个选项的得分填入下面答题表。

**答题表**

| 题目 | 一 | | 二 | | 三 | | 四 | | 五 | | 六 | | 七 | |
|---|---|---|---|---|---|---|---|---|---|---|---|---|---|---|
| 分配分值 | A | | A | | A | | A | | A | | A | | A | |
| | B | | B | | B | | B | | B | | B | | B | |
| | C | | C | | C | | C | | C | | C | | C | |
| | D | | D | | D | | D | | D | | D | | D | |
| | E | | E | | E | | E | | E | | E | | E | |
| | F | | F | | F | | F | | F | | F | | F | |
| | G | | G | | G | | G | | G | | G | | G | |
| | H | | H | | H | | H | | H | | H | | H | |
| | I | | I | | I | | I | | I | | I | | I | |
| | J | | J | | J | | J | | J | | J | | J | |
| 总分 | 10 | | 10 | | 10 | | 10 | | 10 | | 10 | | 10 | |

第二步，将答题表中各题、各个选项的得分填至“分析表”的相应位置，并计算各个角色的角色测评总分。

**分析表**

| 题目 | 每句子分值 | | | | | | | | | | | | | | | | | | | |
|---|---|---|---|---|---|---|---|---|---|---|---|---|---|---|---|---|---|---|---|---|
| 一 | D | | A | | E | | H | | J | | C | | I | | F | | G | | B | |
| 二 | I | | D | | B | | G | | F | | H | | A | | J | | C | | E | |
| 三 | D | | G | | A | | C | | I | | E | | J | | B | | H | | F | |
| 四 | F | | H | | J | | C | | D | | A | | E | | G | | B | | I | |
| 五 | H | | E | | F | | D | | A | | C | | B | | G | | I | | J | |
| 六 | C | | J | | E | | I | | G | | D | | H | | F | | B | | A | |
| 七 | F | | D | | G | | A | | B | | J | | E | | C | | I | | H | |
| 角色测评总分 | | | | | | | | | | | | | | | | | | | | |
| 角色 | 智多星 | | 资源调查员 | | 协调者 | | 鞭策者 | | 监督评论员 | | 凝聚者 | | 实干家 | | 善始善终者 | | 专家 | | | |
| 角色简称 | PL | | RI | | CO | | SH | | ME | | TW | | IM | | CF | | SP | | | |

第三步，请为“分析表”中各个角色的角色测评总分，在下述“团队角色对照表”中找到对应的数值，即为该角色的角色分值，用“○”圈出。如PL角色测评总分为6，那么它对应的角色分值为53。

**团队角色对照表**

| 得分 | PL | RI | CO | SH | ME | TW | IM | CF | SP | 得分 |
|---|---|---|---|---|---|---|---|---|---|---|
| 22 | | | | 95 | | | | | | 22 |
| 21 | | | | 93 | | | | | | 21 |
| 20 | | | | 92 | | | | | | 20 |
| 19 | | | | 89 | | | | | | 19 |
| 18 | | | | 87 | | | | | | 18 |
| 17 | | | | 86 | | | | | | 17 |
| 16 | | | 95 | 83 | | | 93 | | | 16 |
| 15 | 95 | 95 | 93 | 79 | | 95 | 91 | | | 15 |
| 14 | 93 | 90 | 91 | 75 | | 94 | 86 | | 95 | 14 |
| 13 | 92 | 86 | 90 | 71 | 94 | 89 | 83 | 93 | 92 | 13 |
| 12 | 90 | 83 | 86 | 64 | 92 | 83 | 77 | 89 | 89 | 12 |
| 11 | 86 | 77 | 82 | 55 | 89 | 79 | 68 | 85 | 85 | 11 |
| 10 | 84 | 71 | 80 | 50 | 82 | 74 | 61 | 83 | 77 | 10 |
| 9 | 82 | 66 | 72 | 45 | 72 | 67 | 49 | 78 | 74 | 9 |
| 8 | 75 | 58 | 64 | 36 | 61 | 60 | 36 | 72 | 69 | 8 |
| 7 | 64 | 49 | 55 | 30 | 52 | 49 | 29 | 67 | 64 | 7 |
| 6 | 53 | 38 | 48 | 23 | 41 | 37 | 19 | 56 | 53 | 6 |
| 5 | 45 | 32 | 29 | 18 | 31 | 27 | 14 | 51 | 46 | 5 |
| 4 | 38 | 23 | 19 | 12 | 23 | 19 | 8 | 41 | 30 | 4 |
| 3 | 25 | 16 | 11 | 6 | 12 | 12 | 4 | 31 | 24 | 3 |
| 2 | 16 | 7 | 6 | 4 | 4 | 6 | 2 | 18 | 11 | 2 |
| 1 | 8 | 3 | 3 | 1 | 1 | 1 | 1 | 11 | 8 | 1 |

第四步，根据“分析表”中各个角色的角色分值在“团队角色描述表”中找到相应位置。如 PL 的角色分值为 53，那么就在 PL 对应的“次要角色”表格处填写 53，而“避免角色和自然角色”表格处则无须填写内容。

**团队角色描述表**

| 避免角色 | 次要角色 | 自然角色 | 角色名称 | 角色作用 | 可容许弱点 |
|---|---|---|---|---|---|
| 0～29 | 30～69 | 70～100 | — | — | — |
| | | | PL 智多星 | 有创造力、想象力，善于打破常规、解决困难问题 | 不善与普通人交往 |
| | | | RI 资源调查员 | 外向、热情、善交际、探索机会、建立联系 | 热情一过很快失去兴趣 |

续表

| 避免角色 | 次要角色 | 自然角色 | 角色名称 | 角色作用 | 可容许弱点 |
| --- | --- | --- | --- | --- | --- |
| | | | CO 协调者 | 成熟、自信、可信任、好的主席、阐明目标、促进决策 | 不一定是最聪明或最有创造力的人 |
| | | | SH 鞭策者 | 有活力、开朗、易激动、爱挑战、施压、在困难面前寻找各种办法 | 易怒、脾气急 |
| | | | ME 监督评论员 | 冷静、有战略眼光、考虑全面周到、判断准确 | 缺少激发鼓舞别人的能力 |
| | | | TW 凝聚者 | 善交往、温和、善解人意、乐于助人、包容、倾听、解决摩擦 | 关键时刻优柔寡断 |
| | | | IM 实干家 | 守纪律、高效、可靠、保守、把想法付诸实际行动 | 有些固执、对新生事物反应慢 |
| | | | CF 善始善终者 | 吃苦耐劳、尽职尽责、严肃、谨慎、守时、善于发现错误 | 过分担心、不愿授权 |
| | | | SP 专家 | 诚实、自我工作、投入、提供急需的知识和技能 | 专业领域较窄 |

资料来源：https://wenku.baidu.com/view/90e790f2e3bd960590c69ec3d5bbfd0a7956d5ba.html? fr=income1-wk_app_search_ctr-search.

# 第七章　创业领导力拓展

## 案例导入

### 马化腾首次分享腾讯的管理秘籍、创业经和领导力

2016年10月22日，马化腾作为清华大学经管学院顾问委员会新晋委员参加了清华大学全球管理论坛，并与刚刚获得"2016年度中国经济学奖"的钱颖一展开了一场关于自己、关于创新创业的对话。

以下是他回复钱颖一的一些谈话摘录：

"深圳是改革开放的窗口，很早我们就看到别人创业，这里创业氛围比较浓，比其他城市更早。那时候我的师兄们会做一些软件让我们看，我很有兴趣。我会观察这个项目的收入怎样，需求怎样，怎么实现。在这个过程中我就感觉自己是不是应该去创业。现实还是比较残忍的，那时北京有中关村，深圳有华强北，中关村的货很多是华强北运过去的。华强北都是从香港、从海外进口这些材料、电脑产品。我们很早就说要做一个电脑公司，那时候的电脑公司就是帮人家组装，把零件装成电脑再销售，就这么简单。"

"后来我发现，在华强北干这个活的人，都是那些不是很熟悉这个行业的，可能只有初中文化、小学文化的人，但是他们市场经验很丰富。我们大学计算机专业毕业的，可能还做不了。后来我说，既然竞争不过，我们还是到企业去锻炼一下，再想创业的事情。机缘巧合，在一个卖电脑书的书店里，我碰到一个同学，他在润迅工作。润迅是当时最大的民营电信企业，做寻呼台的，就是BP机。因为我会写C语言，当时正好有个项目要用，我给他展示了，他说就是你了。离毕业还有三个多月，我就进去实习了，一干就是五六年。"

"我是典型的程序猿青年，原本根本没有想到我要开个公司，领导什么人，更多还是说我想要做一个产品，让很多人能用。第一步要生存。怎么用我的手艺先生存下来，这是最难的。首先你得想第一年的工资怎么办？你可以省吃俭用，用以前的积蓄也行。但创始人投下去的钱能不能挣回来？这是最基本的东西。"

"当时没有想那么多，领导力这些都顾不上，因为这个公司能不能走下去都不知道。小企业能做成功的概率是很低的，低于5%，至少95%的企业很快死掉了。那个时期压力很大。包括我父母都没有想到，我这个书呆子还可以开公司，他们觉得不可能。所以第一步我就说要找一些合作伙伴，我的缺陷他们可以弥补。我们最早的团队里，四位是我的中学或大学同学,有一位是我们在工作中认识的,是在电信这个行业。我对产品比较在行,我知道我要什么,怎么实现,我也想得比较通。张志东绝对是学霸,实践能力很强;陈一丹是政府部门出来的,他虽然技术不强,但是他可以组建团队,对行政、法律和政府接待都有经验。”

“其实我们团队的矛盾也非常多,往往越是发展不好的时候矛盾越多,大家意见会不同。但说服人我觉得我还有一套。我主要听你讲,然后我引导大家,让他觉得主意是他出的。我的风格不是强势的,也不是一言堂,反正是互相商量。你可以问为什么不能这样,是不是这样更好?他说‘也对’,很快就自己开始往下推了。那么,‘对,好,这个方向你来做。’后来腾讯的风格也是这样,比较民主一点,比较多元化一点,让不同的声音出来,我觉得这是好事情。当然,作为一把手最后还是我定。关键时候还是要强一点。比如说实在讲不通,该动手得动手。”

“我觉得现在创业的条件比我们当年好得太多了,要资金有资金,要环境有环境,人才又多。现在这几家大的互联网公司都在云平台上打造生态平台,创业门槛其实在降低,这是非常好的事。当然门槛低了,创业的竞争也更加激烈,比我们当年还激烈,有利有弊。总体来说,还是比我们当年的环境要好。”

### 请你思考

成功的创业者需要什么样的领导力?

### 单元目标

1.了解领导者特质及其与创业的关系。
2.掌握领导者特质。
3.通过训练,大学生进一步提高创业领导力。

## 第一节　创业领导力

领导学家彼得·G.诺斯豪斯(Peter G. Northouse)指出:“有效的领导过程,是团队成功最关键的因素。相反,无效的领导往往被看作团队失败的首要原因。”一个公司创业之初,其领导行为与方式对公司的发展起决定性作用。创业者的领导力逐渐成为一个初创公司成长的主要制约因素,影响整个企业的发展与产业化进程。优秀的创业领导者站得高、看得远,他知道自己现在身在何处,想要什么,如何得到;他高度自律,富有魅力,善于自我领导,善于以身作则;他能够引领结构变革和制度构建,为组织搭建框架,制定运行规则,把企业发展引入正轨;他既懂得尊重人、关心人、激励人,又懂得服务他人、成全他人,从而能得到贵人相助、团队效忠;他会用文化感染人,潜移默化地影响人,对内团结和睦,对外意气风发。优秀的创业领导者不仅是一流的管理者,更是企业的精神领袖。简言之,只要有一流的创业领导者,其创业成功的概率就会更高,这已经成为投资人的共识。

## 一、创业领导力概述

创业领导力(entrepreneurial leadership)是基于公司创业背景的一种特殊形式的领导力概念,具有丰富的内涵。作为一种领导力,创业领导力具有一般性,符合领导力的基本规律;同时,它又是在创业领域的体现,具有特殊性,因而需要做出新的探索。

### (一)创业领导力的内涵

戴夫·拉姆齐(Dave Ramsey)在《创业领导力》一书中,曾开宗明义地指出:"翻开《韦氏大词典》,我们可以看到,'领导者'一词的解释是这样的:管理、领导,并激励他人的人。'创业者'一词的解释是'在投资项目中组织、经营,并承担风险的人'。'创业者'一词的英文是"entrepreneur",该词来源于法语词"entreprendre",意思是"承担风险的人"。因此从我们的角度出发,可将创业领导力定义为:使投资项目发展并能够赚取利润的领导过程。"德里克·利多(Derek Lidow)认为创业者是指"开创业务,并在创业后领导业务的人……创业领导力广泛适用于任何类型的公司和创业者,能够帮助每个有激情的创业者将他们的想法转化成有形、持续的实体"。巴隆(R. A. Baron)等认为:"创业是一个领域。这个领域中的商务活动试图理解机会如何创造新事物,机会如何出现并为特定的人所发现或创造,然后以各种方法被利用或开发,产生广泛的效果。"而领导是"一个影响他人以便使他人理解和认同什么需要做,如何做才能有效开展的过程,是一个促进个体和集体努力完成共同目标的过程"。

创业领导者和创业行为具有双向互动性。一方面,创业领导是创业领域的,要不断地识别与把握创业机会以开创新事业;另一方面,创业领导是对跟随者实施具体影响的创业行为过程。因此,创业领导就是带领跟随者识别与把握机会以开创新事业的行为过程。这是综合了创业和领导二者的特点而定义的,比较全面。依此类推,创业领导人就是实施这一行为过程的人。他能觉察某种机遇,建立企业实体,并孜孜不倦地经营和发展。创业领导者是创业团队的核心,是创业的最初萌生者。从领导力的角度看,创业就是指凭借创业者的影响力激励凝聚团队,凭借创业团队的影响力获得顾客,从而销售产品和服务取得经济效益和社会效益的过程。因此,创业领导力可以定义为初创企业中领导者的影响力。影响力由两部分构成:第一是权力,第二个是个人魅力。

1.权力

权力本身就具有影响力,在权力面前很多人直接臣服,依附于权力。但是在同样的权限范围下,有些人让权力的影响力极其巨大,而有些人却无法让权力产生影响,为何?其实是运用权力的能力不同。权力产生影响力可以从三个角度来体现:法定权、奖赏权、惩罚权。

第一是法定权。就是说，在法律层面上，或在制度层面上，权力自身就会发生影响，因此由结构和制度所安排的明确权力非常重要。创业时公司制度中确定的权力具有正式威力，会产生有效的影响力，所以在管理中需要在制度或结构上明确权力，这样才可能发挥职能。

第二是奖赏权。人性的基本需要就是获得肯定和赞赏，因而奖赏具备影响力。尤其是来自高层管理者的肯定和赞赏，对于员工而言，其影响力是巨大的。职位越高的人，动用奖赏权力的机会越多，所产生的影响力效果就越大。人们发现，往往职位越高的人，奖励的习惯越少，批评的习惯越多。然而事实上，职位高的人批评员工的机会很多，但是并非批评产生影响力。因为让下属惧怕并不意味着会产生服从和认同的效果；相反，多一点奖赏也会产生影响力并获得良好的认同。

第三是惩罚权。惩罚具有影响力，这是大家共知的常识。一旦运用这个权力，就需要考虑运用的效果，也就是说，必须起到“杀一儆百”的效果。否则可能得到相反的结果，不但不能产生影响力，反而会导致影响力下降。

总之，对于权力所产生的影响力而言，法定权和奖赏权应该多使用，惩罚权应尽量少用，但是一旦使用就要严格有效。在管理中，领导职能的发挥凭借的是足够的严厉和充分的奖赏。

2.魅力

在管理中，有些人具有权力却无法发挥影响力，而另外有些人没有权力却有着巨大的影响力，其原因在于二者的魅力有所不同。创业者个人的魅力是自身的修炼，也可以说是个人的性格外化。魅力包括六个构成要素：外貌、类似性、好感回报、知识、能力、专家权。

第一是外貌。魅力的第一个构成要素是外貌，外貌所产生的影响是任何人都认可的。外貌吸引人的人总是会比较容易获得支持和帮助。外貌其实没有客观评价标准，什么样的人具有魅力，更多的是依据公众的评价，没有客观标准。大学生创业者只要是在面对公众的场合，就必须态度认真，保持仪表干净，给人一个认真整齐的印象，否则就有可能导致个人魅力的丧失。

第二是类似性。所谓类似性，就是指能和人群保持一致。作为领导者需要融合于群体当中，和群体保持一致，让人们觉得你和他们没有什么分别，是他们当中的一员，有着和他们相类似的背景和境遇，有着相互可以理解的认识以及对于环境相近的认识。很多领导者总是希望自己能够超越群体，能够比身边人更聪明，有更准确的判断，能够超出人们的能力而带领大家，能够与众不同。但这样的理解反而是错误的，因为认同也具有影响力，真正的领导者都是融入群体获得认同的。其实，如果一个管理人员在任何场合下都是正确的，其发挥领导职能的机会反而减少，因为没有人愿意和他合作，所有在他身边的人都感觉到自身水平比他低。所以大学生创业者要不断地告诫自己，不要在任何场合下都证明自己是正确的，而是尽可能帮助周围的人做出正确的判断和选择。当大家都是正确的时候，其影响力自然产生，而领导者也会得到赞赏和爱戴。如果一个人在任何场合下都证明自己是对的，别人是错的，不论事实与否，这个人就有可能被归为异类，也就无法得到认同。人们不能接受他，他也就无从获得影响力。类似性对于形成魅力是极其有效的，如果不具备类似性的能力，就会导致领导者和员工无法达成共识。尤其是随着社会变化的加剧，人们价值取向更加多元化，如果不能具有类似性，创业者就无法有效地发挥所有员工的能力。

第三是好感回报。好感回报是指领导者需要先付出，之后人们会回报和追随，由此获得领导力。在人与人的交往中，有一个被普遍认同的规则，也叫黄金定律，即你想别人对你如何，首先看你对别人如何。好感回报是一条获得魅力的有效途径。只要创业者愿意付出，就会获得认同，其影响力也就会形成。创业领导者最重要的就是给大家希望和依靠，如果领导者能够付出，人们自然会追随。

第四是知识。知识的影响力已经是人们生活的一部分，具有知识一定可以具有魅力。科学家和专业人士所具有的魅力是有目共睹的。不过在魅力构成中，知识有着自己的特点，要求既有专业知识，同时也要有生活知识，简单地说，就是专业知识能够成为生活的知识。如果一个人具有这样转换的能力，那么他所拥有的知识就会增加其魅力。因此要想真正施加影响，专业知识需要变成生活知识。

第五是能力。能力分为很多种，在魅力的构成要素里面，能力是指认同力、网络力和办事力。也就是说，魅力体现在能力上是需要群体认同的，构成有效的人际关系，并能够解决问题。解决问题的能力尤其重要，如果不能解决问题，就不可能产生魅力，而且更重要的是要做到"做能做之事"。当一个人做了十件事情，八件事情办成，两件事情未办成，那么没有办成的事情就会被人们记住，而成功的八件事情会被人们淡忘。所以就出现了这样的情况："这不公平，我给他们做了很多事情，他都不记得，我唯一没有做到的他记得。"但这恰恰是形象记忆的特点。真正成熟的领导者知道如何把问题交给更合适的人来解决而不是自己解决所有的问题。因此，创业者不要急自己去做，而是要让所有员工都有机会去做事。员工能够做到成功，而自己又有精力把自己要做的事情做好，领导者的魅力由此得到确认。

第六是专家权。所谓的专家权是指专家的权威可以产生影响力。但是从这个角度出发，领导者并非要成为专家，而是可以借助于专家影响力来获得自己的影响力，然后发挥这个专家的影响力来实现自己的目标。

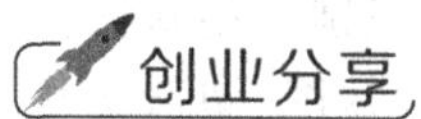


### 董明珠的领导力

"好空调，格力造"，这句广告词传遍大街小巷。不可否认，董明珠对格力电器的发展起着非常大的作用。她曾被评选为2013年全球100位最佳CEO之一，被联合国正式聘为"城市可持续发展宣传大使"，位居福布斯发布的2017中国最杰出商界女性排行榜首位。在她的领导下，格力连续9年登上美国《财富》杂志"中国上市强势公司100强排行榜"，这些成就无不是对董明珠领导力的一种肯定，"一个人的成功可以影响一批人，能让大家都认同你，进而拥有共同的价值观，这是女性领导者的价值，也是当下女性企业家要

去实现的”。她说出了,也做到了。作为一名女性领导者,她的刚性管理与柔性关怀的管理风格和思想打造了格力的管理特点,提示了企业在管理产品和员工,推广和深化企业规则等方面可以采取的途径,她的奋斗史是当今有抱负的女性领导者引以为鉴的典范。

首先,董明珠是一个非常强调制度的人,在领导格力组织文化构建的初期便体现出独断专行的领导力特征。她对法家学派和以制度为中心的管理非常推崇,她坚持“制度是刚性的,一旦制定就要严格执行,任何人和事都概莫能外”,她从来不搞特殊化,公平公正,绝无例外。首先,董明珠为格力制定了一套完整的管理制度,从员工的选聘开始,任用、培养、保留和考核都有着详细系统的规定。不仅仅在员工管理方面,在产品制度上,董明珠也有着三个指标:以质量取胜、以技术取胜和以专业化取胜。格力颁布一系列质量保证制度,以确保生产线的操作流程和操作技能,对产品的全面质量管理。其次,董明珠是一个原则性很强的人,她对自身的要求近乎苛刻。例如,进入格力工作的20多年来,她从来没有休过年假。在裙带关系上,她不会以公谋私,并且将借助亲属关系利用利益投机取巧的经销商直接拉入黑名单,断掉供货;明确要求刚大学毕业的儿子不得出现在自己的职权范围内。同时,她推崇军事化管理,在格力严格推行军队文化。董明珠具有男性领者所偏向的刚性管理领导特征,以严格的自我要求将独断专行、说一不二的形象植入组织。

在董明珠的管理理念里,人际关系为导向的柔性领导也很好地嵌入了格力的管理模式中。首先是“情感关怀”。董明珠在格力建立了一套系统的人才管理制度,同时先后建立了6所研究院,联手德国达姆施塔特大学共建了培养国际化创新型人才的中德学院。之所以有这些举措,是因为她力求做到关注格力的人才培养,使其能力得到最大程度的发挥。其次是“民主参与”。董明珠坚持不聘请外部专家,争取激发内部员工的潜力,培养其领导力。董明珠在人才的物质激励方面也是不遗余力,鼓励员工建言献策,丰厚奖励可达100万元。凡是真心实意为格力贡献的员工,均有机会得到相应的物质回报。

资料来源:孙红霞.女性领导力是怎样炼成的——以格力电器董明珠为例[J].商场现代化,2018(13):115-116.

## (二)创业领导力的意义

微视频:7.1 领导管理的有效性

创业者是创业过程的核心成分,是创业成功的关键。创业中机会的识别与创新往往是通过促进个体和群体的努力来实现的,创业者通过设定价值目标、制定蓝图、塑造文化来引领创业企业的成长,因此,创业者的领导行为对团队的发展具有极为重要的实践指导意义。

1.创业领导力水平对于创业成败具有决定性意义

实践证明,创业领导力水平低,可能导致不少问题。在公司内部,创业者如果领导力不足,则企业的组织战略定位不清,发展方向不明,结构松散,制度缺位,团队运行效率低下,凝聚力差。在这样的企业内,员工缺乏工作热情,无法激发内在潜力,不能正确对待组织目标,纪律涣散、高度内耗。在公司外部,创业者如果领导力不足,则无法吸引优秀人才,无法赢得市场信任,经济效益低,由此可能导致消费者无法建立起对产品的信心,对企业市场推广漠然视之。总之，即使公司采用了先进的企业办公平台或借用了高科技手段，但都无法弥补创业领导力不足带来的混乱。因此，创业领导力绝非可有可无；相反，在理论上，必须夯实创业领导力的支撑，大学生创业者需要掌握创业相关的一般规律和原理。在实践上，大学生创业者必须自觉以创业领导力理论为指导，不断地使用理论、印证理论，并发展理论。

2.领导力对创业者个人发展具有重要意义

创业者需要从自我认知，即兴趣、能力、性格、价值观等个人内部方面进行探索，明确自己想要的和适合的创业方向是什么；又要从市场外部进行认知，即在产品世界、社会环境、政治条件等方面进行探索，明确创业风向、社会需求，考察其与自我探索结果的一致性程度。自我认知和外部认知统一于创业决策，即是否创业和怎样创业。创业决策的目的就是要提升影响力，没有影响力的决策没有价值，影响力就是领导力。领导力水平高，创业者无论做任何事情，成功概率都大得多。从这个意义上可知，创业领导力对创业者个人的发展具有重要的促进作用，可帮助其认清自我和商业世界，提升决策力和影响力。

总之，创业领导的行为对创业的发展至关重要，其风格和方式在很大程度上决定了创业团队的管理模式，甚至关乎其所创企业的生存和发展。所以，创业者的领导力在创业及企业发展过程中发挥着重要作用。

## 二、创业领导者和管理者的区别

创业活动中领导管理的重要组成部分是管理行为。从广义上看，领导行为包含着管理活动，人们一般把组织中的中层和基层领导者称为管理者，其领导行为称为管理活动。从狭义上看，两者有着本质的区别，领导不能代替管理。管理可以这样来定义：它是通过计划、组织、配备、命令和控制组织资源，从而以一种有用的、高效的方法来实现组织目标，提高创业领导者的执行能力。领导是领导人心，管理是管理事务。领导＝愿景→感召→动力，管理＝绩效→管控→权力。创业领导者与管理者的区别具体体现在以下四方面。

1.目标不同

创业领导在注重愿景和长远未来中，要能够看透变化的趋势，并创建一个有价值的未来愿景，制定长期的战略规划，激发相关人员的积极性，为实现组织愿景进行相应的变革，带领团队组织朝着描绘的美好愿景前进。管理关注的则是具体目标和短期结果，侧重于为获得特定的、具体的结果而制订详细的计划和日程安排，按照既定目标对团队组织进行管理，然后分配资源以完成计划，带领团队组织实现目标。

2.任务不同

创业者相当于设计师，其主要任务是解决组织中带有方向性、战略性和全局性的问题。创业领导的过程是通过与员工交流和沟通组织的愿景，发展出共同的组织文化和核心价值观，从而把组织引向渴望的未来。管理者则相当于工程师，其主要任务是实现组织的效率和效益。管理过程是为了实现既定的目标，建立一定的管理框架，然后用员工来填充这个框架，制定相应的政策、程序和系统来指导员工并且监督计划的实施。

3.角色差异

创业者一般居于组织或者创业团体的高层，具有相当的影响力，人数较少，一般称领导者为“帅才”，即具有“运筹于帷幄之中，决胜于千里之外”的领导才能。领导者承担的角色是使企业具有明确的方向，不断适应变化，建立一个核心的管理团队，也就是说，领导者真正的责任是确保组织的成长。帅才可以不必过问方案的实施细节，“能将将者，谓之帅才也”。管理者则包括组织或团体的中低层管理人员和从事业务管理职能的一般管理人员，人数相对较多，如财务、营销管理人员等，一般称管理者为“将才”，“能领兵者谓之将才也”，将才必须重点考虑方案的实施细节。管理者主要对绩效负责，而产生绩效的关键因素在于解决问题，保持稳定，贯彻和执行制度规范，从而获得绩效。但是相对于一个初创企业而言的小型组织，其领导者一般也承担着管理者的职责。因此，对于很多大学生创业者来说，需要平衡领导者和管理者两个角色，一个是服从于他的上司的管理者角色，另一个是带领他的下属的领导者角色。

总体而言，领导者注重效果，管理者注重效率。领导者关注做正确的事，管理者关注把事情做正确。领导者发挥作用的基础是个人权力（如对下级的关照关爱、个人专长、智慧、人格魅力等），管理者发挥作用的基础是职位权力（如强制、惩罚、奖赏等）。领导者与管理者的特征比较如表 7.1 所示。

**表 7.1　领导者与管理者的特征比较**

| 领导者特征 | | 管理者特征 | |
|---|---|---|---|
| 愿景 | 做正确的事 | 绩效 | 正确地做事 |
| | 关注将来、长期发展和前景 | | 关注现在、短期发展和底线 |
| | 喜欢变革 | | 寻找秩序 |
| | 既诉诸理智，又诉诸情感 | | 更多地诉诸理智而非情感 |
| 感召 | 激发和依靠信任 | 管控 | 借助控制手段 |
| | 鼓舞 | | 使用激励措施 |
| | 诉诸共同的事业 | | 诉诸正式方式 |
| | 强调核心价值观、共同利益和哲学 | | 强调结构、策略和体制 |
| 动力 | 关注效用 | 权力 | 以效率为目标 |
| | 问“什么”“为什么” | | 问“如何”“什么时候” |
| | 改革 | | 管理 |
| | 运用个人影响 | | 行使职务权利 |

4.职责有分

职责是指由领导职位所确定的责任范围，一方面是贯彻执行上级的政策、法令、指示、决定，另一方面是维护下属、员工的合法利益。领导者处在“上级”和“下级”的汇合点上，如何处理好上下级之间的根本利益，是领导者最基本的责任。职责服务的范围和内容是由职位所确定的，因此，领导者应当从单纯的权力型领导向服务型领导转变。

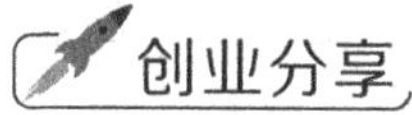
创业分享

**钟大姐的创业故事**

我经常看到一些做批发的小老板，自己坐在柜台前，一边打扑克牌，一边料理生意。我敢说，如果不改变思维方式，这些人永远都是小老板，不可能变成大老板。

我们公司山东济南的总代理，我们称之为钟大姐。她是我们所有代理商中业绩最差的一个，连北京的一个小批发商都不如。为此，她从省级总代理降到市级代理。来年，她就要从市级代理降为批发点了。

我不知道说过多少次，她始终听不进。结果，排名永远是倒数第一。

我始终认为，她的业绩之所以差，就是不会做老板。每次我去济南考察，总看到她在店铺里忙碌，接待顾客的是她，接待厂家代表的也是她，连整理货柜的也都是她。除了偶尔请她老公或弟弟搬运几件货之外，再也没有人来为她工作，这也难怪她的生意做不大。

凡是生意做得大的人，都懂得雇用人的道理，越是会雇用人，生意做得越大；越是生意做得大，雇用的人也就越多。这是一个千古不变的良性循环。

我忍不住问道："钟大姐，你到底想不想做老板？"她说："当然想呀。"我接着说："现在，你到底是在做老板，还是在做雇员呢？"

她听了，红着脸说："没办法呀，摊子小，雇不起人，只好自己做。"我一听，启发她："到底是因为你不会用人导致生意做不好呢，还是因为生意做不好才雇不起人呢？你连请个人替你看柜台都舍不得，又怎么能够把生意做大呢？毕竟做代理商的人，不能光靠自己卖，还要组织大家一起卖。你这个老板天天待在柜台里，不出去跑，不去处理那些销售渠道上的事，整天泡在柜台上做营业员，不是本末倒置吗？你看北京的张大哥，整天不在店里，不是开着车到外面谈生意，就是在俱乐部打麻将，他的生意却做得很大。归根到底，就是因为他懂得用人，懂得组织协调，懂得做老板。他是真正在做老板，就会变成一个大老板；而你是在做员工，连小老板的身份都快要保不住了。"

现在，不妨好好问一问自己，是否也有与钟大姐类似的情况。你到底是在做老板，还是在做员工呢？

资料来源：吴晓义.管理心理学[M].3版.广州：中山大学出版社，2015(1)：222-223.

## 第二节　创业者的领导行为

创业者是所创企业的领导者，而创业的领导是创业过程的核心成分，是创业成功的关

键。当前，创业者领导行为对创业企业绩效的影响成为创业心理学研究领域和创业实践领域最受关注的问题之一。如何当好领导，古今中外都有许多理论，其中的领导行为理论经过美国、日本以及欧洲的一些国家的实践验证了其有效性。领导行为理论应用于创业中的领导行为上，可以研究创业者在创业过程中所采取的领导行为与企业效益之间的关系。

## 一、领导行为理论

领导行为理论研究的是领导过程中所采取的领导行为以及不同领导行为对下属所产生的影响，其对于大学生创业者的领导行为具有重要借鉴意义。

1.领导行为四分图理论

1945 年，美国俄亥俄州立大学开创了行为理论的研究。他们通过对 1000 多种领导行为的描述进行提取并概括，最后归纳为"关心组织"和"关怀人"两个行为维度。

一是"关心组织"领导行为维度。这一维度是指为了达成组织目标，领导者科学地界定和构建组织和工作本身的程度。领导者如果具有较高的关心组织理念，就倾向于关注工作目标的实现和工作的绩效，并为达到工作目标而努力构建有效畅通的沟通形式和渠道，包含设计组织结构，制订清晰的计划和明确的规章制度，确定各级岗位职责，建立完成工作的科学方式方法，强调工作的最后期限，并严格监督和促进目标的实现。一般而言，关心组织的领导者往往关注组织设计、职权关系、工作效率，但是容易忽视部属本身的问题，过分强调对部属严密监督控制。

二是"关怀人"的领导行为维度。这一维度是指领导者在管理的过程中，将关注的重心放在与下属及周围的人群建立密切和谐的感情和关系。一般而言，关怀人的领导者强调以人为中心，力图建立领导者与部属之间互相尊重、互相信任的关系，致力于倾听下级意见，关心下属的个人需要以及他们对工作环境及福利待遇的满意程度，注重与下属沟通对话，并在决策中实行民主的作风。因此，关怀人的领导者特别重视群体关系以及与下属在心理上的亲近。

根据这两个维度的任意组合，领导行为可以用四个象限来表示四种类型，它们分别是：高组织与高关怀，低组织与低关心，高组织与低关心，低组织与高关心。这就是领导行为四分图理论，如图 7.1 所示。即一是低关心组织结构和低关怀人的领导行为，即创业者对组织和人都不关心，因而往往是最不受欢迎的创业者；二是高关心组织低关怀人的领导行为，即创业者最关心的是工作任务；三是高关心组织高关怀人的领导行为，即创业者对组织和人都比较关心，既能取得较高的工作绩效，又能使员工感到满意；四是低关心组织高关怀人的领导行为，即创业者重视相互尊重和相互信任的工作氛围，通常能与下级较好合作。当然，关心组织和关怀人这两种领导行为的维度不是相互矛盾和排斥的，而是相互联系、互为补充的。大学生创业者只有把这两者有机结合起来，才能进行有效的领导。

从图 7.1 中可以看出，创业者的领导行为可以分为四种情况：

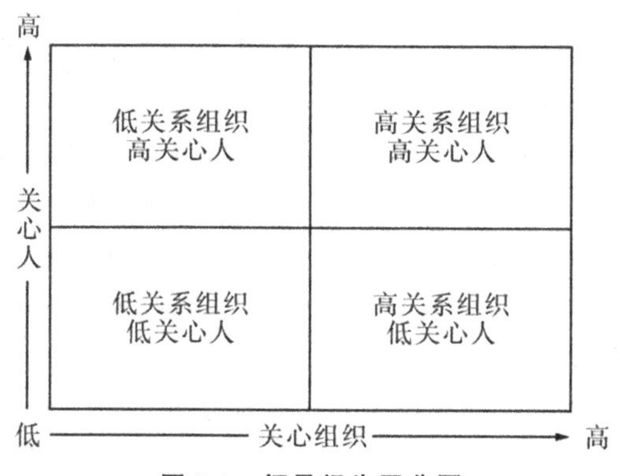


**图 7.1 领导行为四分图**

2.PM 理论

日本大阪大学心理学家三隅二不二在吸取前人研究成果的基础上，提出了领导行为PM 理论。该理论在形式上与俄亥俄州立大学的二维模型相似，也是从两个维度来分析领导行为，但它是把群体作为一个整体来研究领导行为的。

该理论认为群体具有两种功能：一种是实现群体的特定目标，即绩效(performance，用 P 表示)，领导者为完成群体目标而努力，表现为工作规划、成果等；另一种是改善群体自身的正常运转，即维持(maintain，用 M 表示)，领导者为维持及强化群体关系而努力。

PM 理论认为，领导者的作用就在于执行这两种群体功能。因此，领导者的行为也就包括这两个因素。这样，不论 M 因素多么强，也总包含着某种程度的 P 因素；同样的道理，不管 P 因素多么强，也总包含 M 因素。此外，P 和 M 两方面都强或两方面都弱的情况也是存在的。

以 P 为横坐标，M 为纵坐标，并在 P 和 M 坐标中点，各一条线，就可划分出 PM、Pm、pM、pm 四种领导类型，如图 7.2 所示。

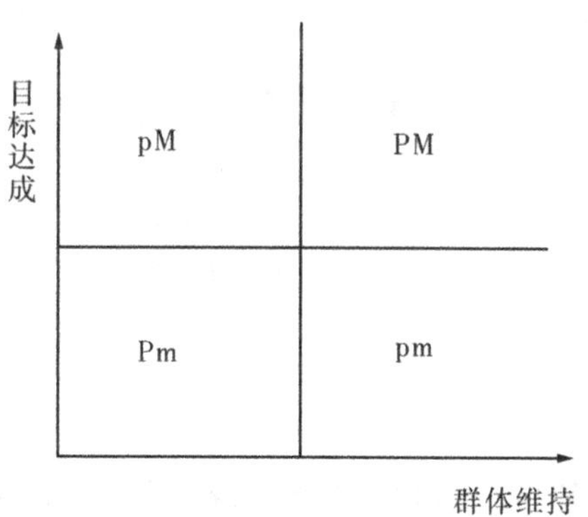


**图 7.2 PM 模式**

PM——工作绩效和群体维系能力都很强。 Pm——工作绩效高，而群体维系能力弱。
pM——工作绩效低，而群体维系能力强。 pm——工作绩效和群体维系能力都弱。

三隅二不二教授运用多种方法对各种行业的各层领导进行了多年研究,并以企业的生产性指标和员工的士气性指标进行了检验,获得了关于PM四类型领导效果的基本一致性结果:PM型最好,Pm型和pM型居中,pm型最差。

三隅二不二的PM模型的独到之处在于,不像领导行为"四分图"模型那样对称地分割为四等分,它的分割线代表被测群体中的所有成员的平均值,因而是变动的、相对的、灵活的。所分割出的四个区域分别代表低绩效—低维持的Pm区、高绩效—高维持的PM区,高级效—低维持的P区,低绩效—高维持的M区。这四个区域往往并不相等,而是水涨船高,因具体情况而异,并不千篇一律。

PM领导模式是分析和评价领导行为时比较成功的一种方法。中国科学院心理研究所凌文辁等学者曾结合中国的国情,对三隅二不二的工具进行了调整。凌文辁等(1987)研究发现,除了P和M两因素外,中国人对领导的期望还包括一个重要的方面:德,即个人品德C(character and moral),起着一种模范表率的作用。CPM模式具有中国特色,更符合中国的国情和文化,因此可称之为中国模式。由于领导者的模范表率行为,一方面可使被领导者在工作中的不满得到解除,从而获得心理上的平衡感和公平感;另一方面,领导者的模范表率行为通过角色认同和内化作用,可以激发被领导者的内在工作动机,使其努力地实现组织目标。榜样的力量是无穷的,领导者的模范表率行为对被领导者来说,是一种无声的命令,其影响力往往胜于命令、指挥、控制和监督。因此,C功能对P功能和M功能起着一种增幅放大的作用。CPM模式如图7.3所示。

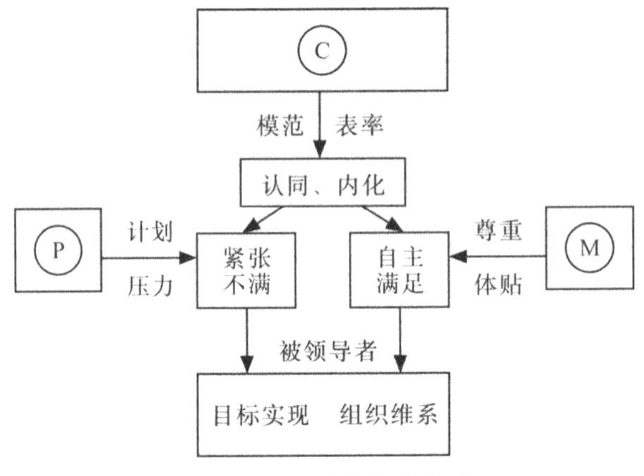


**图7.3　CPM领导行为模式**

**苹果CEO库克:我从乔布斯身上到底学到了什么**

他的领导风格与乔布斯大相径庭,却一样有着改变世界的雄心——他就是苹果CEO蒂姆·库克。

以下为2017年他在牛津大学接受访谈时谈到的内容。

领导力就是让人们表达自己的想法，众人拾柴火焰高，只有把大家的力量集中起来，才能扩大集体的行为。这个加强和扩大，对我来说就是领导力。找出所有你需要在小组中承担的工作，从而辅助别人扩大其成果。

与乔布斯共事是我一生的荣幸。他教会我享受过程，享受每一天的进步。他教会了我专注的重要性，不管在你的个人生活还是工作中，你只能做好几件事情。你在做选择的时候要无情舍弃一些方面，选择你自己擅长的领域。因为不管是个人生活还是工作中，如果你涉及的面太广，你就很难做好一件事。

他教会了我科技的概念，他告诉我苹果需要拥有最主要的技术。他告诉我最好要远优于最多。我们从来不会把卖出最多作为我们的目标，我们的目标是卖最好的产品。

我们要生产自己为之骄傲的产品，那就意味着在抉择未来方向时要精挑细选。他教会我世界上最好的团队更像是一个乐队，乐队里有乐器专家，有善于创新的人，最好的乐队大家之间互相信任。你要信任你身边的同事，相信他们都会尽自己的全力完成这场演出。苹果建立在信任的基础上，我们很少做监督检查，更像是一张大拼图，互相补充，尽量减少重叠和重复。这样做的基础就是彼此间的互相信任。

和乔布斯共事期间，我也在以从未有过的速度学习着，其实所有我从他那里学到的，不仅影响了我的工作，也在我的个人生活中起了很重要的作用。乔布斯是那么喜欢自己的工作，他的个人生活和工作几乎是同义的。我们的个人风格很不同，他选择我作为苹果的CEO，而没有选一个像他一样的人。我认为乔布斯是无可取代的，没有人能代替他，我也从未想过取代他。

当你继续一个伟人的事业的时候，你的任务并不是做他曾经做过的事，而是保持自己，尽力做好自己擅长的领域，扩大自己的优点，并能够让集体一起完成自己不擅长的领域。乔布斯很多次告诉我不要问他他想要干什么，而是跟着我自己的感觉走，做自己想做的事情。这帮我减轻了很多的压力，让我感到轻松多了。

资料来源：苹果CEO库克：我从乔布斯身上到底学到了什么[J].公关世界，2017(23)：100-105.

## 二、创业领导行为的表现形式

创业者的领导行为是一个从内化到外化的过程。一方面，大学生创业领导者需要运用敏锐的洞察力去发现机遇或者依靠自主创新去创造机遇，然后通过主动积极的竞争建立优势，在此过程中，大学生创业领导者必须勇敢地站出来承担创业所带来的风险，降低创业的不确定性；另一方面，大学生创业领导者要建立鼓舞人心的远景目标，从而吸引一批跟随者来到自己身边，激励这些跟随者一起为共同的创业目标而奋斗。总体而言，创业领导行为要外化出来，具有四个关键的表现行为，即：高瞻远瞩、自主创新、勇于竞争和激励他人。

1.高瞻远瞩

高瞻远瞩是指成功创业者具有远见，也具有敏锐洞察力。有敏锐洞察力的创业者的

领导行为就是善于把握创业机会。在组织目标的确立过程中，创业者的高瞻远瞩也起到关键作用，主要表现为能够提出正确的问题。创业者要对环境的威胁与机会提出正确的问题，才能够制定相对正确的竞争战略。观察行业内的发展动态，寻找竞争突破点，树立独树一帜的组织风格，确立产品的拓展方向和服务范围，以及其他每一项改革和创新，都是对创业者敏锐洞察力的重要检验。大学生创业领导者不仅要能够洞察已有的创业机遇，还应具有前瞻性，能够把握市场的发展趋势，预测未来可能出现的变化及其机遇与挑战。

高瞻远瞩不仅需要大学生创业者积极、主动、全面地建立战略性的远景目标，同样也需要获得员工的信任与投入，从而影响跟随者为了实现远景目标而共同努力。能够洞察到某种趋势与先机，洞察到潜在用户的需求，洞察到一个商业契机而走上创业之路的创业者往往比较可靠。因此，天使投资人一般比较垂青那些具备高瞻远瞩洞察力的创业者。

2.自主创新

建立与保持竞争优势需要不断地创新，创造机遇需要创新，发展也需要创新。创新能力是大学生创业者实现其雄心勃勃目标的基础。创业者的领导行为表现为自主创新能力，他们为创新扫清障碍，提供资源，承担创新带来的不确定性，并最终将创新的想法付诸实施。创业者还肩负着培养员工创新能力的重任，创新是可以训练、学习和实地运作的一种独特能力。培养员工的创新行为有益于提高组织的有效性。全球性管理咨询公司Hay研究表明，企业的领导风格对于公司创新性的影响至关重要，因为领导风格往往塑造了企业的组织文化和气氛。那些卓有成效的领导者往往会提供创新的方向，建立有利于创新的组织文化和气氛，鼓励员工的高度主动性，推行有效的多功能团队协作和融合，以确保最佳操作在公司中的推广和充分运用。

**蓝箭航天的自主创新之路**

2021年2月，蓝箭航天空间科技股份有限公司(蓝箭航天)宣布完成朱雀二号液体运载火箭首台一级四机发动机装配工作，至此朱雀二号火箭首飞所需要的所有发动机均已完成了从图纸到实物的历程。朱雀二号系列运载火箭是蓝箭航天完全自主研发、具备自主知识产权的一款中型液体运载火箭系统，配备具有自主知识产权的液氧甲烷低温发动机。蓝箭航天的创始人兼CEO张昌武说："真正有长远发展价值的领域，一定是不仅被市场需要，同时也是被国家需要的领域。"中国商业航天坚持自主创新，在过去的七年里取得了飞速发展。

资料来源：自主创新"慢就是快"，中国青年报社，2019-06-11.

3.勇于竞争

创业是一个不断开创新事业的过程，而新业务与已建立的业务相比往往显得更加脆弱，也更容易失败。因此，创业者的领导行为表现为总揽全局，采取探索者战略评估商业机会，并采取有效的快速的行动。初创公司创新性地思考并且快速地采取行动，或者通过快速进攻的竞争方式，为企业建立获胜的优势。创业者面对的市场、环境、行业和各个环节都充满着危机和机会。因此，创业者的思维必须开阔，要有敢想、敢干、敢闯和敢争的心态和思维，才有可能成功创业。但竞争并不意味着恶性竞争，因为恶性竞争不仅不能帮助企业获得客观的收益和主观的生存空间，反而有可能导致整个行业的没落。

4.激励他人

创业初期，创业者必须具有影响他人的能力，这意味着他们可以让周围的伙伴和员工愿意跟随他们为自己的理想而奋斗。只有创业者的个人魅力和影响力，才能激励团队与自己一起前进。同时，创业者也需要能激励他人。一个能够调动团队潜力的领导者，可以有效激发团队中每个人的激情，起到鼓舞人心的作用，从而让员工们为之感到自豪。这样的团队才具有活力。

创业者的领导行为体现在激励他人身上，表现为管理企业时，不仅需要富有激情、有极强责任心和极具特色的人才，也需要有一定工作经验的执行人才。当企业走上正轨后，创业者要善于肯定员工的工作成绩和能力，充分激发员工热情和潜能，建立一套人性化、透明化、实效化的管理制度，让员工根据制度来评价自己与他人，避免不公平现象的发生，从而保持员工的士气。在创业中，大学生创业者必须与他人合作，善于激励他人，促使他人和自己一起为实现共同的目标而奋斗。因此，大学生创业者要尽最大可能地培养员工的团队精神，让员工从仅仅是在一起工作的个体转变为具有高度合作精神的团队一员，这是创业者责无旁贷的使命。

# 第三节　大学生创业领导力的提升训练

近年来，虽然大学生的创业意愿持续上升，但失败风险率相对也大。由于社会经验不足、对市场了解不够、对行业动态把握不准，大学生的创业方向容易出现偏差，团队建设和管理能力也有所欠缺。只有随着经验积累，这些问题才会有所改善。这一现实困境对大学生创业领导力提出了更高要求。因此，大学生创业者在创业过程中，要提升自己的领导力，充分利用与整合现有资源，带领自身团队，以最小的成本促进团队成员创造最大价值，进而高效达成创业目标的能力。

## 一、大学生创业者的领导力内功修炼

大学生是创业领导力提升的主体，其主观意识对于领导力的提升具有至关重要的作用。领导力提升是否开展、能否开展、开展的有效与否均取决于大学生个体，因此应充分发挥其主观能动性，提升其对自身领导力修炼的关注与重视。

### (一)重视职业规划,提升自我认知力

本科阶段是大学生确定职业理想和人生理想的重要阶段,是大学生行为选择的价值取向和建立生活态度的决定阶段。创业的关键在于领导,创业的着眼点在于价值观的转变,因此大学生要转变关于创业领导力固有观念,提升自我认知力。

1.树立正确的创业领导观念

大学生作为社会新增劳动力的主力军,作为具有丰富知识与专业技能的国家优质人力资源,是国家的未来和希望,是影响国家可持续发展能力的重要因素。大学生要对自身创业领导力有一个比较深刻的了解,树立起人人都可以通过教育培训等途径成为领导的意识。为此,一方面大学生应该明确自身的责任、义务、使命和担当,积极主动地转变观念,发现和培养自身领导力,挖掘领导潜质;同时应该主动增强创新意识,更为积极地参与团体活动,培养自身的组织、协调与领导能力,在团体活动中提升个人魅力;大学生应提高对自身的要求,树立较高的目标并严格要求自己,避免在激烈的创业市场竞争中成为失败者。另一方面,大学生要深刻理解努力进取和积极豁达是有效化解人生各种难题和风险的有效途径。没有哪一个成功的领导者不是通过努力奋斗来实现领导目标的。创业绝对不是一件只有快乐而没有痛苦的事情,这就需要大学生在精神和心态上都做好准备,知道这条路会给自己带来什么、将会面临什么样的挑战以及未来会有哪些收获。只有全面认识这些现实问题,大学生才能在领导创业的过程中具备直面困难的勇气,在遇到困难时不退缩,且能积极调整应对。

2.培养自我认知力

提升自身的领导力,从自我认知开始。大学生需要在清晰的自我认知中了解自己目前所处状态、自身能力、未来愿景以及在未来五年内和十年内的规划和目标。首先,大学生要在成长过程中,思考和分析自己的才能、价值观和兴趣,要有一个比较理性和准确的自我概念,才能明确自己的愿景和使命,预估出自己的优势和劣势,进而制订个人的发展计划。其次,大学生可通过学习职业生涯规划和心理学相关课程,掌握更多的自我认知的知识和方法,促进自我认知力水平的提升。近年来,国内越来越重视大学生职业生涯规划的理论研究和实践探索,政府、社会和高校都在大学生职业生涯规划教育中发挥着重要作用。自我认知是大学生创业教育的重要环节,职业测评是大学生认识自我的重要手段。职业测评能够帮助大学生了解自身的职业兴趣、能力、倾向、个性特征,从而帮助大学生全面、客观地了解自己的长处和不足,努力提升大学生的自我认知力。

总之,大学生要树立正确的人生观、价值观,不断学习和锻炼自己的创新创业精神,培养自己的前瞻力和建设愿景的能力,才能使自身的创业领导力得到逐步开发和培养。

### (二)认真学习领导力课程,提升果断决策力

大学生应明确自身在创业领导力提升中的主体作用,积极主动学习领导力课程与讲座,将创业领导力学习当成自身成长的修炼,在学习中主动吸纳创业领导力等相关知识,

将创业领导力的提升看作是自身能力与素质提高的有效途径。同时，大学生要在学习中培养果断决策力，提升自身创业领导力水平。

1.加强领导力课程的学习

创业领导力的学习，是应用学习，也是经验学习。领导力的提高与自主学习能力有着强相关关系，因此大学生应该进一步提高自主学习能力，具备创新精神，以日常学习的理论知识为基础，不断探索和钻研，提高自身的核心竞争力。同时，自我领导力越强，自主学习水平就越高，两者相辅相成，互相促进，互相提升。因此，创新创业需要大学生有较好的自主学习能力，同时也可以通过自主学习，创造领导力的提升机会。创业领导力的相关课程是大学生增强创业领导能力的有效途径之一。大学生要格外珍惜在学校学习的宝贵时光，培养正确的学习态度，时刻保持积极进取的精神，勤奋好学，立志成才；要自觉加强创业领导力相关课程的学习，认真研读领导力理论方面的书籍，同时要勤于实践，将所学的领导力知识灵活应用于实践工作，增强动手能力，运用科学的、辩证的观点和方法去分析和解决创业过程中的各种挑战。

2.加强果断决策力的培养

大学生要培养自己善于观察和思考的习惯，开发战略性思维，并积极指导应用于实践；还要培养自己熟悉决策的基本流程，学习务实性、灵活性和创造性相结合的决策原则，借助领导力训练项目，积累决策的经验和能力，提升面对各种复杂局面的果断决策力。当前，领导力训练主要有面向大学生骨干的精英教育，包含国际性项目，如“高盛全球领导者”项目、Enactus 项目等；也包含国内项目，如首都大学生新世纪英才学校、上海交通大学的学生领袖精英培训营等。同时，大学生还要积极参加社团活动、素质拓展活动。当前，各高校的学生社团蓬勃发展，数量不断增多。学生社团主要包含有理论型、科技型、兴趣型、公益型等类型，社团由来自不同年级、专业、个性、智慧和风格的学生组成，社团成员在开展活动过程中公开、自由讨论，互相交换观点，每个成员都有活动的机会，沟通协调力在社团活动中自然就得到培养。大学生在社团活动中，要积极投身政策宣讲、教育关爱、文化艺术、科技服务、爱心医疗、美丽中国等社会实践项目，在实践中受教育、作贡献，长才干，从而提升自己“通用型”领导力的水平，在训练中提升自己的果断决策力。

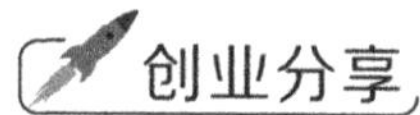


### 90 后大学生创业者郭鑫：创业前多思考　想好就不回头

郭鑫，90 后，四川阿坝藏族羌族自治州人，毕业于南开大学周恩来政府管理学院政治学与行政学专业。除了学生身份，年纪轻轻的他也是高维创业岛运营管理有限公司董事长暨高维资本创始合伙人，曾荣获 2015 年“中国青年五四奖章”。他有着大学生的样子、企业家的脑子，常说的一句话是：“有创业梦想的人就应该勇敢闯一次，就从今天开始做。”

比起技术出身的互联网人，本科学政治学的郭鑫更愿意把“让万物互联”的互联网看作一种“世界观”，他习惯于在社会中寻找各种各样的“痛点”。这种局外人的视角让他少

了束缚，重新审视互联网的许多概念，反倒让他抓住了机会。

用他自己的话说，“起初是想找点有意思的事情做，却阴差阳错走上了互联网创业之路。”大一时，他听了一场关于中国环境生态补偿问题的讲座，了解到有的县退耕还林10年后变成了国家级贫困县，而这并非个案，他被深深触动了。随后，他进行了大量实地调研，真切地了解到农村退耕还林后面临的困境，产生了用电子商务把林下的农产品销售到国际市场，让这些退耕还林的农民富起来的想法，并创办了第一家网站“探元诚鑫通”。

这个别人眼中的“创业大牛”当时也经历了各种艰辛。起初建的网站没什么浏览量，找到乡镇干部谈思路没人接纳，曾到村民家了解情况甚至被赶出来……后来，郭鑫想到了大学生村官，通过他们联系村民，就这样把电子商务推向了农村。第一批试点成功后，这个模式在全国迅速复制。不到一年，全国18个省(区、市)的100多个县都接入了郭鑫的电子商务平台——“探元诚鑫通”，与全世界近30个国家互联互通，近1000万农民因此发家致富。

企业快速成长，郭鑫也看到了大学生创业者明显的短板——缺人、缺资源、缺管理经验。“到2013年，这个项目面临着非常激烈的竞争，京东、阿里也都在做同样的模式。”经过两轮融资，最终，公司被一家知名企业以上亿元的估值并购。

获得人生第一桶金后，郭鑫走上了创业的快车道。他了解到海南部分岛屿面临吃菜难的问题，便带领研发团队启动了“绿源生物”项目，成功研制出更加适应特殊环境的无土栽培培养基。

郭鑫认为，90后年轻人创业的优势在于没有束缚，这使得他们的创新能力更强，“更容易站在客户的角度思考产业的问题”。同样，90后创业的劣势也显而易见，“大多不具备完备的商业经验，往往在迈出第一步的时候就已面临着很多‘坑’”。因此，如果能孵化出更多创业项目，服务更多创业者，不是更有意义吗？带着这样的思考，郭鑫从一名大学生创业者转型成为一名天使投资人。他与比自己大19岁的师兄共同创办了创投基金“高维资本”，以及孵化器“高维创业岛”。

资料来源：中青在线记者胡春艳通讯员赖鸿杰.中国青年报：2016-09-27(4).

## 二、大学生良好创业领导行为的培养

初创公司面临产品、市场等诸多从0到1的问题，大学生要培养良好的创业领导行为，必须从人才管理、树立威信等入手。

### (一)做好人力资源管理

微视频：7.2
听创业大咖
聊员工招募

由于综合薪酬福利、办公环境、企业品牌效应均处于相对弱势，初创公司在引入人才、留住人才等方面往往面临相对较大的困难。大学生创业者要正确使用人才就必须更新观念，转变领导方式，这是新形势下人才开发的基本要求。

1.正确认识初创公司的人力资源管理

作为领导者，要能根据市场发展趋势，灵活地转变领导方式，正确甄选人才，才能积极带动整个企业进行更加顺畅的工作，获得预期的收获。初创公司的人力资源管理，要充分理解并具备以下四个基础认知。

(1)人才工作具有重要意义。当今社会，市场竞争的实质是信誉竞争，是管理竞争，但归根结底还是人才竞争，是人才的智力及其组织和调动的竞争。创业领导者必须坚持以人为本的管理理念，尊重知识、尊重人才，关心人才成长，为人才自身发展创造良好的发展环境。但在具体执行过程中，不少企业一方面主动对员工提供关怀，而一方面却也希望员工无时无刻地为公司付出。事实上，这不符合社会发展的现状。从大的时代背景看，个人自由时间的增加是现代人类文明进步的标志。无论企业的理想多么崇高，领导者也应该给予员工足够的个人空间，明确工作和个人生活事务分开的必要性。“加班”应该是兴趣与激励制度下的自愿，或者必要时的低频行为，而非强制习惯性文化。初创企业可能需要员工更多的付出，但应以岗位与兴趣特长匹配、职业发展规划、工作效率提升、完善福利、合理报酬递延等形式解决。

(2)企业和员工是一个延续的契约共同体。企业像球队，员工像队员。队员为分解到的目标而努力，争取成为优秀球员，球队则追求拿总冠军。同样，企业和员工在发展中实现利益与价值目标的统一。有些企业片面强调所谓“家”的文化，不仅公私不分，还影响到企业效率和制度的执行。因此，创业者要处理好效益和人才关系，在人才使用上避免不切实际的高标准。既要注重人才引进的数量，也要注重引进人才的质量。

(3)人才更替是自然现象。不同时期的人才都有自己不同的求职需求，企业不同发展阶段对人才的需求也会有所变化，“终身”雇佣可遇不可求，同时“终身”雇佣本身也未必有利于企业长远发展。华为、阿里等企业发展到10年左右，都有进行过“再就业”的尝试。

(4)要建立竞争择优的用人机制。企业内员工主要分三种：自燃型、点燃型、阻燃型。自燃型的人有着明确的目标及追求，不管外部环境如何，始终能自我管理、热爱工作，并不断追求完善。点燃型的人对工作认真，但缺乏自我追求，处于按部就班的状态，在一定的激励下常可调整状态，变得积极主动，但往往需要持续的激励。而阻燃型的人坚信“给多少钱，干多少事”，基调大都是负面情绪，经常抱怨工作，所以也不会把工作做好，最终随着时间推移，往往不是进步而是退步。因此，创业领导者应在初创公司内创造一个展现聪明才智、积极进取、奋发向上、求异创新的工作氛围。在人才的选拔上，要建立完善公开选拔、竞争上岗、人员聘用制等制度，为优秀人才的脱颖而出创造条件，让人才在竞争中创造辉煌业绩，展示自身价值。

2.做好初创公司的人才招聘

初创公司在人才招聘时，要注意以下五个事项。

(1)简要描绘公司前景，但不宜过度夸大。在招聘尤其是面试中，通过真实的现状介绍，以及对未来合理的前景描述，可以让应聘者短时间内了解公司的现状与目标，更好地与其自身需求意愿进行匹配，从而会赢得很多应聘者的尊重与好感。但如果过度夸大则会有浮夸、不诚信等嫌疑，反而让应聘者失去信任。

(2)开诚布公地谈论薪酬。真实、清晰说出当前薪酬范围,及薪酬成长制度,并询问对方的意见,可以让应聘者更多了解企业待遇情况。

(3)确定应聘者的工作计划或工作预期。如可以试着问:"这份工作你计划干多久?"

(4)筛选有目标、有能力的人。如可以试着问:"你希望你离开公司那天成为一个什么样的人呢?"

(5)留下干事业、寻求长本事的人。如可以试着问:"我们不是一家福利很好的公司,这一路创业可能会很艰辛,没有各种豪华的福利补贴,但我们做的是一件可以改变人们生活的事业,你愿意一起参与吗?"

总之,现代初创公司做好人力资源管理,本质是要创造透明、公平、平等的企业文化;在人才招募与培养方面,应真诚以待,从人才自身成长方面着手,提高其能力与获得感,与公司共创价值、相互成就。在创业早期,大学生创业者应直接把好人才关。对于60人规模以下的初创公司,建议大学生创业者参与所有岗位的直接复试工作,因为企业前60人(尤其前10人)的价值观、行为方式等决定了企业后期的整体文化基调。这期间,创始人应该与HR负责人协力开展人力资源管理工作,待人数发展到60人以后,再有选择性地参与招聘面试工作。

### (二)树立领导威信

**微视频:7.3 领导权威的树立**

一个有威信的领导能够带动初创公司的发展,那么创业者如何树立自己的威信呢?

1.具有崇高的人格和高尚的品德觉悟

这是对大学生创业者在道德认知方面的要求,主要表现为大公无私、谦虚谨慎、宽容大度、自知自省等。良好的品德是职场的通行证,散发着天然的魅力,是让人不自觉受到影响的力量。大学生创业领导者必须以健全崇高的人格,在员工面前树立较高威信,真正赢得员工的人心,从而形成巨大的影响力。但领导也要注意修养和节操,注意非权力的影响,和员工打成一片,不摆架子,不显示官威。

2.敢于决策并勇于承担责任

这是对大学生创业者在职务权利方面的要求。大学生创业领导者在待人接物方面,应力求避免骄傲自满、言过其实,也要防止畏首畏尾、自卑盲从。要在成绩面前不居功,在错误面前不文过饰非;要主动承担责任,使下级大胆工作;要宽容大度,关怀爱护和体谅员工;善于同别人实行"心理位置交换",能站在对方立场上设身处地地考虑问题。要自知自省,有自知之明,不做自己能力达不到的事;要认真开展批评与自我批评,在重大原则是非面前应该旗帜鲜明,同时要虚心听取各方面的批评意见,坚持真理、修正错误,从而在众多的创业企业和团队中树立较高的口碑和威信。

3.建立高效专业的管理班子

"小作坊"式的管理方式会给创业者带来巨大工作压力,公司的发展也会因此而变得缓慢有限。当公司规模比较小的时候,一个人独自管理可能还行得通。但当初创公司走上轨道以后,客户会更加关注其是否具有专业的管理水平,这时候就有赖于一个正规而专业的管理班子来运转。

因此，创业者要分析：公司每天都在做什么？如何做？公司的主要收益是哪些？这些调查不能急于求成，而要细心分析。这一过程既有助于企业权力下放，又有利于指导招聘适合公司发展的人才。初创公司要为每一个职位找到最合适的管理人才，必须经历一个漫长的过程。然而，不少初创公司在朝专业化管理转变的过程中倒闭了，原因就在于没有建立起一个高效专业的管理班子。

在工作作风方面，大学生创业领导者要实事求是，一切从实际出发，平易近人、坦荡大度。在工作中，大学生创业领导者要多通过直接经验获得知识，多听他人意见，择其善者而从之；看问题不要从个人主观猜测出发，要保持清醒头脑，不做“一刀切”和“盲目的指挥”。现代化大生产的复杂多变性以及知识经济的到来，更需要领导者倾听员工呼声，虚心听取专家意见，发扬民主，从善如流，集思广益；要有平易近人、善与人和的作风。总之，大学生创业领导者要清醒地认识到，领导者与员工的根本利益和工作目标是一致的，做到真正为员工服务。

# 创业心理训练营

### 创业领导力的创新之路

当前，创业型领导力的创新更强调领导者对大环境的感知以及与下属、组织的协同。在创业过程中，领导者如何实现创业型领导力的三个创新，或许黄代放和他创办的泰豪集团能为我们指明方向。

**创业初始期：技术＋服务——环境权变**

1981年，18岁的黄代放考入清华大学汽车系，开始了他背井离乡的大学生涯。大二正是同学们享受大学生活的开始，而此时黄代放除了认真学习以外，更多地聚焦于对自己未来的思考。在爱玩桥牌的他看来，选择并不是一件随意和容易的事情：“完全靠运气抓一手牌，并且随便出一张，这不是我的决策思维方式。应该是根据自己手上的牌，再根据恰当的才能，即使是烂牌也要出，这样对你来说，损失最小，或者说成功的概率最高。”根据自己的“桥牌思维”，他做出了选择：“父母亲是很希望我踏入仕途的，但是像我们这种农村出来的孩子，没有太多的资源和背景是很难的；而继续深造，我的外语不是很好，所以做一个知名学者的概率也不高。也就是说，这两个方向都要碰运气，所以我选择了去国企。”但是在实习过程中，他感受到了当时国企陈旧而呆板的机制，认为自己没有机会在其中充分发挥才能，所以在还没有毕业的时候，他根据大环境进一步调整了职业规划：毕业以后先工作三年，然后下海。

1986年7月，刚刚毕业的黄代放被分配回家乡江西，进入南昌市工业研究院任技术员。趁着国家改革鼓励自主创业的优惠政策，他于1988年下海成立清华科技开发部，随后又与几个同事合作，创办了江西清华有限责任公司（泰豪集团的前身）。同年，公司推出了基于PC 1500计算机开发的县级水电站群水库优化调度软件包，并举办学习班面向全国推广。之后，公司集中力量围绕电力产业的信息技术应用展开业务，形成了“技术＋服务”的经营模式。到1995年，江西清华已经成为江西最有影响力的IT企业。

工科出身的黄代放不仅要思考技术问题，更关注公司本身的运营和管理，对于外界则是一点点商机都绝不放过。他说：“我们是真正的仙人掌型企业，就是那种基本上没有任何资源，只要有一点点水分，凭借自己的努力就能活下来的企业……我从大学时代就树立了目标，要做一个懂技术的管理者。”

**创业成长期：技术＋资本——团队沟通**

聚沙成塔，涓滴成河，到1996年公司已经拥有300多名正式员工。但是黄代放并不满足：“我1988年的目标就是，像联想、世通学习，做江西最好的IT公司，这个对我来讲已经实现了，那我的目标需要调整，所以说从1993年开始，我们的团队还要继续前行，对于我本人来讲，我就要考虑下一个（目标）。”

要跻身中国乃至世界前列，上市就理所当然地成为他创业之路的下一个站点。根据自己深入思考和多年经验，黄代放认为和IT技术接口的产品，最有潜力的是军工产业，所以，1996年3月江西清华的产业型公司“江西清华泰豪电器有限公司”成立。“泰豪”正式作为公司产品品牌，在成立后的两年内收购了江西的两家老牌国有军工企业：江西无线电厂（713厂）和三波电机总厂，从此泰豪开始跨入了电气和军用电子通讯领域。与此同时，为了进一步推动“泰豪”品牌的高科技定位，1996年泰豪开始计划建设科技园区。1997年到1999年，黄代放带队完成了征地、对外考察、建设等一系列工作，并于2000年建成启用“清华（南昌）高科技工业园”。

但是上市之前，资本依然是公司发展的最大瓶颈，凭借着早年加入的清华大学企业集团成员身份（也是当时唯一非清华校办企业），黄代放果断让出部分股权，引入清华同方作为第一大股东，调整并扩大了注册资本至1.9亿元。最终，2002年7月3日，泰豪电器更名为“泰豪科技股份有限公司”，在上海证券交易所上市，这也是江西省第一家挂牌上市的民营企业。

公司规模不断扩大，对于人力资源的要求也不断提高，这首先体现在对高层管理团队的需求上。面对一个全新的泰豪集团，黄代放分别从三个途径充实高管团队：(1)创业初期的单位同事以及合作伙伴，如现任集团董事会副主席、CEO李华，集团执行董事涂彦彬，执行董事李春生；(2)收购企业原管理层，如执行董事邹映明，执行董事毛勇；(3)通过招聘培养的“新鲜血液”，如泰豪科技总裁、集团执行董事杨剑。对于他们六人，工作中的黄代放不仅是他们的上司，更是整个团队的沟通枢纽。

正是有效的团队沟通以及恰当的团队角色扮演，黄代放组建了一个高效、干练、负责的高管团队，他们领导着泰豪开展兼并和海外电力业务，成功地完成了吸收资本到运作资本的过程，形成了以计算机及软件，发电机及电源、智能建筑及电器等为中心的多个支柱产业，至此，公司逐渐从江西省走出来，成为“中国的泰豪”。

**创业开拓期：技术+品牌——学习型组织**

“中国的泰豪，世界的泰豪”是黄代放提出的企业愿景。为加快形成企业文化和提升员工创新性思考能力，1999年，公司全面实行名为“我与公司”的工作学习机制，具体实施办法为“40+2”：即要求公司所有在岗员工每周工作40小时、集体学习2小时。公司董事局确定每年的学习主题和具体内容。集体学习形式为各单位的所有在岗员工每10～20人组成一个学习小组，部门经理办公室成员担任组长，班组负责人担任副组长。公司每月还编辑印刷内部“教材”《泰豪人》供参考和讨论，其内容主要是编辑部精选的社会热点文章和管理案例。之后每年8月份，人力资源部会组织所有在岗员工对该年学习内容进行闭卷限时考试，这被称为“泰豪的高考”，成绩与个人绩效挂钩。黄代放本人也会参加并为每年选出的成绩优异者颁发“十佳员工”称号和一定的物质鼓励，考试内容涉及本年度的社会重要热点和新闻、公司文化以及有关管理和创新的思考。

同时进行的还有产学研合作、管理人员的培训、招聘和接班人的培养，最重要的是，黄代放采取了一种独特的方式选拔“接班人”：通过“民主选举”的形式来确定上市公司总裁的人选。泰豪科技现任总裁杨剑就是第一任“民选总裁”。

此后，企业文化通过公司内部的学习活动在员工中建立和传播，公司管理人员的培训和招聘形成良性循环，而公司的高层领导更是受到了上下一致的认可，泰豪整体运营状况更上一层楼。

黄代放对于自己的人生和职业的思考形成了他对大环境的敏锐感知，在技术的基础上添加了服务元素，使之度过艰难的创业初始期；在团队中有效的沟通和角色扮演实现了他与下属之间的协调和配合，引入外界资本和上市让泰豪实现了跨越式成长；建立学习型组织使得企业文化、社会氛围、品牌影响协同发展，树立品牌造就了创业企业的多元化开拓，这就是黄代放领导泰豪集团走过的创新之路。

在对黄代放的采访中，当我们问到最后一个问题：“作为一个创业的前辈，您想对现在正在创业或想创业的年轻人说什么？”时，瘦削斯文的他抬手扶了扶眼镜：“我们那个时候管创业叫下海，下海得有三个条件，第一你会游泳，第二你会抓鱼吃，第三会抓别人的鱼给别人吃。做到前两者保证企业能够生存，做到第三点才能发展壮大。”

（有改动）

资料来源：郑晓明，龚洋冉.创业领导力的创新之路[J].清华管理评论，2015(11)：77-83.

请结合以上案例进行分析：

1.你如何理解创业中的领导行为？

2.领导者与管理者有何不同？

## 自我测试

### 你是否准备好做创业领导者？

创业充满了诱惑，但并非每个人都适合走这条路。美国创业协会设计了一份测试题，假如你正想着自己“单挑”，不妨做做下面的题。以下每道题都有4个选项：A.经常；B.有时；C.很少；D.从不。请选择一个最符合自己的选项。

| 选项 | 经常 | 有时 | 很少 | 从不 |
|---|---|---|---|---|
| 1.在急需决策时，你是否在想“再让我考虑一下吧”？ | A | B | C | D |
| 2.你是否为自己的优柔寡断找借口说“得慎重，怎能轻易下结论呢”？ | A | B | C | D |
| 3.你是否为避免冒犯某个有实力的客户而有意回避一些关键性的问题，甚至有意迎合客户呢？ | A | B | C | D |
| 4.你是否无论遇到什么紧急任务都优先处理日常的琐碎事务呢？ | A | B | C | D |
| 5.你是否非得在巨大压力下才肯承担重任？ | A | B | C | D |
| 6.你是否无力抵御妨碍你完成重要任务的干扰或危机？ | A | B | C | D |
| 7.你在决策重要的行动和计划时，是否常忽视其后果？ | A | B | C | D |
| 8.当你需要做出很可能不得人心的决策时，是否会找借口逃避而不敢面对？ | A | B | C | D |
| 9.你是否总是在晚上才发现还有要紧的事没办？ | A | B | C | D |
| 10.你是否因不愿承担艰苦任务而寻找各种借口？ | A | B | C | D |
| 11.你是否常常来不及躲避或预防困难情形的发生？ | A | B | C | D |
| 12.你是否会拐弯抹角地宣布可能得罪他人的决定？ | A | B | C | D |
| 13.你是否喜欢让别人替你做你自己不愿做而又不得不做的事？ | A | B | C | D |

**解析：**

选A得4分，选B得3分，选C得2分，选D得1分。

得分50分以上，说明你的个人素质与创业者还有一定距离；

得分40～49分，说明你不算勤勉，应彻底改变拖沓、低效率的缺点，否则创业只能是一句空话；

得分30～39分，说明你在大多数情况下充满自信，但有时犹豫不决，不过没关系，这也是稳重和深思熟虑的表现；

得分15～29分，说明你是一个高效率的决策者和管理者，有望成为成功的创业者，你还在等什么？

# 第八章　创业中的心理学定律应用

### 科学的心理学规律能帮助创业成功吗

2017年10月，黄伟强创办的“壹心理”完成数千万元A++轮融资，全网注册会员超过了、1700万，这使得“壹心理”成为当前最重要的心理学头部平台之一。

与此同时，李真、钱庄等一批有着海外心理学求学经历的创业者看中市场空缺，纷纷投身心理学创业。前者成立了心理咨询平台简单心理，后者创办了心理学自媒体“KnowYourself”。

在全民焦虑的时代背景下，资本市场对心理学创业项目的兴趣也在不断提升。截至目前，“壹心理”、“简单心理”和“KY”这三大心理学平台都已经完成A轮融资，这意味着心理学创业迎来了起风时刻。

**心理学的大众普及**

“壹心理”创始人黄伟强有一句名言：“不是我选择了心理学，是心理学选择了我。”

黄伟强从高中开始接触心理学并着迷于大脑、人性等相关书籍，“我想了解自己，了解人与人之间的关系。”

2003年，黄伟强进入北京师范大学珠海分校学习应用心理学专业。2007年大学毕业之后，黄伟强第一份工作是在深圳一家互联网公司开发心理测评软件。在黄伟强看来，心理测评是很好的心理学工具，“它可以很好地帮大众建立亲和感和信任感，用户只要花很少时间成本或金钱成本就可以体验心理学服务有没有帮助。”

2008年，黄伟强创办心理学网站蓝心网，这是他的第一个独立创业项目，并获得了天使投资。由于当时大众对心理学了解程度并不高，心理服务尚未被大众普遍接受，此时的蓝心网以传播心理学图文内容为主。

在此期间，黄伟强在豆瓣发起了一次图片测试心理的活动，这次活动吸引了超过100万人参与，之后黄伟强开始尝试利用新媒体来传播心理学。从2008年开始，黄伟强开始在豆瓣、微博等平台运营心理学账号，成立了豆瓣最大的心理学小组和小站以及当时微博和人人网上最大的心理学大号，上面还有200万粉丝。

由于蓝心网技术与产品分隔两地，加上线上变现困难等问题，黄伟强之后转到线下做

EAP公司博曼心理。当时博曼心理的主要客户以政府单位和大型制造型企业为主。EAP市场相对稳定，但由于缺乏数据统计，这块市场容量究竟有多大并不清晰。

“这块市场可能会有增长的趋势，因为越来越多企业认识到需要为员工减压或增加心理福利，但现在整个EAP市场并没有让人眼前一亮的产品或项目出现。”在黄伟强看来，EAP是一个很内化的服务，而且由于牵涉到线下和大量专家，使得服务的标准化程度很低。更重要的一点是，这类产品不符合现代语境，“可能大多数做EAP心理产品的人还是活在自己专业的世界里，没有活在90后、00后的世界里。”

在像黄伟强这样的心理学创业者出现之前，心理咨询师、心理畅销书作家武志红在心理学大众普及上发挥了重要作用。武志红1992年考入北京大学心理学系，毕业后曾在订阅用户有120万的《广州日报》写心理学专栏。后来博客开始出现，武志红便开始转战博客，2009年，仅仅依靠博客导流，武志红就已经能养活自己。

同样在2009年，武志红成立“武志红心理咨询中心”，通过线下咨询的方式为用户服务。从2011年开始，武志红开始经常使用微博，武志红发现自己的课程广告发在博客上招生需要一两个月，但发在微博一两周人就招满了。同时，通过《为何家会伤人》等一系列畅销书的出版，武志红在大众层面的知名度得到进一步提升。

在2016年2月的采访中，武志红曾透露自己在北上广有4家工作室，心理咨询师总人数超过60位，并计划在2017年再建15家工作室，希望将“心乐土武志红心理咨询中心”做成心理咨询第一品牌。同样在2016年，武志红也在“得到”App上开设了付费专栏《武志红的心理学课》，截至目前，这门课程已经有超过16万用户订阅。

当前心理学界流行的理论最简单的划分可以分两种，一种是精神分析，另一种是科学心理学。精神分析理论的特点是难以被科学验证，强调童年创伤、原生家庭影响。武志红是精神分析理论的代表人物，其作品《巨婴国》也是这种理论的产物，由于其作品逻辑、论证上经常不够严谨，因此引发了巨大的争议。

但黄伟强在2011年创办心理服务平台“壹心理”的时候并没有在选择哪种理论上过多纠结，“大众其实并不在乎是什么流派，他们只在乎产品有没有用。我们也不纠结，我们算折中主义，所有的理论都会使用到。”

“壹心理”像是黄伟强之前几次心理学创业经历的综合产物，这个网站有心理文章、心理测试，也有心理课程和心理咨询。壹心理同样以内容为先，“一开始就撬动专业用户是很难的，我们先把对心理学感兴趣的大众用户聚起来，搭好舞台再请专业人士入驻。”2014年当用户突破600万的时候，“壹心理”开始邀请专家入驻。

2014年对于“壹心理”来说是重要的一年。在黄伟强看来，从这一年开始，消费升级的概念逐渐走红，大众开始关注自己的内心世界并愿意为之付费。同样从这一年开始，大健康领域的项目受到追捧，作为大健康领域分支的心理健康也开始受到关注。“壹心理”在这一年拿到了专注于医疗健康的北极光创投的投资。由于当时“壹心理”一直没有在商业变现上发力，这笔融资对于当时的“壹心理”来说颇为重要。

**海归心理学创业者的入场**

在“壹心理”获得融资的时候，另一家心理服务网站“简单心理”也在2014年6月上线。和“壹心理”用户为先的发展模式不同，简单心理一开始就大规模招揽专业心理咨询师入驻。“简单心理”打出的旗号是“只允许 TOP 1%的最专业咨询师入驻提供服务。”

“简单心理”创始人、CEO 李真曾谈到，“简单心理”是参考美国心理学会（APA）标准筛选咨询师，除了按照 APA 标准做专业教育与培训背景考核外，还会有咨询服务经验和督导面试考核，综合通过率控制在 20%以下。

创办“简单心理”之前，李真曾是伦敦大学认知神经心理学硕士，毕业之后在豆瓣写过心理咨询文章，做过中央财经大学心理咨询中心讲师。凭借着在豆瓣发布心理文章小有名气后，李真还在果壳网做过讲座，在荔枝 FM 开过电台。

申请到德雷珀英雄学院（主要培养年轻创业者）的入学资格之后，李真开始考虑做“简单心理”这个项目。和德丰杰基金创始合伙人 Tim Draper 聊过后，Tim Draper 表示愿意投资这个项目。之后李真回国一周内便找到了真格基金和华创。2014 年，“简单心理”获得了真格基金领投、华创资本，以及 Tim Draper 跟投的天使轮投资。

2015 年 1 月，“简单心理”推出“简单心理”App，其平台业务包括个体咨询、团体咨询以及心理科普类活动、心理测试、心理课堂等。其核心业务是一对一的个体咨询服务，每 50 分钟的费用在数百元到数千元不等。在拥有数十万 App 注册用户的情况下，“简单心理”在 2016 年年初的单月流水已达数百万元。

2016 年年初，简单心理完成数百万美元 A 轮融资。获得融资后，李真曾表示要从心理咨询拓展到企业心理服务、咨询师培训、精神科服务等立体化专业服务，同时也要利用心理科普内容布局传播矩阵。2016 年 9 月，简单心理付费咨询人次超过 10 万。同年 12 月，“简单心理”推出了培养心理咨询师的“基础训练课程”。

资料来源：齐朋利.全民焦虑，心理学创业风起时.发表于“三声”财经号，https://www.jiemian.com/article/2027543.html.有改编。

### 请你思考

心理学的创业风口带给你什么样的启发？

### 单元目标

1.了解科学且有趣的心理学定律。

2.掌握心理学定律的应用原则。

3.通过训练，进一步提升创业成功的可能性。

## 第一节　创业要巧用的管理心理学定律

创业的过程蕴藏着许多心理学的成分，一旦读懂这些现象背后的心理动因，就会让创业者倍感愉悦。大学生创业者理解并运用这些心理学定律，往往能收获良好的管理效果。心理学家卡尔·荣格(Carl Gustav Jung)曾经说过，“你的潜意识指引着你的人生，而你称其为命运”“相信才能看见”。西方管理学大师彼得·德鲁克(Peter F. Drucker)也曾说过“管理就是最大限度地激发他人的善意。”可见，大学生创业者若熟悉心理学定律，并能在创业过程中巧用这些定律，必然事半功倍。

## 一、活用鲇鱼效应，增强企业活力

微视频：8.1 活用鲇鱼效应，增强企业活力

鲇鱼效应最初是讲鱼类的生存之道，后来被广泛运用于管理学中。

### (一)鲇鱼效应的原理

挪威人喜欢吃沙丁鱼，尤其是活鱼，但活的沙丁鱼和死的沙丁鱼价格相差很远。由于沙丁鱼生性懒惰，不爱运动，返航的路途又很长，所以大部分从海上捕捞到的沙丁鱼往往一回到码头就都死了。传说有一位船长家的沙丁鱼每次出手卖的时候总是活蹦乱跳的，所以他赚的钱也比别人的多。但如何让鱼不死的秘密始终无人知晓。直到船长去世，谜底才被揭开。原来，船长在装满沙丁鱼的船舱里放进了一条鲇鱼。鲇鱼是一种肉食性鱼类，性情和沙丁鱼也不一样，鲇鱼好动，比较凶猛，当嗜血的鲇鱼进入船舱后，便不停扭动。沙丁鱼见自己的天敌来了，十分紧张，便左冲右突，四处躲避，加速游动。这样一来，沙丁鱼缺氧的问题迎刃而解，也就不会窒息而死了。所以，一条条沙丁鱼活蹦乱跳地回到了渔港。这就是著名的“鲇鱼效应”。

渔夫采用鲇鱼作为激励手段，促使沙丁鱼不断游动，以保证沙丁鱼活着，从而获得最大利益。在企业管理过程中，“鲇鱼效应”也是一种常用的激励方式，是保持企业活力的有效方法。一个企业进入平稳发展期后，从好的方面讲，是形成了自身的企业文化，人员凝聚力强；但从坏的方面讲，则是人员长期固定容易产生惰性，也易滋生潜规则，此时就有必要找到职场“鲇鱼”加入公司。这些职场“鲇鱼”的引进，不但可以让老员工产生危机感，更会为企业找到新的增长点，从而为稳定期的企业找到新的发展方向。如果把企业管理的过程比喻成一场复杂的化学反应，那么新引进企业的一条条“鲇鱼”，便可以说是这场化学反应中“催化剂”，可以有效增强企业的活力。

### (二)鲇鱼效应在创业管理中的应用

鲇鱼效应在创业管理中既可以应用于新员工管理，也可以应用于老员工，大学生创业者在创业管理中也应善于应用鲇鱼效应。

1.应用鲇鱼效应在创业管理中的意义

一是有利于提高企业核心竞争力。企业发展过程中的创新管理方式都可以视作“鲇鱼”，在一个行业中，如果企业的创新管理得到良好的运用，那么该企业就很有可能成为行业中的佼佼者，并且有可能带领行业进行一次革命性的改革。

二是有利于增强企业员工的工作质量。在"沙丁鱼"群中引进一些异类的"鲇鱼"，会大大地刺激一贯安逸的"沙丁鱼"群。"沙丁鱼"们将开始为了生存而不停地努力，将自己最优秀的状态表现出来，这样才不会被后加入的"鲇鱼"威胁到自己生存的地位，由此也提高了自己的工作质量。

三是有利于调动企业员工的工作积极性。对竞争市场中的企业来说，有了竞争的存在，才能不断促进内部改革与创新，形成你追我赶、大家共同进步的优良风气。因此，"鲇鱼"的引入会给整个团队带来新的思想、新的活力。"鲇鱼"可以凭借自己特殊的号召力和积极主动的言行来影响和带动组织员工的工作热情，同时还能给其他员工带来一种危机感和压力。在"鲇鱼"的刺激下，企业和员工才可以迅速地"跑"起来，激发自身的无限潜能，从而提高企业组织的业绩。

2.鲇鱼效应在创业管理中的具体应用

新员工在刚进入新企业后，通常情况下会热情高涨，积极肯干，愿意向老员工请教，因此，新员工的入职培训是非常重要的环节。对于企业而言，新员工通常分为两类，一类是刚从学校毕业、新参加工作的新员工；一类是已参加工作，重新换工作后进入新企业的员工。这两类员工虽然均为新进员工，但对他们的管理却不能采用同一模式。中小型企业的员工有可能成为"鲇鱼"，也有可能成为"沙丁鱼"。部分工作能力强又愿意追求上进的新员工有可能会成为标杆，甚至有可能赶超老员工，进而替代老员工所在的位置，那么这部分新员工则成了"鲇鱼"；还有一部分新员工整天无所事事，不思进取，甚至有些还消极怠工，那么，这部分新员工就有可能成为"沙丁鱼"，有必要尽早淘汰。

当新员工在企业连续工作至少一年以上，成为老员工后，他们对企业的文化、理念、制度等都已经比较了解，也会呈现出不同的状态。有些老员工不管工作多少年，积极性仍在，工作的劲头也足；而有些老员工长年在一家公司甚至在同一岗位上待的时间长了，就会变成"老油条"，以少做少错作为自己的工作态度。造成老员工积极性不高的原因可分为主观和客观两方面，主观方面的原因是自身对工作的认识、看法和态度；客观方面的原因是企业的理念、制度、工作氛围所致。这些消极怠工的老员工很可能会成为"沙丁鱼"，更多的是被新进的员工超越。因此，对老员工的教育和培训同样是不可忽视的。

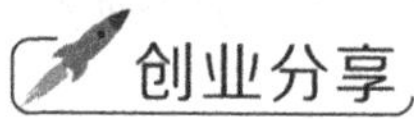


### 本田公司企业管理的鲇鱼效应

日本本田公司的创始人本田宗一郎对欧美企业进行考察时，发现企业的人员基本上由三种类型组成：一是不可缺少的干才，约占二成；二是以公司为家的勤劳人才，约占六成；三是终日东游西荡、拖企业后腿的蠢材，占二成。而自己公司的人员中，缺乏进取心和敬业精神的人员也许还要多些。那么，如何使前两种人增多，使其更具有敬业精神，而使第三种人减少呢？如果对第三种类型的人员实行完全淘汰，一方面会受到工会方面的压力，另一方面又会使企业蒙受损失。其实，这些人也能完成工作，只是与公司的要求与发展相距远了一些，如果全部淘汰，显然是行不通的。

后来，本田先生受到鲇鱼故事的启发，决定进行人事方面的改革。他首先从销售部入手，因为销售部经理的观念离公司的精神相距甚远，而且他的守旧思想已经严重影响到他的下属。必须找一条“鲇鱼”来，尽早打破销售部只维持现状的沉闷气氛，否则公司的发展将会受到严重影响。经过周密的计划和努力，本田先生终于把松和公司销售部副经理、年仅35岁的武太郎挖了过来。武太郎接任本田公司销售部经理后，凭借自己丰富的市场营销经验和过人的学识，以及惊人的毅力和工作热情，受到了销售部全体员工的好评，不久后，员工的工作热情就被极大地调动起来，活力大为增强。公司的销售出现了转机，月销售额直线上升，公司在欧美市场的知名度不断提高。本田先生对武太郎上任以来的工作非常满意，这不仅缘于他出色的工作表现，而且更深层的意义是，销售部作为企业的龙头部门，又带动了其他部门经理人员的工作热情和活力。本田先生深为自己有效地利用了“鲇鱼效应”而得意。

从此，本田公司每年重点从外部“中途聘用”一些精干的、思维敏捷的、30岁左右的生力军，有时甚至聘请常务董事一级的“大鲇鱼”。这样一来，公司上下的“沙丁鱼”都有了触电式的感觉，业绩蒸蒸日上。

（有改动）

资料来源：许亮生.“鲇鱼效应”在企业中的运用[N].财会信报，2015-11-09(B07).

### (三)鲇鱼效应在创业管理中应用的注意事项

从外部引入鲇鱼有好处，当然也会有弊端。大学生创业者在企业管理中应用鲇鱼效应之前，应充分审视自己企业员工的工作状况，注意三个问题，以免酿成“鲇鱼副效应”。

首先，要掌握正确挑选“鲇鱼”的方式。企业团队中“鲇鱼”的挑选方式有很多种，只要一个企业符合“鲇鱼效应”应用的前提条件，就可以适当地引进“鲇鱼”，并对其采用恰当的科学管理方式，为“鲇鱼”创造更多有利的工作环境。另外，还要协调好“鲇鱼”和“沙丁鱼”之间的关系，防止从外部引进的“鲇鱼”在团队中受到“沙丁鱼”群的联合打压；或者是由内部晋升的“鲇鱼”出现后，导致一小部分员工产生离职跳槽的想法。因此，创业者要给予每个员工足够的尊重，加强工作中的沟通，在彼此充分理解的基础上更好地协作，为企业带来更高的工作效益。

其次，要防止“鲇鱼”被“沙丁鱼化”。企业团队中原本低迷的“沙丁鱼”在“鲇鱼”到来之后开始有了危机意识，认为自己的生存受到了“鲇鱼”的威胁，因而对新加入的“鲇鱼”同事或者领导刻意保持距离，导致“鲇鱼”型人才在团队中无法积极有效地发挥自己的价值。最严重的是“沙丁鱼”可能联合排挤“鲇鱼”，将其强硬地挤出这个团队。这样也会让有些“鲇鱼”型人才为融入集体而运用自己的灵活性，减轻自己的压力，逐渐被“沙丁鱼”群同化，成为“沙丁鱼”群中的一员。

再次，要避免出现“鲇鱼副效应”。一般而言，能力强、工作效率高的团队必有优秀之人才，然而这些优秀人才的加入，会对老员工造成一定的威胁使原来相对平静的队伍变得不安宁。如果这些“鲇鱼”过于强势或优势过猛，那么，久而久之，则可能会压制老员工的积极性，增加他们的挫败感。于是有些员工依然会消极怠工，有些则会跳槽离开，重新选择新的单位，而这些情况势必会对团队的稳定造成影响。无论是新团队还是老团队，不管是大团队还是小团队，“鲇鱼”的加入是否能真正起到优势互补的作用，新老成员、大小团队之间是否具有合作观念？这些都会影响到企业整体战斗力的发挥。一旦引入的“鲇鱼”缺乏集体精神，个人主义观念浓厚，总是单打独斗，那么这些人员在中小型企业中不但难于产生“鲇鱼效应”，还会把团队仅存的一点战斗力破坏殆尽。

因此，中小企业在采用“鲇鱼效应”进行管理时，必须因时因地，根据实际需要加以应用。例如，企业的氛围非常好，员工们的战斗力很强，那么这种情况则不宜引进“鲇鱼”，否则，容易打击老员工原有的积极性。即便在一家公司出现种种状况，非得采用“鲇鱼效应”时，也并非引进的“鲇鱼”越多越好。如果引进的“鲇鱼”数量过多，“沙丁鱼”就会死得太多。也就是说，当大批量“鲇鱼”进入时，对老员工工作积极性刺激过大，反而会引起更多的恐慌和猜疑，导致老员工的心理压力越来越大，对引进的“鲇鱼”也会加强戒备，这种情况不利于团队的建设，更不利于企业的健康有序发展。

如果“沙丁鱼”与“鲇鱼”形成势不两立的冤家，那么更多的原因是效应运用不当。因此，中小企业管理中如需引入“鲇鱼”，在引入前就要做好充分的调研工作，对引入的数量、引入的时间等均要充分研究。引入后，要对新进的“鲇鱼”与原有的“沙丁鱼”分开培训，向这两个群体表明企业引进“鲇鱼效应”的原因，争取老员工的支持和理解，也为新员工的加入做好最基本的交代。在企业管理过程中，创业者还可以通过一些实用的方法来调动全体人员的积极性，如提高目前现有骨干员工的待遇，让所有人都知道，公司虽然引进了“鲇鱼”，但公司依然是非常重视他们的，以减轻他们的心理压力，这样才能以最快的速度融入“鲇鱼”。

总之，合理运用“鲇鱼效应”对中小企业新、老员工进行管理，同时注意避免因引入不当而产生的副效应，才能更好地促进企业健康发展。

## 二、善用羊群效应，让管理更轻松

通常人们认为羊群是弱势群体，但羊群的管理却也显示了企业管理的诸多原理。熟知放羊的人都知道，放好羊是一门大学问。如果把企业员工比作羊群，那么企业管理者就是放羊的羊倌。大学生创业者在管理员工时，如果能像羊倌放羊一样达到形散而神不散的境界，那可谓是管理大师。

微视频：8.2 善用羊群效应，让管理更轻松

### （一）羊群效应的原理

有一个幽默故事：有一位石油大亨到天堂去参加石油开发大会，可进会议室后才发现自己已经没有地方落座。于是，他灵机一动，喊了一声：“地狱里发现石油了！”这一喊让原

本在天堂里的石油大亨们纷纷向地狱跑去。很快，天堂里就只剩下那位最后来的石油大亨了。这时，这位大亨心想，大家都跑了过去，莫非地狱里真的发现了石油？于是他最终也急匆匆地向地狱跑去。这个故事说的正是羊群效应的典型表现。

羊群是一个很散乱的组织，平时在一起也是盲目地左冲右撞。但如果其中一只羊发现了一片肥沃的绿草地，并在那里吃到了新鲜的青草，那么后来的羊群就会不假思索地一哄而上，争抢那里的青草，全然不顾旁边虎视眈眈的狼，或者看不到其他地方还有更好的青草。人类社会中也有不少羊群效应的现象，如门口排起长队的餐厅会带给消费者一种"这家餐厅很美味"的心理暗示，从而激发消费者的消费欲望。

羊群效应是指个人的观念或行为由于真实的或想象的群体影响或压力，而向与多数人相一致的方向变化的现象，用以比喻社会层面上的群体从众、趋同表现，因此也可称为从众效应，表现为对特定的或临时的情境中的优势观念和行为方式的采纳，即"随大流"，或者表现为对长期性、占优势地位的观念和行为方式的接受，即顺应风俗习惯。显然，群体力量会使理性判断失去作用，对人们的日常生活产生极大影响。人们会追随大众认同的观点，而否定自己的意见，忽略事件本身的意义。无论意识到与否，群体观点的影响足以动摇大部分抱有怀疑态度的人。

### (二)羊群效应在创业管理中的应用

在羊群的管理上，羊群效应给牧羊人一个很重要的启示，那就是：如何花最少的成本管理好羊群呢？他需要两个好帮手：一个是牧羊犬，帮助牧羊人保护羊群和管理羊群；另一个是头羊，负责带领团队。

同样的，大学生作为企业的创办者，也就是企业的牧羊人，这个角色通常的名称是老板。牧羊人的职责是给团队指明方向，为团队做好支持，管理好头羊和牧羊犬，而让头羊和牧羊犬帮忙管理羊群。大学生创业者要时刻记住：羊群是自己的财产，自己的团队就像羊群。因此，大学生创业者要用投资的眼光来看待每只羊。然而，亲自管理羊群是一件十分费力的事情，所以，牧羊人需要用头羊和牧羊犬降低管理成本。头羊是团队中业务能力最强的人，这样的人往往是团队的第二核心或者领袖。作为牧羊人的创业者会希望其他成员都能像他一样。所以，当大学生创业者识别出团队里的头羊后，就需要在他身上多花些心血。而他也会因为这份厚爱而回报自己，带领好羊群。但如果大学生创业者在团队里无法识别到这样的人，那就需要考察并把它塑造出来。在管理过程中，大学生创业者一定要相信头羊在工作上的判断。首先，他在业务最前线，是第一手业务人员。其次，他每天和羊群在一起，是羊群的核心，同样也了解羊群的状况和诉求。所以，作为牧羊人，要和头羊多沟通，了解他作为业务专家的判断并及时听取其想法。

塑造"头羊"的过程有时候也会出现一些问题。例如有些"头羊"会因为业务能力很强而不服从管理。这时候大学生创业者一定要适当地对"头羊"进行警醒和批评，绝对不能让"头羊"取代自己在整个团队中的地位。此外，大学生创业者可以在"头羊"还不熟悉的其他领域给予指导和点评，让他对领导保持尊敬。

第二，"牧羊犬"是团队里监督型的角色，它不直接参与业务和工作，也会和"羊群"保持比较远的距离。他最大的职责就是作为团队的“监视器”及时警告团队、“头羊”以及“牧羊人”当前团队的状况和未来的危险。虽然“牧羊犬”不会直接为团队创造价值，但可以通过降低风险来降低管理成本。从本质上说，“牧羊犬”和“牧羊人”的思考方向是一致的，而“头羊”和“羊群”的思考是一致的。这就造成一对常见的矛盾，即团队和管理层之间的矛盾。这样的矛盾直接让“头羊”去化解是不合适的，这样可能会让团队失去对“头羊”的信任。因此，这样的矛盾交由作为第三方的“牧羊犬”来做最适合不过，但他必须能顶住压力去扮演“黑脸”。也正是因为这种原因，“牧羊犬”往往是不受团队欢迎的角色。作为个人，他需要承受更多的压力和困难，因而应当获得更多的关心和奖励，如在薪资待遇上给予一些补偿。

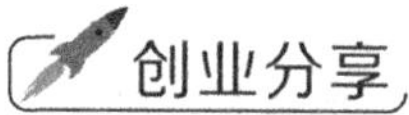


### 雷军告诉你小米成功的秘密：粉丝营销

在众多手机品牌中，小米手机之所以能够快速崛起，最关键的就是把握住了粉丝意愿表达的需求。小米独特的基因文化是：粉丝与小米公司共创、共享品牌。粉丝是小米发展的核心。经过多年的塑造，小米积累了大量粉丝。小米的新零售战略是把线上的粉丝引到线下，把线上的流量在线下再次聚合。这一策略具体体现在小米之家通过选择人气商场、线上集粉、线下体验、活动举办、口碑落地等方式，深度联结粉丝，提升品牌。

那么，小米是如何进行粉丝互动的呢？

1.调集粉丝

小米首要通过三个办法调集粉丝：运用微博获取新用户；运用论坛维护用户活跃度；运用微信做客服。现在小米又有了一个新渠道来调集粉丝，那就是抖音。小米通过打造抖音矩阵，发布一些技能分享、办公室趣事等短视频吸引两百多万粉丝关注，获得了上千万个赞。无论是微博、微信还是抖音，哪里有流量，小米就快速抢占哪里，成为首批流量红利得主。正如小米的创始人雷军所说：“台风口上，猪也能飞。”

2.增强参与感

小米的粉丝营销体系的核心是：参与感。年轻一代消费的参与感，不单单指能看到你、摸到你，还需要能够参与进来和你一起成长。例如，在开发 MIUI（小米操作系统）时，小米就让米粉参与其中，提出建议和需求，再由工程师去改进。在这个过程中，小米的粉丝不仅可以参与小米手机的开发，还可以参与小米手机的设计、销售、客服等各个环节，极大地增强了用户的主人翁意识。

3.增加自我认同感

小米通过爆米花论坛、米粉节、同城会等活动，让用户固化“我是主角”的感受。在爆米花论坛上，小米会举办摄影的月度、年度评比。

举办米粉节：为了感谢米粉们一路以来对小米公司的支持与陪伴，回馈一路支持的粉丝，小米每年都会举办一次粉丝的盛大狂欢，对米粉进行答谢。

举办“爆米花”:“爆米花”是小米举办的城市线下活动,它实际上是用户的见面会,是用户展示自己和认识新朋友的舞台。见面会每场规模在300～500人,有抽奖、游戏、才艺、互动等多个环节,小米联合创始人也会到现场与米粉们一起互动。活动全程都让用户参与,小米会在论坛里投票决定在哪个城市举办;现场会有用户表演节目,表演者是提前在论坛海选出来的;布置会场会有米粉志愿者参与等。这也是小米和很多传统品牌最大的不同:小米和用户一起玩,不管是线上还是线下,无论是什么时候,小米都在考虑怎样让用户参与进来。

举办同城会:同城会是由米粉自发组建、经小米官方认证的米粉组织,每月不定期发起同城活动,在这里可以结交到很多同城好友。

实行全民客服:客服不是挡箭牌,客服也是小米的一种营销手段。当用户购买了小米产品后在小米网上进行评价时,小米的客服会以朋友的口吻及时进行回复,并且几乎没有一条评论是雷同的,不是机械的官方统一回复话术。这一细节小米的消费者都看在眼里,他被深深打动。小米粉丝营销的核心是“和用户交朋友”,小米从领导到员工都是客服,与粉丝持续对话,让粉丝觉得自己是被重视的,有问题能够在第一时间得到解决。

资料来源:有深度新媒体,https://baijiahao.baidu.com/s?id=1619608379669460767.

### (三)羊群效应在创业管理中应用的注意事项

大学生创业者在创业管理中若能善用羊群效应,会让管理更轻松,但在应用的过程中也要注意以下事项。

首先,创业要防止盲目跟风。一些竞争激烈的“兴旺”行业或者职场环境更容易产生“羊群效应”,而且跟风的规模可能失控。例如,当一个公司做某种生意赚钱了,其他所有企业都会蜂拥而至,不断模仿这个“领头羊”的一举一动,“领头羊”到哪里“吃草”,其他羊也会去那里“淘金”。同时,不少投资公司也会把钱投入这个行业;还有其他公司马上效仿这个品牌。直到该行业的产品供应大大增长,生产能力饱和,供求关系失调,不少企业出现赔钱的状况时,大家又会一哄而散,资金迅速出逃。然而,这样热衷于模仿“领头羊”的一举一动,把赚钱的希望寄托在“第一人”身上,缺乏长远的战略眼光、冒险开拓的勇气以及独创意识的创业行为,其实并不利于创业的开展。

其次,要合理利用和引导羊群行为。对企业而言,羊群行为利用得好,可以创建区域品牌,形成规模效应,从而获得利大于弊的效果。因此,寻找好“领头羊”是利用羊群效应的关键。对大学生创业者而言,若只跟在别人屁股后面亦步亦趋,将难逃被吃掉或被淘汰的命运。不走寻常路才是创业脱颖而出的捷径,因此,不管是加入一个组织或者是自主创业,保持创新意识和独立思考的能力都是至关重要的。

## 三、尊重刺猬法则，与员工保持美的距离

不少新任的管理者或空降管理者在与新部门员工相处的时候，有时会因过于高冷而让员工产生距离感，难以融入；有时候则用力过猛，与下级之间打成一片，虽没有了隔阂，但却丢失了管理上的威信以及上级的姿态，进而给很多管理问题带来了落地执行的阻力，或出现管理考核的分歧等。那么，如何把握好上级与下级之间相处的"度"、相处之间的"距离"，这就需要了解和应用管理学中的刺猬法则。

微视频：8.3 尊重刺猬法则，与员工保持美的距离

### （一）刺猬法则的原理

为了研究刺猬在寒冷冬天的生活习性，生物学家做了一个实验：把十几只刺猬放到户外的空地上。这些刺猬被冻得浑身发抖，为了取暖，只好紧紧地靠在一起。相互靠拢后，它们又因为忍受不了彼此身上的长刺而分开。然而天气实在太冷了，它们又靠在一起取暖。可是，靠在一起时的刺痛使它们不得不再度分开。挨得太近，身上会被刺痛；离得太远，又冻得难受。它们就这样反反复复地分了又聚，聚了又分，不断地在受冻与受刺之间挣扎。最后，刺猬们终于找到了一个适中的距离，既可以相互取暖，又不至于被彼此刺伤。

心理学家做过这样一个实验：在一个刚开门的大阅览室中，当里面仅有一位读者的时候，心理学家便进去坐在他（她）身旁，来测试其反应。因为被测试者并不知道这是在做实验，所以大部分人都快速地默默地远离到别的地方坐下，还有人非常干脆明确地说："你想干什么？"这个实验一共进行了整整 80 个人，结果都相同：在一个仅有两位读者的空旷阅览室中，任何一个被测试者都无法忍受一个陌生人紧挨着自己坐下。

由此可见，人和人之间需要保持一定的距离。人人都需要自己身边存在一个能够把握的自我空间，它犹如一个无形的"气泡"般为自己划分了一定的"领域"。而当这个"领域"被他人触犯时，人便会觉得不舒服、不安全，甚至开始恼怒。这也就是人际交往中的心理距离效应，称为刺猬法则。

同样，许多人都有这样的经验和体会：亲密的人际关系经常发生摩擦和矛盾，反倒不及初次交往容易。很多情侣常常相互埋怨，也正是这种情况的表现。按理说应该是交往得越深，就越容易相处，人际关系也越好，可事实上并非如此。所以人们常常发出"相爱简单，相处太难"的感慨，老板与员工、夫妻、恋人、朋友以及师生之间都不例外，这正是心理学上的刺猬法在起作用。

因此，人与人之间交往一定要把握好分寸。尽管人们都有着良好的愿望，希望自己的人际关系亲密度越高越好，但还必须记住"亲密并非无间，美好需要距离"。最佳距离可以促成更好的人际交往。曾有一个年轻人爱上了一位漂亮的姑娘，但当他去求婚的时候，却被姑娘拒绝了，这个小伙子感到很不解。之后，姑娘恼怒地向他解释说："你怎么会想到在距离我 2 米的地方来和我谈这件事呢？"很明显，这种距离属于社交距离，而社交距离并不是谈婚论嫁的最佳距离。

## (二)刺猬法则在创业管理中的应用

刺猬法则运用在创业管理实践中，就是领导者如果要做好工作，应该与下属保持亲密关系，但这是一种“亲密有间”的关系，是一种不远不近的恰当合作关系。与下属保持恰当的心理距离，可以避免下属的防备和紧张，也可以减少下属对自己的恭维、奉承、送礼、行贿等行为，防止与下属称兄道弟、吃喝不分。这样做既可以获得下属的尊重，又能保证在工作中不丧失原则。一个优秀的领导者和管理者，要做到“疏者密之，密者疏之”，这才是成功之道。

法国总统戴高乐就是一个善用刺猬法则的领导者。他有一个座右铭：“保持一定的距离”。这深刻地影响了他和顾问、智囊团以及参谋们的关系。在他十多年的总统岁月里，其秘书处、办公厅和私人参谋部等顾问和智囊机构没有什么人的工作年限能超过两年以上。他对新上任的办公厅主任总是这样说：“我使用你两年，正如人们不能以参谋部的工作作为自己的职业，你也不能以办公厅主任作为自己的职业。”这就是戴高乐的规定。这一规定出于两方面考虑：一是在他看来，调动是正常的，而固定是不正常的。这是受军队做法的影响，因为军队是流动的，没有始终固定在一个地方的军队。二是他不想让“这些人”变成他“离不开的人”。这表明戴高乐是个主要靠自己的思维和决断而生存的领袖，他不容许身边有永远离不开的人。只有调动，才能保持一定距离；而唯有保持一定的距离，才能保证顾问和参谋的思维和决断具有新鲜感和朝气，也就可以杜绝这些顾问和参谋们利用总统和政府的名义营私舞弊。戴高乐的做法是令人敬佩和深思的。如果没有距离感，领导决策过分依赖秘书或某几个人，那么智囊人员便容易干政，进而可能假借领导名义，谋一己之私利，最后拉领导干部下水，后果十分危险。

很多初创公司在初期会营造一种家庭文化、兄弟文化，即大家都是家人，称兄道弟。在公司艰难时候兄弟都给力，可是在分配利益当前、接受管理当前或在触及红线的时候，“兄弟”两个字往往是不能解决问题的。“兄弟式创业”“仇人式散伙”，太多人把工作场景附加为生活中的关系，混乱了职场角色的与生活角色，进而在管理考核、利益分配，甚至辞退时让这种混乱的角色矛盾重重、阻力重重。这本质上是没有界定好关系角色、没有运用好刺猬法则的问题。

这种问题在大学生创业者身上屡见不鲜。很多创业团队在开始创业时，把原来共同战场上的人都视为兄弟，但在企业发展过程仍想维持这种亲密无间、呼兄唤弟的相处模式时会慢慢发现，这样的管理不能服众，最终徒有管理者的虚名，而没有管理的实质。因此在处理上下级管理关系时，大学生创业者要进退有度，找到合适的距离。

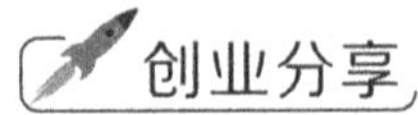


### 华为与资本的刺猬法则

华为公司从创立之初就实行员工持股制度。在《一江春水向东流》一文中，任正非道出了华为员工持股制度的产生过程："我创建公司时设计了员工持股制度，通过利益分享，团结起员工，那时我还不懂期权制度，更不知道西方在这方面很发达，有多种形式的激励机制。仅凭自己过去的人生挫折，感悟到要与员工分担责任、分享利益。创立之初我与我父亲商讨过这种做法，结果得到了他的大力支持，他在（20世纪）30年代学过经济学。这种无意中插的花，竟然今天开放得如此鲜艳，成就了华为的大事业。"

无背景、无资源、缺资本、缺管理，又要与世界巨头和国企拼市场、抢人才，唯一的出路就是大家一起做老板，共同打天下。任正非坦诚道："不要把我想得多么高尚，我要是当初选择做房地产，地是我跑关系拿的，款是我找门路贷的，风险主要由我承担，我为什么要把股权分给大家？华为是科技企业，要更多的聪明人、有理想的人一起做事，所以就只能一起抱团，同甘共苦，越是老一代的创业者和高层领导干部，越要想到自觉奉献，只有不断地主动稀释自己的股票，才能激励更多的人加入华为的事业中一起奋斗……"

当有人问到"华为为什么不上市"的问题时，任正非的回答是："科技企业是靠人才推动的，公司过早上市，就会有一批人变成百万富翁、千万富翁，他们的工作激情就会衰退，这对华为不是好事，对员工本人也不见得是好事，华为会因此而增长缓慢，甚至队伍涣散；员工年纪轻轻太有钱了，会变得懒惰，对他们个人的成长也不会有利。"

举例而言，当摩托罗拉投资50亿美元的铱星计划失败后，资本市场用脚投票，摩托罗拉从此走向了衰败；而华为曾经在3G产品上投资接近60亿元人民币，很长时期颗粒无收（或者"狸猫换太子"，把3G产品当2G卖），任正非又力排众议，不允许研发"小灵通"产品……假使此时华为是上市公司，资本大鳄们将有何举措？结论是不言自明的，也许任正非早就下台了，也许华为早就衰亡了……有学者颇具洞见的看法是（任正非有时也认为）："如果华为的西方同行中有一家不是上市公司，就不会有华为的今天……很简单，中国在短期内出不了美国那样的商业战略家，但这些伟大的美国战略家必须屈从于资本的意志……"

在任正非看来，企业与资本的关系就是两只刺猬取暖的关系，要保持一个合适的距离：既能互相获得对方的温暖而又不至于被扎。

资料来源：改编自标杆学习俱乐部发布于"参观华为网"的《任正非：企业生存必须学会刺猬法则》，http://www.cghuawei.com/archives/7144.

### （三）刺猬法则在创业管理中应用的注意事项

创业管理是一个有机的系统，大学生创业者要学会与员工保持恰当的距离，营造宽松的心理环境，从而提高工作效率。在应用刺猬法则进行管理时，要注意以下事项。

首先，要明晰工作中的层级、上下级关系。明晰上下级关系是很多新晋管理者的痛点，原本相处愉快的同事伙伴关系由于晋升已变成上下级关系，彼此之间的心理也发生了微妙的变化。新晋管理者为了得到支持有时候不得不降低身段，或商讨，或合作，或请教，但这些都有可能让管理者的威信慢慢丧失，所以明晰层级是新任管理者的必经之路。在短暂的过渡后，管理者必须快速建立个人层级标签，树立管理者权威。管理者在工作中提出的是要求，部署的是工作，而不是请求、支持等；作为上级，提出的是意见，而下级提出的是建议。

其次，不进入下级生活，但要关怀下级的生活问题。进入生活会让彼此的心理距离过于贴近，同样会让管理中的很多要求难以启齿甚至出现阻力。所以，管理者要和下级保持适当的距离，不要进入其生活的场景或状态，例如经常串门做客、做生活中的朋友、一起购物打游戏等。同时，作为上级，关怀帮助下级解决生活中的难题还是需要的。

再次，管理中不局限于做好人，也要勇于做坏人。当一个好人是所有管理者最容易做的事，因为做好人没有冲突，没有困难，让人喜欢。但是在管理中做坏人也是必须的，下级不对的时候要勇于批评，绩效考核时要能把不达标的丑话说在前面，要在执行中控权授权得当，做到结果考核上的公平、公正、公开。

## 第二节　创业要慎防的管理心理学定律

心理学研究了很多有名的定律，大学生创业者在创业过程中要学习和掌握这些心理学定律发生的机制，注意防范或尽力避免这些心理学定律的发生和发展。

### 一、避免超限效应，把握好批评的度

微视频：8.4 避免超限效应，把握好批评的度

“凡事有度，过犹不及”“物极必反”“欲速则不达”这样的案例我们并不陌生，倘若从心理学的角度进行分析，这样的现象可以用“超限效应”来理解。

#### （一）超限效应的原理

马克·吐温是美国著名的幽默作家，有一次他到教堂听牧师演讲。起初，他觉得牧师讲得很好，使人感动，准备捐款。过了 10 分钟，牧师还没有讲完，他却听得有些不耐烦了，决定只捐一些零钱。又过了 10 分钟，牧师还没有讲完，于是他决定 1 分钱也不捐。等牧师终于结束了冗长的演讲，开始募捐时，马克·吐温由于气愤，不仅未捐钱，还从盘子里偷了 2 元钱。这种刺激过多、过强和作用时间过久而引起心理极不耐烦或反抗的心理现象，称为超限效应。在日常生活中，家长经常对孩子说：“为什么我说了这么多，你都听不进去呢？”“为什么你总是左边耳朵进，右边耳朵出呢？”其实，这些问题的发生，也正是超限效应在起作用。

超限效应，是指人类的肌体因为受到的刺激过多、过强、持续时间过久而引起情绪超限现象，从而导致不耐烦、逆反的心理状态。

## (二)超限效应在创业管理中的应用

不管对大学生创业者，还是对创业管理而言，超限效应都有不少可以应用的场景。

一是要善于抓住听众最关键的3分钟。如果大学生创业者要做一场报告，或者是一场演讲，开始的3分钟很重要。创业者必须在3分钟内进入所要汇报或演讲的主题，并且在3分钟内以个人独特魅力抓住听众。整个的演讲过程要逻辑清晰，层层推进，要注意设计语调的变化和意境的变化，力求在“中场”也产生“3分钟效应”。在一个大型的论坛上，大学生创业者更要学会控制好自己的时间，用好3分钟和30分钟，重点内容要在30分钟内讲完，主讲内容控制在40～50分钟。时间一长，听众的精神会疲劳，注意力会分散，效果反而不好。有一种管理者经常被称为“麦霸”，意思是这种人很迷恋麦克风，喜欢拖场，殊不知他后面的信息已经很难被听众接受了。

二是在与人交谈时要注意控制时间。当大学生创业者在与投资人交流的时候，重要的内容应放在前30分钟内充分交流，切忌铺垫太长。如果发现对方已经开始看表，或者注意力开始分散，开始东张西望，那么谈话就要准备收场了。收场的时候最好把自己的态度或者观点再总结一次，这样效果较好。

三是指导下属时要讲究艺术。如果发现员工有问题，管理者要抓住一次机会谈深说透，然后给对方一些领会和接受的时间。如果员工过一段时间还没有改变的话，则可以再找一个非正式的场合提醒他，但要点到为止，同时做出想耐心倾听他意见的样子。如果员工没有反驳，就说明他是会接受的，以后管理者要做的就是在时间上给他些压力，令他尽快改变，同时在类似的事情即将出现时提前提醒他，帮助他克服。但是，管理者切忌就同一个问题在短时间内三番五次地和下属交谈，这样的管理者很容易得到“婆婆妈妈”的雅号，还容易让下属产生厌烦和逆反的心理，也不利于日后与下属的沟通与共事。

### 创业分享

**投资人陷入“超限效应”，拼多多能否找到突围缺口**

2020年8月21日晚，拼多多(NASDAQ:PDD)发布2020年二季报，实现营收121.93亿元，较2019年同期的72.90亿元增长67%，净亏损较2019年同期有所收窄，但仍达8.99亿。财报披露后，拼多多(NASDAQ:PDD)美股当日暴跌13.52%，换手率达5.9%，市值一夜蒸发157亿美元。

原本，市场所理解的拼多多应该是，大规模的补贴换来大量的用户增长，补贴再重点投到高客单价的品类上，带动GMV和人均GMV的上涨，从而实现盈利。而现实情况却有些出入，疫情之下大家网购的需求上升了，拼多多加码了补贴，虽然活跃用户数上升了，但高客单价商品的补贴并没有带来高人均GMV的增长。也就是说，拼多多的消费者仍然在买低端的东西，用户中的羊毛党占比仍然很大，黏性不强。

在商业社会中也是一样，拼多多长时间给投资人高期望，在一定程度上触发了“超限效应”，长时间的高期望也在消耗投资者的耐心。拼多多应该明白这一点，也非常努力，新故事不断。卖 HPV 疫苗、卖机票、卖房、卖游艇、卖车……各个品牌比如苹果、兰蔻、戴森、五粮液、索尼、特斯拉等品牌都蹭上了。然而一面用力过猛，一面却显得力不从心。从效果来看，不仅品牌方依然不买账，它的“套路高手”“碰瓷营销”“过于聪明”却变得深入人心，甚至带来市场对其“本分”价值观的怀疑。高增长的时代结束了，拼多多需要用自己的行动帮助投资人重构一套新的、更能自圆其说的估值逻辑。但尴尬的是，与阿里、京东、苏宁等公司相比，拼多多毕竟还比较年轻，在供应链、基础设施和技术积累上又不够，欠缺底蕴。

财报显示，拼多多第二季度的研发费用 16.62 亿，同比增长了 107%，占营收比重 13.6%，堪比科创板的上市公司，这说明拼多多也开始思考这个问题，正在着手打造和累积自己的底蕴。

资料来源：改编自：螳螂财经（ID：TanglangFin），https://www.sohu.com/a/414441123_583688.

### （三）超限效应在创业管理中应用的注意事项

在创业管理中，善意的批评能让人容易接受，并很快进行改正；而不合适的批评方式却会让人心存不平，难以接受。管理者如何避免超限效应的发生是一门很重要的学问。当批评员工时，对同一件事接二连三地重复同样的批评，会使员工从最初的内心愧疚变成不耐烦，进而产生逆反心理——为什么对我的过失总是耿耿于怀呢？本来他（她）也许已经做好了改正的准备，但在管理者无休止的批评刺激下，完全有可能索性破罐子破摔，由此给企业管理带来更大的不稳定因素。

例如，柏思齐在门店的严肃是出了名的。作为店长，他为药店制定了完善的管理制度，并严格执行，这促使员工的服从意识空前提高。可是柏思齐发现，店员对他的严格要求微词颇多。尤为突出的是，批评的效果越来越糟糕了。为了提高员工的工作效率，柏思齐对那些违反药店规定的员工总是毫不留情地进行批评。比如有一次，有个女店员犯了点错误，柏思齐按照药店规定，对该店员进行了罚款 200 元的处罚。事情本该到此结束。但是，在接下来的日子里，柏思齐常常把这件事挂在嘴边，督促其他员工要引以为戒，甚至三番五次在会议上将这个案例搬出来教育大家，并直接说出了女店员的名字。面对店长喋喋不休的“揭疤行为”，女店员敢怒而不敢言，最终递上一纸辞呈。柏思齐这才意识到是自己的批评过了火。这个事件的根本原因在于柏思齐没有掌握好批评的“度”，出现了“超限效应”。

教育下属、批评下属，本是企业管理工作中常常要面对的问题。人非圣贤，孰能无过？每一个人都有犯错的时候，但并不是所有的过错都需要通过批评来指出。有的人有了过错能够自省并且立即改正，有的人的过错只是偶然之间的失误而不会再犯，有的人的过错是因为第三方的影响，当然有的人确实是工作态度问题，也不排除有的人有时会别有用心……面对这形形色色的过错，对于管理者而言，批评下属绝不是一件随心所欲的事情，反映的是管理水平。管理者要避免超限效应，要注意以下三个原则。

一是批评之后要鼓励。俗话说："打一巴掌，再给一个甜枣。"尽管这个"巴掌"不能随便打，但为了今后管理工作的开展，既然打了，给与不给"甜枣"的效果肯定有所不同。如果管理者能在批评之后对员工进行一些心理安慰或鼓励，那么90%以上的被批评者都能够有所改进。例如简单一句"你的总体表现还是不错的""我想你会做得更好"等等，批评者都会欣然接受，最终达到意想不到的效果。

二是不要捕风捉影地批评。没有调查就没有发言权，但是有的管理者在批评员工的时候，并不是因为见到了员工的某种不当言行，而是因为从其他渠道听到的反馈信息就进行了批评。这种捕风捉影式的批评必须杜绝。

三是要学会运用幽默式批评。含蓄而幽默的批评会让被批评者更容易接受，效果比那些生硬而直接的批评要好得多。一般情况下，对于员工那些并非原则性的失误，管理者大可不必发现之后就进行歇斯底里的批评，好像不这样就不足以维护管理权威一样。其实，响鼓何须重锤擂，管理者如果选用幽默轻松的方式轻轻敲打，大部分员工也是能领悟的。

## 二、防范帕金森定律，优化企业效率

当创立的企业慢慢成长到一定规模时，往往有些部门的工作人员不断增加，但工作效率却越来越低下，这种"大企业病"往往便是帕金森定律在起作用了。对于大学生创业者而言，及时地掌握帕金森定律的发生机制，才能优化企业办事效率。

微视频：8.5 防范帕金森定律，优化企业效率

### （一）帕金森定律的原理

1957年，英国历史学博士诺斯古德·帕金森（Cyril Northcote Parkinson）在马来西亚一个海滨度假时悟出了一个定律，后来他将自己思考的结果发表在伦敦的《经济学家》期刊上，并一举成名。1958年，他出版了《帕金森定律》一书，被翻译成多国语言，长踞美国畅销书排行榜榜首。

在这本书中，帕金森得出的结论是：在行政管理中，行政机构会像金字塔一样不断增多，行政人员会不断膨胀，每个人都很忙，但组织效率却越来越低下。这条定律又被称为"金字塔上升"现象。帕金森经过多年调查研究，发现了这种机构人员膨胀的原因及后果。

一个不称职的管理者可能有三种出路。第一种是申请卸任，把位子让给更有能力的人；第二种是让一位能干的人来协助自己工作；第三种是任用两个水平比自己更低的人当助手。但很显然第一条路他是万万不会走的，因为习惯了手握权力的管理者大概率是不会允许权力从自己手中溜走的。第二条路他也不大可能会走，因为那个能干的人会成为自己的对手，从而威胁到自己的地位。如此看来，就只有第三条路最合适。于是，两个平庸的助手分担了这个管理者的工作，他自己就高高在上发号施令。两个助手能力不足，也就上行下效，再为自己找两个无能的助手。如此类推，由上而下，无能的人一级比一级多，就形成了一个机构臃肿、效率低下的管理体系。帕金森定律说明这样一个道理：不称职的领导一旦占据领导岗位，庞杂的机构和过多的冗杂便不可避免，庸人占据高位的现象也不可避免，整个行政管理系统就会恶性膨胀，陷入泥潭。

帕金森定律要发生作用，必须同时满足四个条件。一是必须具有一个有自己内部运作方式的组织，其中管理要在这个组织中占有一定地位。这样的组织很多，比如各种行政部门，或是只有一个老板和一个员工的小公司，都存在着管理的组织。二是管理者对权力不具有垄断性。可能因为做错某件事或其他因素而轻易丧失权力，所以管理者需要寻找助手来达到自己的目的。这个条件解释了为什么要找两个不如自己的人做助手，而不是选择一个比自己强的人，是因为这个能力强的人可能随时让平庸的管理者“下岗”。三是这个管理者的能力极其平庸，有能力的管理者不需要找好几个助手来协助完成一项简单的工作。四是这个组织一定是一个不断要求自我完善的组织，正因为如此，才需要不断吸收新人来补充管理队伍。相反，一个没有管理职能的组织，如网络虚拟学术组织、兴趣小组之类，是不会出现帕金森定律阐释的可怕顽症的；一个拥有绝对权力的人不怕别人攫取权力，也不必去找比他平庸的人做助手；一个能够承担管理角色的人，没有必要找一个助手，也不存在帕金森定律的情况；一个不思进取、墨守成规的组织，不需要引进新人来补充组织，自然也没有帕金森定律的困扰。

帕金森还发现，在一个组织中，机构和人员的增加并不完全来自现实工作的需要，而是有它自身的需要，有它自身的法则。管理活动本身会制造工作，增加人手会制造出功能重叠、互相扯皮的管理体系，从而使工作目标不明确、不紧凑，进而导致工作效率低下。这一规律可以概括为：雇员的数量和实际工作量之间根本不存在任何联系。

### （二）帕金森定律在创业管理中的应用

帕金森定律并非行政官僚或国有企业所特有，当私营企业发展到一定程度时也可能会出现。当大学生创业者只是一个人时，那就没有必要担忧帕金森定律，因为创始人的地位是不可动摇的。但随着企业的发展，创始人要开始雇佣职业经理人，那么这个经理人就会担忧自己的位子被更能干的下属顶替，此时帕金森定律就开始生效。为避免这一情形，创始人又必须亲自管理，要求所有人都向自己负责，那么问题又来了，自己不可能有那么多精力，所以此时就必须得采用层级化管理。所以说，帕金森定律即使在私营企业也难以完全避免。

当帕金森定律发生作用时，一些心术不正的领导很可能以权谋私，“举贤不避亲”，把那些缺乏基本业务素质的亲属故旧，或欺上瞒下，或弄虚作假，或交换提携，弄到自己所管理的部门。于是乎，“七姑八舅”一个个执掌了“帅印”，亲属嫡系一个个占据着要害岗位，而一个个有能力的干才，或因有些“野心”，或因有些真本领“气焰”有点“嚣张”，而受到轻用、不用，甚至倍受压制。其结果，干的不如看的，看的不如捣蛋的。一个私欲膨胀的领导，为一个个低能儿开启了大门，却把一批批有为之人拒之门外，于是平庸战胜了才俊，“牛粪”得到了“鲜花”。

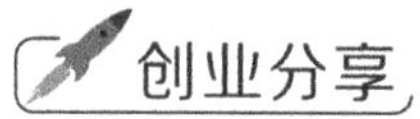


### 武大郎开店

图片来源：方成漫画《武大郎开店》。

1980 年方成在《人民日报》上发表了著名漫画《武大郎开店——比我高的不要》。该画作发表之后，在全国读者中引起了巨大反响。

武大郎开了一家炊饼店，招聘店员的广告上写明，招聘要求是应聘者身高须在 1.2 米以下。画里的矮伙计说：“我们掌柜的有个脾气，比他高的都不用。”以此辛辣地讽刺了社会上流行的用人制度上的弊端，比喻形象贴切，构想幽默，寓意深刻中肯，令人在发笑之余又陷入思考。店堂门口上写有一副对联：“人不在高有权则灵，店虽不大唯我独尊”，横批是“王伦遗风”，这文字语言的艺术与视觉语言相映成趣，更深化了主题。

## （三）帕金森定律在创业管理中应用的注意事项

大学生创业者要想尽可能地解决帕金森定律的症结，就必须把创业管理的用人权放在一个公正、公开、平等、科学、合理的用人制度上，减少人为因素的干扰。最需要注意的是，不要将用人权放在一个可能直接影响或触犯掌握用人权的人的手里。总体而言，企业要防范帕金森定律的危害，可采用以下四个措施。

第一，要建立学习型的组织。当一个组织内的成员都善于学习、不断进取的时候，才能保证管理者能够持续满足管理岗位的需求。社会经济发展日新月异，新情况、新技术、新知识、新问题层出不穷，只有管理者不断学习、不断进步才能够满足管理的需要。

第二，招聘员工要公平、公开和透明。建立全方位的招聘机制，不能让被招聘员工的直接上级来全权招聘，而应该让更高级别的管理者参与进来，这样就避免了用人者出于私人目的，而任用比自己能力低下的员工。

第三，建立人才培养机制。组织内部要建立积极的人才培养或储备制度。对于一定级别的管理者，在其绩效考核中要加入下属员工的培养指标。管理者必须每年要有向上层输送管理人才的指标，要有发现人才、培养人才的任务，这样才可以防止管理者只任用能力比自己低的人。

第四，定期对劳动分配率和人事费用率进行考核。劳动分配率＝人工成本/产出增加值（的比值），这一公式反映的是企业新创造价值对员工分配的份额。还有另外一个公式为：人事费用率＝人工成本/销售收入（的比值），反映的是劳动投入占实现价值的总产出的比例。定期对部门或组织进行这两个重要指标的考核，使其维持在合理的范围之内。

如果这两个指标在一段时期内持续增长，就意味着帕金森定律产生了作用，这时候企业就要特别注意防范。

## 三、慎防马太效应，避开职场的绊脚石

微视频：8.6 慎防马太效应，避开职场的绊脚石

任何个体、群体或地区，一旦在某些方面（如金钱、名誉、地位等）获得成功和进步，就会产生一种积累优势，具有更多机会取得更大的成功和进步。博尔特百米纪录是 9 秒 58，举世闻名；雷迪克的最佳成绩也达到 9 秒 69，却很少有人知晓。马太效应是世界普遍现象，从顶级运动员明星的高回报到普通人的成功，从政治到经济等，广泛存在于社会生活中。

### （一）马太效应的原理

圣经《新约・马太福音》中有一则寓言：从前，一个国王要出门远行，临行前，交给 3 个仆人每人 1 锭银子，吩咐道："你们去做生意，等我回来时，再来见我。"国王回来时，第一个仆人说："主人，你交给我的一锭银子，我已赚了 10 锭。"于是，国王奖励他 10 座城邑。第二个仆人报告："主人，你给我的 1 锭银子，我已赚了 5 锭。"于是，国王奖励他 5 座城邑。第三仆人报告说："主人，你给我的 1 锭银子，我一直包在手帕里，怕丢失，一直没有拿出来。"于是，国王命令将第三个仆人的 1 锭银子赏给第一个仆人，说："凡是少的，就连他所有的，也要夺过来。凡是多的，还要给他，叫他多多益善。"这就是著名的"马太效应"，反映了当今社会中存在的一个普遍现象，即赢家通吃。

从表面上理解，"马太效应"使贫者越贫，富者越富。概括来说，它是指好的愈好，坏的愈坏，多的愈多，少的愈少的一种现象。似乎"马太效应"与"平衡之道"相悖，与"二八定则"类似，但是实则它只不过是"平衡之道"的一极。我国古代哲学家老子就已提出类似的思想："天之道，损有余而补不足。人之道则不然，损不足以奉有余。""马太效应"正是老子思想中的"人之道"思想，而"天之道"可用国家整体意志来比喻，国家意志表现为削弱范围内强的个体，补足其他弱势个体，两者正好是既对立又统一的。

1968 年，美国科学史研究者罗伯特・莫顿（Robert K.Merton）提出"马太效应"这个术语，用以概括一种社会心理现象："相对于那些不知名的研究者，声名显赫的科学家通常得到更多的声望，即使他们的成就是相似的。同样地，在同一个项目上，声誉通常给予那些已经出名的研究者。例如，一个奖项几乎总是授予最资深的研究者，即使所有工作都是一个研究生完成的。"此术语被经济学界所借用，可谓是商业世界里的进化论，反映了赢家通吃的经济学中收入分配不公的现象。

### （二）马太效应在创业管理中的应用

马太效应揭示了一个不断增长个人和组织资源的需求原理，关系到个人事业成功和

生活幸福,因此它是影响组织发展和个人成功的一个重要法则。

对创业而言,由于马太效应是客观存在的规律,因而创业者理解得越透彻,就越能利用好此规律。在经济领域,马太效应在不同行业的分布却是不均匀的,强马太效应行业和弱马太效应行业的经营逻辑和方法有着很大的区别。大学生创业者可在以下方面运用好马太效应。

首先,要认真研究分析行业内马太效应的强弱。有一些行业马太效应非常强,例如:一流明星收入远远高于二流明星;一个排名全球50名运动员的年收入和普通劳动者没有太大区别,但这样的行业要想做到全球前50名,其难度之大堪比登天。现在微信几乎垄断了国内移动端的社交,因而再做一款同类社交产品的难度相当大。大多数互联网服务都有相似的特征,发展者远远快于落后者,一个具体的业务很快就发展成极少数企业垄断的局面。多数农产品行业的马太效应则非常弱,除非少数有地区特色的产品,如阳澄湖大闸蟹。农产品几乎无法树立品牌,尽管超市中不同的大米、挂面且有不小的差价,但这个差价主要是一种定价选择,高价销量低,低价销量大。总体看来,目前还比较少农产品成为强势产品。大学生创业者需认真分析所创业行业的马太效应强弱,判断后再采取不同的创业模式。

其次,利用马太效应,另辟蹊径确定自己的核心竞争力。面对强者愈强的马太效应,如果弱者要想用较小的投入进入强者之林,最关键的是要有一个好的战略策划。思路决定出路,只要走对路,再加上坚持不懈的努力,也可能后来者居上。在目标领域有强大对手的情况下,大学生创业者要找准对手的弱项和自己的优势,用最短的时间,集中最多的力量,在目标领域迅速做大,然后不断保持这一优势。当所创企业成为某个领域的领头羊时,即便投资回报率相同,也能更轻易地获得比弱小同行更大的收益。而若没有实力迅速在某个领域做大,就要不停寻找新的发展领域,才能保证获得较好的回报。当然,模仿也是一个捷径,因为模仿者少了一个市场开拓和经验积累的过程,一起步就站在了巨人的肩膀上。但是要想超越,大学生创业者就必须在模仿和学习的基础上进行创新,这种"拿来主义"其实要大家"拿来"的是前者的思想和理念。

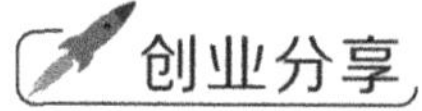


### 马太效应对早期创业者非常重要

不知道从什么时候起,美团被外界称其战略很强。战略是一个非常重要但难以言表的事情,包括对市场体量、市场行业格局的判断,以及对产业链上下游的把握,这些因素都是制定战略的核心。其中,最考验的其实是创始人对马太效应的深刻理解。

风险投资(VC)行业比较盛行马太效应,具体而言,VC正在向红杉、腾讯、高瓴这些大企业聚集,理论上来说VC不该是这样的,因为资金是无差别的。为什么非要拿红杉资本的钱?因为大部分的创业者并不理解VC这件事,所以创业者就会选名气大的那个,一个VC如果投资了京东、阿里、美团,那创业者会觉得:"哇,这个VC好厉害!"即便他可能没有你想象的那么厉害。

企业上市的时候，你会发现一个大基金管理者要在很短的时间内决定几亿美元的投资，对于是否投像美团这种多业务的公司，抉择是很艰难的。这个时候，他们就会看一看你是哪一个风险投资机构投资的，作为自己的参照。

不仅如此，人们在找工作的时候，如果要选择一家初创公司，也会看这家公司背后有哪些风险投资机构的资本。例如，电动车这个行业非常火爆，不少地方政府会投入资金支持该行业的发展，但政府相关管理人员对这个行业也许并不太了解，没办法准确判断哪家电动车企业好，因此，他们也会参照风险投资机构的选择。诸如此类，多个要素聚合在一起，马太效应就起作用了。雅虎起步的时候是门户网站，当时也有好多家互联网公司，雅虎给一个投资商开了200万美元的估值，他们没投，没投的原因是嫌估值太高了，结果红杉资本翻倍投了。

我曾问过红彬资本的投资人，为什么这么快投了雅虎？对方解释说大部分风险投资机构都是有流程的，走完要一两个月。他们判断这个行业刚刚起步，从业者之间的差距可能只有一两周的时间，如果花两个月做决策，那么情况可能已经发生非常大的变化了，但如果红彬资本领先投了就会产生领先效应。“红杉资本花大价钱投了两个默默无名的年轻人”这件事会产生很大的话题性，这就会进一步产生巨大的光环效应，从业者也会优先投这个公司的简历。这又导致公司产生了人才优势，吸引投资者，他们很快拿到下一轮融资，进入了正循环。

因此，马太效应对早期创业者是非常重要的。一个产品在早期可能是非常粗糙的，当时美团的产品研发团队也不强大，但一旦形成了马太效应，社会资源会迅速聚集，很多问题也就迎刃而解了。投资美团的VC在2008年左右也投资了京东，当时京东不是特别优秀，只想融一点资金，但他们却给了京东很多钱。我就问他们，当时是怎么考虑押注京东的？他们说，当时观察京东的时候，发现了两个信号：一是它的销售额快速增长，二是网上骂京东的人非常多。有人骂还快速增长，说明需求旺盛。投资的最初阶段，大部分决策者都没有有效的信息作抉择，所以只能依赖马太效应。

资料来源：王慧文.马太效应对早期创业者非常重要[J].风流一代，2021(15)：11.

### (三)马太效应在创业管理中应用的注意事项

对企业管理而言，马太效应起的更多是消极作用。其具体表现为，如果有名者与无名者干出同样的业绩，成绩往往归于前者，而后者则成了无名英雄。如王勃在《滕王阁序》里写道：“冯唐易老，李广难封”。马太效应导致许多人才没有出头之日。在这种负面影响面前，他们有的忍受痛苦继续坚持不懈地努力以期有出头之日，但更多的是从此没有努力的动机，自暴自弃，甚至产生用非正常的方法攫取成功的念头。大学生创业者如果忽视了马太效应，往往会限制企业发展。它带给创业者的启示是：要根据每个人的实际能力安排工作；要树立竞争意识，积极参与竞争；要运用目标激励机制，奖勤罚懒，优胜劣汰；要营造提携后进、人才辈出的良好氛围，要对员工一视同仁，对一般人和名人，新人和老人的成绩给予同等机会的肯定和表扬；要重视“小人物”，给他们机会，多些宽容，甚至对新的工作人员加大扶持力度，这样才能加速企业造血功能。

总之，大学生创业者要注意克服“马太效应”的消极影响，无论是优秀下属还是一般下属，当他们做出成绩时，都要一视同仁地对待。

# 创业心理训练营

### 心理学在管理方面的应用

管理的目的在于把事情做好，或有效地达成目标。管理目的的达成，所需条件为数甚多，包括设备、资源、策略、人力等，缺一不可。其中，硬件条件固然重要，软件条件更不可或缺，尤其是人力能否有效利用，更关乎管理的成败。如何有效地利用人力，可有效依赖于以心理学为主的科学知识的应用。

1.自我的心理管理

心理管理是指自己心理的调节，力图保持乐观的情趣、积极向上的心态。自我的心理管理从始至终起着一种内部调控的作用。管理者应该从自己的心理上进行准备和提高，这才能不断地提高管理水平，把管理工作做好。

2.与上级相处的心理管理

除最高领导之外，在企业这个大团队以及在每个部门这个小团体中，每个人都需要和上级建立和谐融洽的关系。作为下级首先应该从自身出发，从自己的心理出发，真正树立和培养与上级相处的心理机制。

要想和上级建立正常的、积极的工作关系，作为一个下级，首先应该了解上级的真正意图、想法，理解上级的处境和工作做法，从心理上做好与上级和谐相处的准备。其次，要学会在不同的情况下用心揣摩上级的目的。因为每个人在不同环境中会有复杂的心理状况，有时是为了显示自己的权威，有时是有意考验下级的能力，有时是刻意为下级出难题，等等。

3.针对下属的心理管理

对下属的心理管理是管理者的一个重要职责。面对形形色色的下属，管理者不能将他们简单归类，而应该从了解他们的心理和性格入手，根据他们的不同心理和性格来区别对待，从而更好地管理一支由不同性格人所组成的团队，让团队成员各尽其才。

4.同事之间的心理管理

身处职场的人不可避免地要与同事频繁地打交道，并且与之形成微妙的人际关系。因此，在与同事相处的时候，既不能凭着自己的个性，心血来潮为所欲为，也不必为了避免事端采取事不关己、高高挂起的心态消极逃避。因此,管理者要积极主动地了解同事的心理,注重心灵之间的沟通,以便在日后的工作中能够长久携手共进,友好相处。

总之,作为企业的决策者,通过管理中的心理学规律,合理地运用心理管理,可有助于调动员工的积极性,改善组织结构,提高企业效益,达到提高管理水平和发展生产的目的。作为企业中的中层管理者,通过掌握管理中的心理学规律,准确找到自身的位置,了解与缓解上下级之间的压力与情绪,矫正管理中的偏差,找到最佳的激励自我和下属的有效方法,从而发挥每一位员工的能动性,逐渐成长为真正意义上的管理高手。作为一位踌躇满志的热血青年,更需要通过学习管理中的心理学规律,真正理解心理学并合理运用,才能更好地认识自我,完善自我,才能在工作中充分体现出真实的人格与自我价值。

资料来源:覃宪儒,邓文斌.浅谈心理学在管理中的应用[J].经济研究导刊,2010(22):191-192.

请结合以上案例进行分析:

科学的心理学规律如何帮助创业成功?

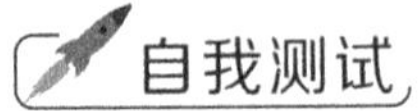

## 自我测试

### 你会管理自己的时间吗?

请根据自己的实际情况,选择每题选项,再根据评分标准,计算对应题目的得分。

1.星期一上学的时候,老师通知你周五下午有一次重要的考试,你会:

A.取消放学后的简单休息,马上投入复习中去

B.主要整理以往的笔记,辅助新同步练习

C.从周一到周四都在考虑这件事情,周五早上开始抽空复习

D.在自己情绪好的时候复习

E.想复习,但总是因为各种原因被打断

2.你在记事本中一般会写哪些内容?

A.下周的详细日程安排

B.要去的地方和要做的事情

C.自己的涂鸦和喜欢去的地方

D.用醒目大字写着一些重要的事情

E.为每天要做的事情列出长长的单子,标出优先要做的事

3.你约的朋友又迟到了接近一个小时,你会觉得:

A.不高兴,因为你是个较守时的人

B.没关系,你宁愿多看几本杂志也不想马上就回家

C.心情不好,一整天都会为此别别扭扭

D.很惊慌,觉得耽误了自己的学习时间

E.很庆幸自己出发前打了电话,知道他(她)还没到,你也推迟时间

4.在你的抽屉里:

A.尽管像个垃圾堆,但你用起来效率很高
B.从来没有装满,里面的东西经常会丢失或用掉
C.堆满了没看完的复习资料
D.当你想找某样东西时,需要把整个抽屉翻个底朝天
E.堆得很满——是为了证明你的作业真的很多
5.你的好朋友全家旅行,把他(她)的小狗托付给你照顾两天,你会说:
A.让我问问爸爸妈妈,明天再答复你
B.这星期我也可能要出去,但我会尽量挤出时间来
C.交给我好了,保证完成任务
D.没问题——即使你有很多的事情。但真的到了交接的时候,你会迟到一个小时,然后再解释你迟到的原因
E.可以——然后让他(她)写清楚详细的时间安排,并请他(她)逐一解释
6.你做事延误了时间,是因为你:
A.担心做的事不能百分之百完美
B.沉浸在空想里
C.在你进行下一步前,需要时间来把自己可能的选择一一澄清
D.感到不知所措
E.总是觉得时间充裕
7.你要招待几个朋友,你:
A.自己很快地烧一些简单的饭菜,以节约时间
B.为了精益求精地做一道你拿手的饭菜,误了开饭时间
C.胡萝卜用完了,让第一个来的客人去买
D.忘记煮米饭了,只好出去买面食
E.力求面面俱到——诚意邀请,准备好饭菜,也准备鲜花、蜡烛营造气氛,但结果都不太理想
8.对你而言,生活就像:
A.变戏法
B.马拉松
C.海滩
D.做游戏
E.一场战斗
9.你要写篇文章,可总是觉得没有一点灵感,你:
A.先写别的作业
B.看看别人的文章
C.希望有人能够帮助自己完成这个作业
D.觉得厌烦,昏昏欲睡
E.把它放在一边,先玩会儿

10.下面哪种情况最令你恼火：

A.平庸

B.不注意小节

C.把记事本放错地方

D.烧坏东西

E.缓慢、沉闷、毫无新意的日子

**解析：**

请按照以下规则进行记分。

| 题目序号： | 1 | 2 | 3 | 4 | 5 | 6 | 7 | 8 | 9 | 10 |
|---|---|---|---|---|---|---|---|---|---|---|
| A | 5 | 5 | 3 | 5 | 5 | 3 | 5 | 1 | 5 | 3 |
| B | 3 | 1 | 2 | 3 | 1 | 2 | 3 | 5 | 3 | 2 |
| C | 2 | 2 | 1 | 2 | 2 | 5 | 2 | 2 | 2 | 5 |
| D | 4 | 4 | 4 | 4 | 4 | 1 | 4 | 4 | 4 | 1 |
| E | 1 | 3 | 5 | 1 | 3 | 4 | 1 | 3 | 1 | 4 |

现在，请把你得到的1分、2分、3分、4分、5分的次数分别相加，然后对照以下的结论和建议。

得1分最多的人：忙碌型

建议：留出更多的令自己心平气和的时间——做做运动或每天安排几次沉思冥想、外出散步或者深呼吸等活动，会令你效率倍增。

得2分最多的人：白日梦型——你宁可迟到也不愿做时间的奴隶。从来搞不清小事要花多少时间，经常不能有始有终地完成计划。

建议：买两本日历，放在显眼处，其中一本用于学习，另一本用于日常生活。给每件事情定个最后的期限，并在日历上标明，每完成一件事，就在日历上划掉。

得3分最多者：完美主义者——追求尽善尽美，没有时间观念。把大量的时间花在细枝末节上。

建议：按照每件事的重要性重新分配你的时间和精力。记住，基础事物的重要性是你节省时间的关键所在。

得4分最多者：紧张刺激型

建议：做每件事情都比计划提前一点开始行动，以便能从容应对。

得5分最多者：把握时间型

建议：工作之余尽情放松自己，不要苛求别人同自己一样高效率。

# 参考文献

## 一、教材或专著

[1]克里斯·曲恩，约翰·丹纳.创业者的自我修养[M].王沫涵，译.杭州：浙江大学出版社，2021.

[2]郝宏伟.大学生创业心理拓展[M].广州：广东高等教育出版社，2015.

[3]刘丹凤.大学生心理与创业指导[M].长春：吉林科学技术出版社，2020.

[4]王洪燕.大学生创业心理与心理资本研究[M].长春：吉林文史出版社，2018.

[5]谷玉冰，张盛楠.大学生创业心理误区[M].北京：九州出版社，2016.

[6]王丽波，李明.大学生创业心理教程[M].北京：中国石化出版社，2015.

[7]严建雯.大学生创业心理研究[M].北京：人民出版社，2012.

[8]梁津安.大学生创业心理学导论[M].西安：陕西师范大学出版社，2019.

[9]吴捷，钱伟荣.创业心理学[M].北京：北京师范大学出版社，2017.

[10]邵华，钱淑红.大学生创新创业心理学[M].北京：九州出版社，2018.

[11]刘波，肖茜尹.大学生创业心理学导论[M].成都：四川大学出版社，2017.

[12]祝敏丹.积极心理学视角下大学生创新创业教育研究[M].西安：西安交通大学出版社，2018.

[13]米哈里·希斯赞特米哈伊.创造力心流与创新心理学[M].黄珏苹，译.杭州：浙江人民出版社，2015.

[14]王涛.创新与创新心理学研究[M].长春：东北师范大学出版社，2017.

[15]白学军.心理学基础[M].北京：中国人民大学出版社，2020.

[16]张璞.心理学基础与应用[M].太原：山西科学技术出版社，2020.

[17]尹可丽，高松，高飞.心理学基础[M].北京：高等教育出版社，2018.

[18]黄希庭，郑涌.心理学导论.北京：人民教育出版社，2015.

[19]戴维·迈尔斯.心理学导论上生物、发展与认知心理学[M].黄希庭，等译.北京：商务印书馆，2019.

[19]戴维·迈尔斯.心理学导论下人格、社会与异常心理学[M].黄希庭，等译.北京：

商务印书馆,2019.

[20]张林,徐钟庚.心理学导论[M].杭州:浙江大学出版社,2012.

[21]B.R.赫根汉,T.亨利.心理学史导论[M].上海:华东师范大学出版社,2019.

[22]张厚粲,许燕.心理学导论[M].北京:北京师范大学出版社,2018.

[23]赵国瑞.应用积极心理学导论[M].呼和浩特:内蒙古大学出版社,2018.

[24]丹尼尔·韦斯克鲁夫,弗雷德·亚当斯.心理学哲学导论:当心理学和神经科学遇见科学哲学[M].张建新,译.北京:北京师范大学出版社,2018.

[25]张朝,林丰勋.心理学导论[M].2版.北京:清华大学出版社,2017.

[26]杨明娟,周文婷,江晓兴.心理学导论[M].长春:吉林大学出版社,2017.

[27]宋坤强,赵文青.普通心理学导读[M].北京:现代出版社,2019.

[28]彭聃龄.普通心理学[M].5版.北京:北京师范大学出版社,2019.

[29]菲利普·津巴多,罗伯特·约翰逊,微微安·麦卡恩.津巴多普通心理学:第7版[M].邹志敏,等译.北京:机械工业出版社,2017.

[30]邓向荣,刘燕玲.大学生创新创业[M].北京:北京理工大学出版社,2020.

[31]苏白茹.大学生创新创业基础[M].厦门:厦门大学出版社,2019.

[32]陈雄.大学生创新创业实务[M].厦门:厦门大学出版社,2019.

[33]颜弘.大学生创新创业教程[M].哈尔滨:哈尔滨工程大学出版社,2019.

[34]龙玉祥,张承龙.大学生创新创业基础[M].武汉:华中师范大学出版社,2018.

[35]戚健,张雅伦,张丽丽.大学生创新创业实训[M].北京:北京理工大学出版社,2018.

[36]康海燕."互联网+"大学生创新创业实践教程[M].北京:北京邮电大学出版社,2019.

[37]谭新华.大学生创新创业教育案例分析[M].北京:国家行政学院出版社,2019.

[38]李剑锋,张淑卿,赵玉红.大学生创新思维与案例分析[M].北京:光明日报出版社,2017.

[39]史梅,白冰,郑民.大学生创新思维与创业指导[M].北京:科学出版社,2020.

[40]张穗萌,刘鑫.大学生创新思维与创业指导[M].上海:上海交通大学出版社,2017.

[41]车丽萍.管理心理学[M].2版.武汉:武汉大学出版社,2016.

[42]车丽萍.创业心理学[M].重庆:西南师范大学出版社,2015.

[43]苏慧杰.管理心理学[M].北京:北京理工大学出版社,2018.

[44]陈国海.管理心理学[M].4版.北京:清华大学出版社,2020.

[45]范逢春.管理心理学[M].北京:中国人民大学出版社,2019.

[46]王明姬,姚兵.管理心理学[M].北京:北京师范大学出版社,2019.

[47]闻姝清,马杰,樊秀南.管理心理学[M].大连:大连理工大学出版社,2019.

[48]钱力德.团队管理心理学[M].北京:中华工商联合出版社,2019.

[49]俞文钊.创造心理学[M].上海:同济大学出版社,2020.

[50]俞文钊，苏永华.管理心理学[M].6 版.沈阳：东北财经大学出版社，2018.

[51]薛艺.创业是一场心理革命[M].北京：北京大学出版社，2017.

[52]李炳全.大学生就业创业成功之道[M].北京：企业管理出版社，2021.

## 二、硕博论文

[1]叶丽娟.大学生创业心理教育研究[D].南京林业大学，2018.

[2]高振禄.积极心理学视域下大学生创业心理品质培育研究[D].渤海大学，2017.

[3]武雪朦.在校学生创业成功标准量表开发及其在创业呼唤和创业行为间的调节机制研究[D].武汉大学，2018.

[4]吕程慧.大学生创新创业素质培养路径研究[D].西华师范大学，2017.

[5]郑艺.大学生创业心理素质的现状及培育策略[D].山西农业大学，2016.

[6]郝晓锋.当代大学生创业精神培养研究[D].山西财经大学，2013.

[7]岳寒静.大学生创业能力评价指标体系构建[D].天津师范大学，2021.

[8]刘译.创业环境、创业激情对众创空间创客创业行为的影响研究[D].江苏大学，2020.

[9]王天东.积极领导力对新企业团队创造力的影响研究[D].吉林大学，2020.

[10]赵欣.创业者个体创造力转化为组织创造力[D].大连理工大学，2020.

[11]曹婷.创业企业家创业力涌现过程及机理研究[D].厦门大学，2019.

[12]刘伯龙.创业型领导形成与作用机制研究[D].吉林大学，2019.

[13]周丹."双创"背景下大学生领导力培养研究[D].西安理工大学，2019.

[14]李娜.新时代大学生创新创业能力结构与现状研究[D].东北师范大学，2019.

[15]赵培培.江西省高校大学生创业领导力提升研究[D].南昌大学，2019.

[16]魏萍.小微企业初创期领导力提升研究[D].江西师范大学，2018.

## 三、期刊论文

[1]翟文艳，李培隽，丁群.基于教练技术的高校学生创业心理素质培养体系的优化[J].创新与创业教育，2021，12(5)：10-16.

[2]陈尉.新时代企业家精神对大学生创业意愿的影响——以心理资本为中介变量[J].创新与创业教育，2021，12(3)：137-144.

[3]邹建国，言捷智，张利军.地方本科院校大学生创新创业能力评价研究[J].衡阳师范学院学报，2021，42(5)：136-141.

[4]桂伟，陈瑶，陈思琦.新形势背景下高校大学生创业能力提升方法研究[J].投资与创业，2021，32(18)：27-28，38.

[5]钟之阳,吕娜,秦函宇.大学生创业自我效能感的中介作用探究[J/OL].创新与创业教育:1－8[2021-11-11].http://kns.cnki.net/kcms/detail/43.1503.G4.20210916.1024.018.html.

[6]傅启明,陆悠.本科院校大学生创新创业能力培养方法探究[J].大学教育,2021(9):163-165.

[7]雷军:小米科技董事长,我无意中使用了世界上最高明的经营诀窍[J].中国商人,2021(8):58-60.

[8]李士博."互联网＋"背景下女性创业领导力的研究[J].湖北开放职业学院学报,2021,34(7):8-9.

[9]兰文巧."80后""90后"的创业领导力有差别吗——基于创业企业文化建设的问卷调查与访谈[J].领导科学,2020(10):64-67.

[10]德里克·利多.创业领导力[J].经济理论与经济管理,2019(2):2.

[11]祝杨军.初创企业生存发展的困境与出路——基于SC创业领导力模型的叙事研究[J].领导科学,2018(26):34-36.

[12]蔡银寅.创业过程中领导蜕变的认知和反思[J].创新创业理论研究与实践,2021,4(15):193-195.

[13]吴维库.大学生培养:领导力与追随力哪个更重要?[J].中国大学教学,2019(2):30-31＋53.

[14]庄海刚.大学生领导力研究进展的元分析[J].唐山师范学院学报,2018,40(3):113-117.

[15]郑晓明,龚洋冉.创业领导力的创新之路[J].清华管理评论,2015(11):77-83.